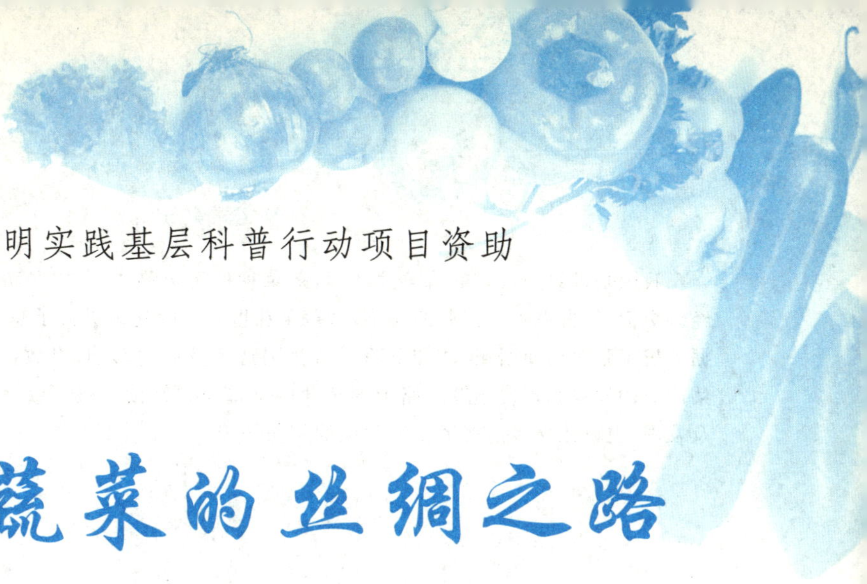

北京市新时代文明实践基层科普行动项目资助

中国蔬菜的丝绸之路

张天柱◎主编

中国农业大学出版社
·北京·

内容简介

我国是世界上最大的蔬菜生产国，蔬菜种植历史悠久。《中国蔬菜的丝绸之路》介绍了《诗经》《史记》等古书中所记载的蔬菜，对蔬菜在世界上的起源进行了总结，以古代的丝绸之路为依据分析了张骞出使西域、郑和下西洋对我国蔬菜发展的影响，以数据为依据分析了我国现代蔬菜产业的发展和现代丝绸之路中国蔬菜的新篇章。阅读本书可使蔬菜生产者了解蔬菜的历史及发展，也可让众多消费者了解蔬菜的相关知识。

图书在版编目(CIP)数据

中国蔬菜的丝绸之路 / 张天柱主编. —北京：中国农业大学出版社，2020.10
ISBN 978-7-5655-2435-6

Ⅰ.①中… Ⅱ.①张… Ⅲ.①蔬菜－进出口贸易－贸易史－中国－古代 Ⅳ.①F752.92

中国版本图书馆 CIP 数据核字(2020)第 192632 号

书　　名　中国蔬菜的丝绸之路
作　　者　张天柱　主编

策划编辑　王笃利　何美文　　**责任编辑**　何美文
封面设计　郑　川
出版发行　中国农业大学出版社
社　　址　北京市海淀区圆明园西路 2 号　　**邮政编码**　100193
电　　话　发行部 010-62733489，1190　　读者服务部 010-62732336
　　　　　　编辑部 010-62732617，2618　　出　版　部 010-62733440
网　　址　http://www.caupress.cn　　**E-mail**　cbsszs@cau.edu.cn
经　　销　新华书店
印　　刷　涿州市星河印刷有限公司
版　　次　2020 年 12 月第 1 版　　2020 年 12 月第 1 次印刷
规　　格　787×1 092　　16 开本　　14.75 印张　　270 千字
定　　价　56.00 元

编 委 会

序　言

丝绸之路，简称丝路，分为陆上丝绸之路和海上丝绸之路。陆上丝绸之路起源于西汉（前 206—公元 25），是张骞出使西域开辟的以都城长安（今陕西西安）为起点，经我国甘肃、新疆，到中亚、西亚，并连接地中海各国的陆上通道。它的最初作用是运输中国古代出产的丝绸。1877 年，德国地质地理学家李希霍芬在其著作《中国——亲身旅行的成果和以之为根据的研究》一书中，把“从公元前 114 年至公元 127 年间，中国与中亚、中国与印度间以丝绸贸易为媒介的这条西域交通道路”命名为“丝绸之路”，这一名词很快被学术界和大众接受，并正式运用。海上丝绸之路是古代中国与外国交通贸易和文化交往的海上通道，该路主要以南海为中心，所以又称南海丝绸之路。海上丝绸之路形成于秦汉时期，发展于三国至隋朝时期，繁荣于唐宋时期，转变于明清时期，是已知的最为古老的海上航线。丝绸之路是我国与世界交往的友谊之路、文化之路，也是蔬菜传播之路。丝绸之路在我国蔬菜发展史上占有重要的历史地位。

在人类历史中，人类在大约 90% 以上的漫长岁月里主要靠采集野生植物的果实、根、茎、叶和渔猎为生。在我国的古籍中有“神农尝百草”的说法，实际上就是我们的先民尝百草。在这个过程中，不知有多少人因误食毒草、毒菌而丢掉了生命，但在这个过程中，人类逐渐积累了有关植物的知识，为农业的发展奠定了基础。考古学家发现距今 7 000 年左右的时期，我国进入了新石器繁荣时代，这一时代的文化遗产首先于河南渑池仰韶村被发现，因此称为仰韶文化。目前，已发现 1 000 多处黄河流域的仰韶文化遗址，其中以西安半坡遗址最有代表性。考古学家在半坡遗址挖掘中发现了白菜、芥菜种子，以及斧、刀、锄、铲等磨制的石器。考古学家认为半坡先民是用石斧砍倒树木、劈开荆棘，放火烧掉野草，再用石锄和石铲平地、松土，然后种上白菜、芥菜。这一考古发现，证明了远在

6 000 多年前，我们的先民即已从事蔬菜生产。人们在甲骨文和金文中均未找到有关蔬菜名称的记载。关于“蔬菜”二字，郭璞注：“凡草菜可食者通名为蔬。”“菜”字源于采字，“采”的上半部为爪，下半部为木，“采”即摘取植物之意，加“艹”为菜。历史考古学家在商朝（前 1600—前 1046）都城遗址（今河南安阳）出土的甲骨文中发现“圃”的字样。圃是用篱笆围起来的小块菜地。从我国文字的起源及演变可以看出，蔬菜生产是由野生采集到种植繁养的发展过程。据古文献记载，公元 1 年前我国蔬菜有 40 多种，人工栽培的约有 15 种，包括瓜、瓠、芹（水芹）、芋、大豆、笋、韭、葱、姜、薤、葵、藕、芜菁、萝卜、白菜等，这些显然都是起源于我国且栽培较早的蔬菜。

西汉是我国从外域引进蔬菜最多的一个朝代，这与汉武帝派遣张骞出使西域有关。张骞两次出使西域，打通了连接欧亚两大洲的陆上丝绸之路，促进了中亚、西亚、近东、外高加索和印度北部蔬菜的引进。这一时期引进的蔬菜，多被冠以一个“胡”字，如胡瓜、胡葵、胡葱等；也有不被冠以“胡”字的，如黄瓜、西瓜、茄子、豇豆、香菜、苜蓿等。

隋唐时期开辟了海上丝绸之路。随着海上丝绸之路的畅通，我国从东南亚、印度、中美洲、南美洲以及地中海等地引进了莴苣、菠菜、豌豆、丝瓜、南瓜、苦瓜、番茄、辣椒等。从海上丝绸之路引进的蔬菜，有的被冠以“番”和“洋”字，如番茄、番椒、番薯、洋芋、洋姜、洋白菜等；也有不被冠以此二字的，如菜豆、花椰菜、菜花、苤蓝等。

改革开放以后，我国进一步扩大与世界的交往，丝绸之路发挥了更大的作用，更多的蔬菜品种被引入我国，如 20 世纪 80 年代中期引进的青花菜（绿菜花）、生菜（松脆型结球生菜、散叶生菜）、西洋芹菜、软荚豌豆（荷兰豆）、紫甘蓝等。自 20 世纪 90 年代中期起，第二轮引进和开发的蔬菜有樱桃番茄、樱桃萝卜、香蕉型西葫芦（金黄色小西葫芦）、飞碟瓜（西葫芦的一种）、千叶红（叶甜菜）、羽衣甘蓝、抱子甘蓝、球茎茴香、番杏、彩色辣椒（甜椒）等。

2013 年 9 月，国家主席习近平提出共同建设“丝绸之路经济带”和“21 世纪海上丝绸之路”的倡议，赋予了丝绸之路新的内涵，使古老的丝绸之路焕发出新的活力。如今，当你走进菜市场，蔬菜品种之多、色彩之鲜艳、质地之鲜嫩，令人眼花缭乱、目不暇接。在你挑选时，也许有你叫不上名字的蔬菜，这时千万不要自愧孤陋寡闻，因为近 300 多种、上千个品种蔬菜推陈出新，轮番上市，有叫不上名字的蔬菜，并不奇怪。

北京中农富通园艺有限公司在深入学习建设“丝绸之路经济带”倡议基础上，编写了《中国蔬菜的丝绸之路》一书。该书全面、系统地总结了丝绸之路上蔬菜产业发展的昨天，介绍了现代丝绸之路上蔬菜发展的今天，憧憬了未来丝绸之路的明天，给中国蔬菜史增添了新的篇章。该书不但适合蔬菜生产者需要，也可使消费者增长有关蔬菜的知识。

一滴水能映射出太阳的光辉。纵观丝绸之路上蔬菜产业发展的昨天和今天，能看到祖国 70 年来的发展。今天比昨天好，明天也会比今天更辉煌。

中国农业科学院蔬菜花卉研究所

张德纯

编写说明

2013 年，国家主席习近平提出共建“丝绸之路经济带”和“21 世纪海上丝绸之路”的倡议，得到国际社会高度关注。以“一带一路”为基础，以建设能源、贸易、投资、科技、文化等为主要内容，努力实现区域基础设施更加完善、经济联系更加紧密、政治互信更加深入、人文交流更加广泛的愿景。

丝绸之路源于古代一系列连接亚洲与西欧及其他地区的海上和陆上贸易路线。这些路线曾对我国的经济发展起到举足轻重的作用，并帮助我国与世界各地建立了政治和文化联系。古老的丝绸之路给沿线各国带来的不仅是贸易和商机，还有文化与社会的交融互通。如今，亚、欧、非三大洲“一带一路”倡议必将给沿线国家不同的文化带来新的交流和合作机会。

我国是世界上最大的蔬菜生产国，蔬菜是我国种植业中仅次于粮食的第二大农作物，蔬菜种植业是对全国农村居民人均可支配收入增长贡献最大的种植业，蔬菜产供销是全国从业人员最多的产业。改革开放以来，随着种植业结构调整步伐的加快，全国蔬菜生产快速发展，产量大幅度增长，总量基本平衡，品种日益丰富，质量不断提高，市场体系逐步完善，总体上呈现良好的发展局面。种植面积稳定在 2 000 万hm^2（3 亿亩）以上，年产量在 7 亿 t 以上，年销售量达到世界总量的 50%。

加入 WTO 以后，我国在蔬菜鲜品、蔬菜种子、蔬菜加工品等的进口、出口方面不断突破，达到历史最高水平，对全世界蔬菜产业的发展做出了巨大贡献。近 20 年来，蔬菜外贸的发展更为迅速，蔬菜已成为我国最主要的出口农产品之一，我国蔬菜及其加工品的出口在全球蔬菜贸易中总体处于优势地位，出口一直呈上升趋势，已经成为我国农业乃至国民经济的重要组成部分。

在共同建设“丝绸之路经济带”过程中，进一步发挥蔬菜产业的重要作用，增进中国与欧洲、亚洲及中东地区的贸易与联系，促进国民经济发展，是今后我国蔬菜发展的方向之一。

《中国蔬菜的丝绸之路》一书，比较系统地总结了丝绸之路上我国蔬菜产业发展的历史，介绍了我国现代蔬菜生产的主要成就，提出了进一步发展蔬菜产业和努力开拓现代蔬菜丝绸之路的愿景。

由于我们水平有限，书中错误和不足之处在所难免，恳请有关专家学者及广大读者批评指正。

编　者

2020 年 6 月

目　　录

第一章　中国古代蔬菜

我国蔬菜种植历史悠久，早在新石器时代，野菜就是人类采集的对象之一。我国已发掘的一些新石器时代遗址，如浙江余姚河姆渡遗址出土有大量的瓠和菱角，浙江吴兴钱山漾遗址出土有菱角和甜瓜子等，说明有些地区在七八千年前已开始栽培蔬菜。到了西周和春秋时期，《诗经》中有不少有关蔬菜的诗句，反映了当时有专门用于栽培蔬菜的菜圃，还有在春夏两季将打谷场地耕翻后用来种菜的记录等。

在我国蔬菜栽培史中，不同时期的各类蔬菜在栽培比例上变化很大。一方面蔬菜栽培种类历代有增加，另一方面有不少曾作为蔬菜栽培的种类后来退出了菜圃。即使是历代都有栽培的蔬菜，在不同的历史时期，它们在栽培中所占的比重也不尽相同。如葵和芜菁是两种很古老的蔬菜，早在《诗经》中已见著录，汉代时即颇受重视，南北朝时是主要的栽培菜种，到隋唐以后却逐渐退居次要地位，到了清代仅个别省区有栽培。而另外两种古老的蔬菜菘（白菜）和萝卜，虽在早期未受重视，南北朝时仍属次要蔬菜，但隋唐以后，它们的地位逐渐提高，到清代终于取代葵和芜菁，成为家喻户晓的栽培蔬菜。

形成这种变化的原因是多方面的，最主要的原因是蔬菜的引种驯化和品种选育工作不断取得新成就。一方面，我国原有的野生蔬菜资源陆续被驯化、栽培利用；另一方面，张骞出使西域后，从国外引进的品种增多，丰富了栽培蔬菜种类。其中有些种类经长期精心培育，又形成了我国独特的类型。如结球甘蓝早在16世纪下半叶即已传入我国，但长期未得到推广，直到20世纪初人们解决了结球甘蓝在栽培中经常出现的不结球问题，它才发展成为仅次于白菜的重要蔬菜。其次是社会需求的变化。如辣椒和番茄都是在明代后期传入我国的，辣椒是优良的香辛调味料，适合消费需要，因而推广很快，清代中期它就已在许多地方作为蔬菜栽培。番茄却长期被视为观赏植物，直至近代人们了解了它的营养价值后才作为蔬菜栽培，其栽培至今只有数十年的历史。

第一节 《诗经》与我国古代蔬菜

一、关于《诗经》和"四书五经"

《诗经》，又名《诗三百》《三百篇》，约成书于春秋中期，是我国古代诗歌的开端，也是我国最早的一部诗歌总集，它收集了西周初年至春秋中叶的诗歌，反映了我国周朝初期至周朝晚期约500年间的社会面貌。

《诗经》的作者佚名，绝大部分已经无法考证，传为孔子编订，西汉时被尊为儒家经典，始称《诗经》，并沿用至今。

《诗经》产生的地域以黄河流域为中心，南到长江北岸，分布在今陕西、甘肃、山西、山东、河北、河南、安徽、湖北等地，正是周朝政治、经济、文化中心。

《诗经》现存305篇，此外有目无诗的6篇，共311篇，分《风》《雅》《颂》三部分。《风》是周代各地的歌谣，是《诗经》中的精华部分，有对爱情、劳动等美好事物的吟唱，也有怀故土、思征人的怨叹和反压迫、反欺凌的愤怒，常用复沓的手法来反复咏叹，一首诗中的各章往往只有几个字不同，体现了民歌的特色。《雅》是周人的正声雅乐，又分《小雅》和《大雅》，多为贵族祭祀之诗歌，祈丰年、颂祖德。《大雅》的作者多是贵族文人，由于对现实政治有所不满，除了宴会乐歌、祭祀乐歌和史诗外，也写出了一些反映人民愿望的讽刺诗。《小雅》中也有部分民歌。《颂》则为宗庙祭祀之诗歌，又分为《周颂》《鲁颂》和《商颂》，其中《周颂》产生的时代最早，在西周初年即已产生，是贵族文人作品，以宗庙乐歌、颂神乐歌为主，也有一部分是描写农业生产的。

以上三部分，《颂》有40篇，《雅》有105篇，其中《小雅》中有6篇有目无诗，不计算在内，《风》的数量最多，共160篇，合起来是305篇。故古人取其整数，常说《诗三百》。

《诗经》内容丰富，反映了劳动与爱情、战争与徭役、压迫与反抗、风俗与婚姻、祭祖与宴会，甚至天象、地貌、动物、植物等方方面面，是周代社会生活的真实写照。

《诗经》是"四书五经"中的一篇。"四书五经"是"四书""五经"的合称，都是儒家经典著作。"四书"指的是《大学》《中庸》《论语》《孟子》；"五经"指的是《诗》《书》《礼》《易》《春秋》,《诗》即指《诗经》。

“四书五经”长期以来被我国用为科举中选拔人才的命题书和教科书。我们只要谈到中国传统文化,必然提到“四书五经”。“四书五经”是中国传统文化的重要组成部分,是儒家思想的核心载体,更是中国历史文化古籍中的宝典,其内容广泛、表意深刻,在世界文化史、思想史上具有极高的地位。

“四书五经”翔实地记载了中华民族思想文化发展史上最活跃时期的政治、军事、外交、文化等各方面资料及影响中国文化几千年的孔孟重要哲学思想。历代科兴选仕,试卷命题无他,必出自“四书五经”,足见其重要程度。时至今日,“四书五经”所载内容及所含哲学思想仍对我们现代人具有积极的意义和极强的参考价值。

“四书五经”对社会规范、人际交流、社会文化等方面产生了不可估量的影响,被传播于海内外,福荫子孙万代。“四书五经”是延续中华文化的千古名篇,是人类文明的共同遗产。

二、《诗经》中出现的蔬菜

《诗经》里面提到的植物有 132 种,其中涉及栽培蔬菜和受到重视的野菜共 26 种。

1. 荇

《诗经·国风·周南·关雎》:“参差荇菜,左右流之。窈窕淑女,寤寐求之。”荇,即荇菜,一种多年生水生草本,具心形叶和香蕉状簇生块茎。茎细长,节上生根,沉没水中;叶对生,漂浮水面。夏秋开黄花,嫩茎可食。

2. 芣苢

《诗经·国风·周南·芣苢》:“采采芣苢,薄言采之。采采芣苢,薄言有之。”芣苢,即车前草,一年生或二年生草本。直根长,具多数侧根,多肉质,根茎短。叶基生,呈莲座状;叶片纸质,呈椭圆形、椭圆状披针形或卵状披针形;叶柄基部扩大成鞘状。其叶可作为蔬菜食用,种子入药。

3. 蘩

《诗经·国风·召南·采蘩》:“于以采蘩?于沼于沚。”《诗经·国风·豳风·七月》:“春日迟迟,采蘩祁祁。女心伤悲,殆及公子同归。”蘩,即白蒿,为菊科蒿属植物,幼苗多卷曲成团状,灰绿色,全体密被白毛,绵软如绒。有特殊的香气,味微苦。早春采收的幼苗可作为菜蔬食用,也可入药。

4. 瓜、瓠

《诗经·国风·豳风·七月》:“七月食瓜,八月断壶,九月叔苴,采荼薪樗,食我农夫。”“瓜”为甜瓜，“壶”为瓠。瓠是一种瓜类蔬菜，茎蔓生，花白色，果实长圆形，表皮淡绿色，果肉白色，可供食用，今称瓠子。

5. 葑

《诗经·国风·唐风·采苓》：“采葑采葑，首阳之东。”葑，即芜菁。芜菁是十字花科芸薹属二年生草本植物，高可达 50 cm，块根肉质，球状扁圆或长圆形，外皮白色，肉质根白色或黄色，无辣味。

6. 韭

《诗经·国风·豳风·七月》：“二之日凿冰冲冲，三之日纳于凌阴。四之日其蚤，献羔祭韭。”

7. 卷耳

《诗经·国风·周南·卷耳》：“采采卷耳，不盈顷筐。嗟我怀人，寘彼周行。”卷耳，别名狭叶卷耳、细叶卷耳、无毛卷耳，多年生草本，高可达 10～35 cm，茎基部匍匐，上部直立，绿色并带淡紫红色，叶片线状披针形或长圆状披针形。卷耳是一种山野菜，可食用。有人认为卷耳即是苍耳，此说法不妥。

8. 荼、荠

《诗经·国风·邶风·谷风》：“谁谓荼苦？其甘如荠。宴尔新昏，如兄如弟。”荼，苦菜。苦菜为菊科多年生草本植物，可当菜食，味感甘中略带苦，可炒食或凉拌，有抗菌、解热、消炎、明目等功效。荠，十字花科荠属一年生或二年生草本植物，高可达 50 cm。茎直立，基生叶丛生，呈莲座状。全草入药，茎叶作蔬菜食用。

9. 蒲、荷

《诗经·国风·陈风·泽陂》：“彼泽之陂，有蒲与荷。有美一人，伤如之何？寤寐无为，涕泗滂沱。”蒲，常指一种多年生草本植物，生池沼中，高近 2 m。根茎长在泥里，可作为蔬菜食用，其叶长而尖，可编席、制扇。荷，睡莲科莲属多年生水生植物，根茎（藕）肥大多节，横生于水底泥中，是一种可食蔬菜。

10. 芹

《诗经·鲁颂·駉之什·泮水》：“思乐泮水，薄采其芹。”《诗经·小雅·鱼藻之什·采菽》：“觱沸槛泉，言采其芹。”芹，这里指水芹，为伞形科水芹属多年水生宿根草本植物，别名楚葵、刀芹、蜀芹等，是“水八仙”之一。水芹中黄酮、硒和膳食纤维含量较高，蔗糖含量较低，是一种优质的保健蔬菜。

11. 蘋

《诗经·国风·召南·采蘋》：“于以采蘋？南涧之滨。于以采藻？于彼行潦。”《诗经·小雅·鹿鸣之什·鹿鸣》：“呦呦鹿鸣，食野之苹。”蘋、苹即蘋，是多年生草本植物，根状茎匍匐泥中，细长而柔软，可以食用。

12. 蕨、薇

《诗经·国风·召南·草虫》：“陟彼南山，言采其蕨。未见君子，忧心惙惙。亦既见止，亦既觏止，我心则说。陟彼南山，言采其薇。未见君子，我心伤悲。”蕨，蕨菜，别称如意菜、狼萁，是一种野生蕨类植物蕨的嫩芽，部分种类可食用。薇，多年生草本植物，结荚果，中有种子五六粒，可食，嫩茎和叶可作为蔬菜，通称巢菜、大巢菜、野豌豆。

13. 葵

《诗经·国风·豳风·七月》：“六月食郁及薁，七月亨葵及菽，八月剥枣，十月获稻，为此春酒，以介眉寿。”葵，一般认为是冬寒菜的古称，但近年对“葵”另有补充诠释。江西科技师范学院历史文化学院陈立立教授认为，葵不能单指冬寒菜，是冬寒菜和盖菜的统称。

14. 茆

《诗经·鲁颂·駉之什·泮水》：“思乐泮水，薄采其茆。鲁侯戾止，在泮饮酒。”茆，莼菜，因其叶形似马蹄，因此也叫马蹄草，是多年生水生宿根草本，嫩叶可供食用，含有丰富的胶质蛋白、碳水化合物、脂肪、多种维生素和矿物质，为珍贵蔬菜之一。

15. 庐

《诗经·小雅·谷风之什·信南山》：“中田有庐，疆埸有瓜。是剥是菹，献之皇祖。曾孙寿考，受天之祜。”这里的庐即为萝卜。

16. 匏

《诗经·国风·邶风·匏有苦叶》：“匏有苦叶，济有深涉。深则厉，浅则揭。”匏，葫芦之类。葫芦，葫芦科葫芦属一年生攀缘草本植物，其果可以从10 cm至1 m不等，最重的可达1 kg。新鲜的葫芦，皮嫩绿，果肉白色，可作为蔬菜食用。

17. 谖

《诗经·国风·卫风·伯兮》：“焉得谖草，言树之背。”谖草，即萱草，也叫黄花菜、金针菜、忘忧草，属多年生宿根草本。萱草是中国的母亲花。当菜食用时，多被称为金针菜，其叶形为扁平状的长线形，其地下茎有微量的毒，不可直接食用。食用前须用沸水烫，再用凉水浸泡2 h以上（中间再换一次水），然后加热烹制，就不会使人中毒了。

18. 笋

《诗经·大雅·荡之什·韩奕》："其蔌维何？维笋及蒲。"笋，泛指竹类初萌之幼芽，味鲜美，可作为蔬菜食用。

19. 芑

《诗经·小雅·南有嘉鱼之什·采芑》："薄言采芑，于彼新田，呈此菑亩……薄言采芑，于彼新田，于此中乡。"芑，原文注释为一种野菜，类似苦菜的一种草本植物。

20. 藜

《诗经·小雅·南有嘉鱼之什·南山有台》："南山有台，北山有莱。"莱就是藜。藜，即灰菜，我国各地普遍生长。每年4—7月采收幼苗或嫩茎叶食用。采集嫩茎叶，入锅焯过以洗去苦味，可凉拌、热炒。

21. 葍

《诗经·小雅·鸿雁之什·我行其野》："我行其野，言采其葍。不思旧姻，求尔新特。"葍，一种野草，花相连，根白色，可蒸食。

22. 葛

《诗经·国风·唐风·葛生》："葛生蒙楚，蔹蔓于野……葛生蒙棘，蔹蔓于域。"葛，藤本植物，茎皮纤维可用于织葛布，块根可食，花可解酒毒。

另外，《诗经》中出现的"有玱葱珩"中的"葱"，"裳裳者华，芸其黄矣"中的"芸"，"苕之华，芸其黄矣"中的"苕"，以及"无逾我里，无折我树杞"里的"杞"，有学者认为它们与蔬菜有关，经查阅《诗经》原文注释，发现它们均与蔬菜无关。《诗经》里"黍稷重穋，禾麻菽麦"和"采菽采菽，筐之莒之"中的"菽"，意为大豆；"皎皎白驹，食我场藿"中的"藿"，为大豆嫩叶，二者与蔬菜关系较远。因此，上述"葱""芸""苕""杞""菽""藿"，均未被列入《诗经》中出现的蔬菜中。

三、小结

《诗经》是我国保留下来的最早的一部诗歌总集，具有极高的价值。综合上述的考证、分析，我们知道，远在西周初年至春秋中期，我们的祖先就开始栽培蔬菜了，如瓜、瓠、芜菁、韭菜、荷（莲藕）、水芹、葵（冬寒菜）、茆（莼菜）、庐（萝卜）、匏（葫芦）、谖（黄花菜）。毫无疑问，这些蔬菜的原产地是我国，至今已有几千年的栽培历史，有些蔬菜品种，已经成为世界著名品种。如莼菜，自古以来就被视为珍品，被誉为我国“江南三大名菜”之一。又比如水芹，是“水八仙”之一，含黄酮、硒和膳食纤维较高，是一种优质的保健蔬菜。再比如黄花菜，已经成为我国的母亲花。这些蔬菜品种，在后来的几千年历史中，通过各种途径传播到世界各地，为世界蔬菜生产做出巨大贡献。

还有一些蔬菜品种，如芣苢（车前草）、蘩（白蒿）、荼（苦菜）、荠、蕨等，在当时那个年代，被人们当作野菜采食，这一传统流传至今。有的品种，如荠、蕨，由于具有较高的营养价值，已转为人工栽培。另外一些品种，如荇、卷耳、蘋、藜、葍等，除个别品种人们偶尔食用外，由于年代久远，已经退出蔬菜行列，成为历史。

第二节　西汉至南北朝时期的中国蔬菜

西汉至南北朝时期，从公元前 206 年开始，至公元 589 年结束，前后经历了近 800 年。这个时期，我国古代蔬菜种类快速增多，张骞两次出使西域，引进了一批蔬菜种类，首次开辟了中国蔬菜的丝绸之路。这个时期的重要历史文献《史记》《南都赋》《四民月令》以及我国古代著名农书《氾胜之书》《齐民要术》，都不同程度地记载了当时我国蔬菜种植的情况。

一、张骞出使西域引进的蔬菜

西汉时期，张骞先后两次出使西域，第一次是公元前 139 年，第二次是公元前 119 年。张骞两次出使西域，引进了一批蔬菜种类。

1. 黄瓜

《蔬之物语》：“黄瓜起源于东南亚，西汉以后分别从北、南两路传入中国。据明代李时珍考证，北路黄瓜是由西汉时的张骞经由中亚地区沿着丝绸之路引入的；南路黄瓜则从南亚经由我国西南地区引入。”

2. 蚕豆

《蔬之物语》：“蚕豆别名胡豆、罗汉豆、佛豆等。”蚕豆原产于欧洲地中海沿岸，约在汉代经丝绸之路传入我国。

3. 胡萝卜

《蔬之物语》：“胡萝卜别名红萝卜、黄萝卜、丁香萝卜、黄根等，起源于近东和中亚地区，在那里已有几千年的栽培历史。”历史上的胡萝卜曾多次被引入我国。张骞出使西域打通了丝绸之路，首次将胡萝卜引入我国。”

4. 香菜

香菜原产于地中海沿岸及中亚地区，又称胡荽。据《本草纲目》记载，香菜种子是由张骞从西域带回的。

5. 大蒜

据《蔬之物语》介绍，一些古籍资料有说明现在食用的大蒜，是张骞（前164—前114）出使西域从大宛国带回的，至今已有2 000多年的历史。

6. 苜蓿

据《博物志》记载，张骞出使西域，带回了大蒜、石榴、胡桃、蒲桃（葡萄）、苜蓿等。《述异记》中也有相关记载。

苜蓿属在全世界总共大约有83个品种。在我国，苜蓿被当作菜或牧草。

7. 胡葱

据《博物志》记载，胡葱来自西域，张骞出使西域时将其带回。

胡葱，百合科（一说为石蒜科）葱属二年生草本植物，别名火葱、蒜头葱、瓣子葱等。全株可作蔬菜食用，鳞茎可制成调味佐料。

二、《史记》中记载的蔬菜

《史记》是西汉著名史学家司马迁撰写的一部纪传体史书，约于汉武帝太初元年至征和二年间（前104—前91）撰成。

《史记·七十列传·货殖列传》：“……若千亩卮茜，千畦姜韭：此其人皆与千户侯等。”可见西汉时期我国已经开始种植姜和韭菜了。

《史记·七十列传·伯夷列传》：“……而伯夷、叔齐耻之，义不食周粟，隐於首阳山，采薇而食之。”薇，多年生草本植物，结荚果，中有种子五六粒，可食，嫩茎和叶可作为蔬菜。

三、《氾胜之书》中记载的蔬菜

《氾胜之书》成书于西汉年间，是我国现存的农书中最早的一本，一般被认为是世界上最早的农学著作。其中论及的蔬菜种类有瓜、瓠、薤、芋，在栽培方面，第一次记载了瓠的靠接，以及瓜、薤、小豆之间间作套种的技术。

1. 瓠

瓠也称瓠子，一年生草本植物，茎蔓生，夏季开白花，果实长圆形，嫩时可食。

2. 薤

薤也称藠头，是百合科葱属多年生草本植物，以鳞茎为可食部，为一种名贵蔬菜。

3. 芋

芋也称芋头，属天南星科多年生草本植物，作一年生植物栽培。块茎通常呈卵形，可作为蔬菜食用。

四、《南都赋》中记载的蔬菜

《南都赋》是张衡的一篇名作。张衡，东汉时期著名天文学家。南都，是指张衡的家乡南阳。《南都赋》："若其园圃，则有蓼蕺蘘荷，薯蔗姜（蟠），菥蓂芋瓜。"

1. 蓼

蓼是蓼科的一年生草本植物，叶味辛，可用以调味，全草入药。

2. 蕺

蕺也称鱼腥草，多年生草本植物，是一味中草药，鲜时可作为蔬菜食用。

3. 蘘荷

蘘荷是姜科姜属多年生草本植物，根茎白色，微有芳香味，是一种珍稀蔬菜。

4. 薯

薯是薯类的总称。

5. 姜

姜是多年生草本植物，根茎肥厚，多分枝，有芳香及辛辣味，根茎供药用，鲜品或干品可作烹调配料或制成酱菜、糖姜。

6. 菥蓂

菥蓂也叫遏蓝菜，是一年生草本，全草入药，可以食用。

五、《四民月令》中记载的蔬菜

《四民月令》是东汉农学家、文学家崔寔模仿古时月令所著的农业著作。该书叙述田庄从正月直到十二月的农业活动，对古时谷类、瓜菜的种植时令和栽种方法进行了详细的记录，是东汉后期叙述一年例行农事活动的专著。

据王淳航和李天石考证，崔寔在《四民月令》中共提到19种蔬菜，分别是葵、芥、芜菁、瓜、瓠、芋艿、韭、薤、姜、葱（大葱、小葱、胡葱）、蒜（胡蒜、小蒜、杂蒜）、蓼、苏、荠、蘘荷、豍豆、苜蓿、蒲、笋。其中芥、苏、豍豆为首次在历史文献中出现。

1. 芥

芥也叫芥菜，为十字花科芸薹属一年生或二年生草本植物，味辛烈，植株青绿色，似白菜，是我国著名的特产蔬菜。据陈材林、周源、周光凡、陈学群、范永红等学者论证，我国是芥菜原生起源中心或起源中心之一；西北地区是我国的芥菜起源地；我国的栽培芥菜是由原产于我国的野生芥菜进化而来的，最早的出现年代在公元前6世纪以前；四川盆地是芥菜的次生起源中心。

2. 苏

苏即苏子，又名荏，是唇形科紫苏属一年生草本植物，有紫苏和白苏之分。紫苏多为药用，白苏既可食用也可榨油，目前以白苏种植为多。

3. 豍豆

豍豆即豌豆，为豆科一年生攀缘草本，种子及嫩荚、嫩苗均可食用。

六、《齐民要术》中记载的蔬菜

《齐民要术》大约成书于北魏末年，是我国杰出农学家贾思勰所著的一部综合性农学著作，也是世界农学史上最早的专著之一，是我国现存最早的一部完整的农书。《齐民要术》是我国古代五大农书之首。

据王淳航和李天石考证，《齐民要术》中出现的蔬菜有瓜（越瓜、胡瓜、冬瓜）、瓠、茄、芋、葵、芜菁、菘、芦菔（萝卜）、蒜（胡蒜、小蒜、黄蒜、泽蒜）、薤、葱、韭、芥（蜀芥、芥子）、芸薹、胡荽、罗勒、荏蓼、姜、蘘荷、芹、苣、苜蓿、苋、菌、蕹菜、莼菜、菱芡、菰、薇、芙、莼、蘋芜、蔗33种。其中茄、菘、芸薹、罗勒、苣、苋、菌、蕹菜、莼菜、菱芡、菰、芙、莼、蘋芜均为首次在历史文献中出现。

1. 茄

茄即茄子。《蔬之物语》："西晋嵇含撰写的植物学著作《南方草木状》中说，华南一带有茄树，这是中国有关茄子的最早记载。"同时，《蔬之物语》还说，茄子"起源于亚洲东南热带地区，茄子的野生种果实小且味苦，经人类长期栽培驯化，风味得到很大改善，果实也随之变大"。

2. 菘

菘即白菜，叶青茎白。白菜原产于我国，在西安新石器时代半坡遗址中出土的一个陶罐里有白菜籽，说明我国已有 6 000 多年的白菜种植历史。白菜古时称“菘”，春秋战国时期已有栽培，最早得名于汉代。南北朝时是我国南方最常食用的蔬菜之一。

3. 芸薹

芸薹又名油菜、芸薹，是十字花科植物油菜的嫩茎叶。

王建林、何燕、栾运芳、大次卓嘎、张永青等学者认为，芸薹属植物在世界上有 40 余种，其中我国有 15 种。这些学者就我国芸薹属植物的起源、演化和扩散问题进行了研究，结果表现，芸薹属植物广泛分布于我国的长江、黄河流域及西部山区，但从其现代分布来看，多栽培于青藏高原及其周边地区。笔者认为以青藏高原为主体的西部高山、丘陵地区可能是我国芸薹属植物的分布中心区，并提出我国芸薹属植物是本土起源的，并非来源于地中海地区。

4. 罗勒

罗勒，又名九层塔、金不换，是唇形科罗勒属药食同源芳香植物，味似茴香。

《蔬之物语》：“罗勒在中国的栽培历史悠久，据传在北魏时期，罗勒的栽培、加工技术已十分成熟。”

5. 苣

苣应为苣荬菜，也称苦苣菜、苦菜，多年生草本植物，野生，叶互生，广披针形，花黄色，茎叶嫩时可食。我国人民采食苣荬菜已有几千年历史。

6. 苋

苋应为马齿苋，又名长寿菜、五行草，为马齿苋科一年生草本植物，是世界上最为普遍的野生植物之一。马齿苋生食、烹食均可，柔软的茎可像菠菜一样烹制，有治疗腹泻、痢疾之功效。还有一说为，苋菜别名雁来红、三色苋等，是苋科苋属一年生草本植物。其理由是苋菜原产于我国，甲骨文中已有“苋”字。

7. 菌

菌为食用菌，即野生蘑菇类。我国人民自古以来就有食用野生蘑菇的习惯。野生蘑菇营养丰富，味道鲜美，通过水洗、晒干和加热等处理后可食用，有毒的野生蘑菇则不能食用。

8. 蕹菜

蕹菜别名空心菜、通菜等，是番薯属光萼组植物。据考证，蕹菜原产于我国，广西壮族自治区东南部的博白县，古称白州，是蕹菜的原产地。

9. 菱芡

菱芡指菱角和芡实。菱角又名腰菱、水栗、菱实，是菱科菱属一年生草本水生植物菱的果实。菱角皮脆肉美，蒸煮后剥壳食用，也可熬粥食。《齐民要术》中已有关于芰（菱的古名）的种植方法的记载。菱角起源于我国南方及亚洲、非洲的温暖地区，分布很广，但在多数国家和地区为野生状态，只有我国和印度对其进行栽培利用。我国已有 3 000 多年的菱角栽培历史。芡实为睡莲科植物芡的干燥成熟种仁，一般作中药用，也可与大米、莲子共同煮食。

10. 菰

菰即茭白，是我国特有的水生蔬菜，世界上把茭白作为蔬菜栽培的只有中国和越南。茭白属禾本科，是多年生水生草本植物。

古代主要采食其籽粒，作为粮食作物栽培。早在西周时期，人们发现其肉质茎细嫩可食，是一种美味的蔬菜。

11. 芺

芺即苦芺，亦称钩芺，是一种菊科蓟属的宿根草，叶有锐锯齿，初生可食。

12. 萹

萹也称扁蓄、扁竹、竹叶草，是蓼科蓼属一年生草本，可作为一种清湿热、利小便的中药草。

13. 薞芜

薞芜即酸模，又名山菠菜、酸不溜，是蓼科酸模属多年生草本植物，嫩茎可食。

七、小结

三国至南北朝时期经历的时间比较长，这个时期的我国蔬菜，有文献记载的为近 50 种，在历史文献中首次出现的有近 30 种，其余 20 种为延续周、春秋等历史时期人工栽培的蔬菜和野菜，其中绝大多数是原产于我国的蔬菜。而西汉张骞通西域开辟了丝绸之路后，沟通了与阿富汗、伊朗以及欧洲、非洲的交往，从而使中国栽培植物起源中心与中亚细亚、近东、埃塞俄比亚和地中海等栽培植物起源中心相互引进园艺作物，既丰富了我国当时的蔬菜种类，也为以后大量引进、培育蔬菜新品种奠定了坚实的物质基础。

第三节 唐朝时期的中国蔬菜

唐朝（618—907）历经289年，是我国历史上出名的朝代之一。它经历了贞观之治、元和中兴、会昌中兴、大中之治，国家比较强盛，农业生产也比较发达。唐朝自灭东突厥、薛延陀后，天子被四夷各族尊为天可汗，并让南诏、新罗、渤海国、日本等藩属国学习自身的文化与制度。唐代科技、文化、经济、艺术具有多元化特点，它接纳海内外各国民族进行交流学习，形成开放的国际文化、科技，其中包括农业科技。唐朝与阿拉伯帝国是当时世界上最强盛的帝国，声誉远扬海外，与亚欧国家均有往来。

一、《四时纂要》里记载的蔬菜

《四时纂要》约成书于唐末，或五代初，作者为韩鄂（一作“谔”）。原书在我国早已佚失。1960年在日本发现了明万历十八年（1590）朝鲜重刻本，且为硕果仅存的本子。1961年，由日本山本书店影印出版。我国根据这个影印本，由缪启愉加以校释，于1981年出版。

《四时纂要》是唐代著名的一本农书，其主体是农业生产，包括农、林、牧、副、渔，体现出以粮食、蔬菜生产为主的多种经营传统特色。《四时纂要》中共提到蔬菜（含药用蔬菜）36种，经我们考证，其中绝大多数为在此之前我国已经种植的，如葵、薤、瓠、芋、韭、芸薹、胡荽、萝卜等，在当时历史文献中首次出现的有薯蓣、椒、牛蒡、决明、莴苣、薏苡、牛膝、百合8种，其中薯预、牛蒡、决明、牛膝、百合为药蔬同源植物。

1. 薯蓣

薯蓣，又名山药、怀山药、淮山药，为薯蓣科薯蓣属一年生植物。其块茎为常用中药，有祛痰止咳的功效，又能食用。我国是薯蓣的原产地，《山海经》中有提到薯蓣。古代的薯蓣即现在的山药。经考证，薯蓣原为野生植物，后被人发现而成为栽培作物。

2. 椒

椒应为花椒。北魏著名农学家贾思勰在《齐民要术》中记载：“蜀椒出武都，秦椒出天水。”由此可见，陇南是最早出产花椒的地方，也是花椒原产之地。有学者认为这句话说的是辣椒，不妥。《蔬之物语》指出：“辣椒传入中国……其时间都不会早于1578年，因成书于1578年的《本草纲目》中未见有辣椒的记载，但其时间也不会晚于1590年，因明代高濂1591年撰写的《遵生八笺》一书中已有关于辣椒的记述。”

3. 牛蒡

牛蒡又名牛蒡子、东洋参、东洋牛鞭菜等，是菊科牛蒡属二年生草本植物。牛蒡是一味中药，主治外感咳嗽、风疹、咽喉肿痛、疮痈肿毒等症。其根可供食用。牛蒡子原本产于中国北方和西南各地，日本、韩国等国家的牛蒡子均由我国引入。

4. 决明

决明又名草决明、羊角豆，为豆科决明属一年生亚灌木状草本植物，苗叶和嫩果可食。决明原产于我国长江以南。决明的种子是常用中药决明子，具有清肝明目、通便的功效，主治高血压、头痛、眩晕等症。中医四大经典著作之一《神农本草经》中就记载着决明“味咸，平”。约成书于汉末的药学著作《名医别录》（简称《别录》），记载着决明“苦甘，微寒，无毒”。

5. 莴苣

莴苣属菊科，是一年生或二年生草本植物，可食用，味道鲜美，口感爽脆，是较为普及的一种蔬菜。

6. 薏苡

薏苡为禾本科薏苡属一年生粗壮草本植物，薏苡种仁是我国传统的食品资源之一，可做成粥、饭、各种面食供人们食用，有健脾利湿、清热排脓、美容养颜功效。

7. 牛膝

牛膝为苋科牛膝属多年生草本植物。根入药，生用，活血通经，可治产后腹痛，月经不调，闭经，鼻衄等症。茎、叶可以当蔬菜食用。

8. 百合

百合属百合科，是多年生草本球根植物，其球茎含丰富淀粉，部分品种可作为蔬菜食用。以食用价值著称于世的我国兰州百合，最早被记载在《平凉县志》中，其栽培历史已有450多年。兰州七里河等地区广泛栽种食用百合。兰州百合个大、味甜，在国内外享有很高声誉。

二、医书《千金要方》和《食疗本草》中记载的药蔬同源的蔬菜

《千金要方》又称《备急千金要方》，为唐朝孙思邈所著，约成书于永徽三年(652)，是综合性临床医著，被誉为中国最早的临床百科全书。该书集唐代以前诊治经验之大成，对后世医家影响极大。

《食疗本草》，食疗专著，唐代孟诜撰，张鼎增补改编，约成书于唐开元年间(713—741)。一般认为此书前身为孟诜《补养方》，为唐代较系统全面的食疗专著。原书早佚，敦煌曾有残卷出土，近代有辑佚本。

《千金要方》和《食疗本草》两本医药名著中提到近百种蔬菜及药蔬同源植物。经考证，在当时历史文献中首次出现的有菾菜、鸡苏、海藻、昆布、茼蒿、落葵、食茱萸、茴香、蓟菜、荸荠、茨菰、翘摇、香薷、濮瓜、白苣、菠菜、天门冬、地黄、菰菜、青蒿 20 种。

1. 菾菜

菾菜即甜菜，又叫牛皮菜、莙荙菜，为藜科甜菜属中的变种，是二年生草本植物，以幼苗或叶片作蔬菜用。

《中药大辞典》：莙荙菜，别名菾菜（《别录》），甜菜（《日华子本草》），牛皮菜（《滇南本草》），石菜（《本草求原》），杓菜、猪㹀菜（《广州植物志》），光菜（《中国蔬菜栽培学》）。

依叶柄颜色不同，牛皮菜分白梗、青梗和红梗三类。据传，牛皮菜原产于欧洲地中海沿岸，但无文字可考。近年来，我国从英国引进了红梗牛皮菜，这却是不争的事实。红梗牛皮菜有菜用、饲用和观赏用等多种用途。

2. 鸡苏

鸡苏又名龙脑薄荷、水苏，为唇形科植物水苏的全草。因其叶辛香，可用于烹鸡，故名，功同紫苏。

《本草纲目·草部·水苏》："其叶辛香，可以煮鸡，故有龙脑、香苏、鸡苏诸名。"

3. 海藻

海藻属于马尾藻科松藻属，是海带、紫菜、裙带菜、石花菜等海洋藻类的总称，是生长在海中的藻类。

孙思邈在所著《千金要方》中提到治疗因缺碘而引发的疾病，多用海藻、昆布等物，可见在唐朝，人们已经认识并食用海藻了。

4. 昆布

昆布又名鹅掌菜、五掌菜等。昆布是《中国药典》收录的草药，药用来源为

海带科植物海带或翅藻科植物昆布的干燥叶状体。

5. 茼蒿

茼蒿又称蒿子秆、蓬花菜，为菊科一年生或二年生草本植物，茎叶嫩时可食，也可入药。在我国古代，茼蒿为宫廷佳肴，所以又叫皇帝菜。

据《蔬之物语》介绍，茼蒿原产于地中海，在我国已有 1 000 多年的栽培历史。早在公元 7 世纪的唐代就有关于茼蒿的记载。

6. 落葵

落葵又名木耳菜，为落葵科落葵属一年生缠绕草本植物，其叶含有多种维生素和钙、铁。可作蔬菜，也可供观赏，全草入药。

7. 食茱萸

食茱萸又名红刺楤、红刺葱、大叶刺葱等，为芸香科落叶乔木，具有特殊香味，兼具药用价值和食用价值。药用有温中、燥湿、杀虫、止痛的功效，食用一般作为调味品。

8. 茴香

茴香为伞形科茴香属植物，有大茴香、小茴香之分，都是常用的调料。大茴香即八角茴香。小茴香的种子是调味品，也是一味中药，因它的茎叶部分具有香气，常被用作包子、饺子等食品的馅料。

9. 蓟菜

蓟菜即刺儿菜，又名野红花，为菊科蓟属多年生草本植物。卵形或椭圆形叶子互生，边缘有刺，两面有白色丝状毛。夏季开紫红色花。野生，幼嫩时可作为蔬菜食用。

在我国唐代时蓟菜主要作为中草药应用，名曰“大蓟”。

10. 荸荠

荸荠又名马蹄、水栗等，古称“凫茈”，属单子叶莎草科，为多年生宿根性草本植物。荸荠皮色紫黑，肉质洁白，味甜多汁，清脆可口，既可作水果生吃，又可作蔬菜食用。球茎富含淀粉，供生食、熟食或提取淀粉，味甘美；也供药用，开胃解毒，消宿食，健肠胃。

11. 茨菰

茨菰即慈姑，又名剪刀草、燕尾草等，原产于我国，为泽泻科慈姑属多年生草本植物，生在水田里，叶子像箭头，开白花。地下球茎为黄白色或青白色，可作蔬菜食用。

12. 翘摇

翘摇即紫云英，原产于我国，是豆科黄耆属二年生草本植物。紫云英分无毒和有毒两种。鲜嫩的无毒紫云英可以食用，其烹饪方法同南瓜苗、豌豆苗。紫云英常作为重要的蜜源植物、绿肥和牧草。种子入药，有补气固精、益肝明目、清热利尿之效。

13. 香薷

香薷别称香茹、香草，为唇形科香薷属植物。干燥地上部分入药，能发汗而解表、化湿和中而解暑、开宣肺气而利水消肿；也为烹饪调料，用于烹制肉类、肉汤；也可作增香调味品。

我国唐代即开始栽培香薷，主要用作中草药，也用作烹饪调料。

14. 濮瓜

濮瓜即冬瓜，为葫芦科冬瓜属一年生蔓生或架生草本植物。冬瓜果实除了可作蔬菜外，也可浸渍为各种糖果。果皮和种子入药，有消炎、利尿、消肿的功效。

冬瓜起源于我国和东印度。《蔬之物语》："冬瓜起源于中国和东印度，广泛分布于亚洲的热带、亚热带及温带地区，中国很早便开始栽培。"

15. 白苣

白苣即生菜的一种，像莴苣但叶子是白色的，折断叶子后有白汁流出。白苣为菊科莴苣属一年生或二年生草本植物，也是欧美国家的大众蔬菜，深受人们喜爱。

白苣原产于欧洲地中海沿岸，由野生种驯化而来，古希腊人、古罗马人最早食用。《千金要方》称之为生菜，可见唐代就有种植。

16. 菠菜

菠菜，又名波斯菜、赤根菜、鹦鹉菜等，是藜科菠菜属一年生草本植物。菠菜原产于伊朗，我国普遍栽培，为常见的蔬菜之一。

据《蔬之物语》介绍，菠菜是 2 000 多年前波斯人栽培的菜蔬，也叫作"波斯草"，在唐朝时由尼泊尔人带入我国。唐代贞观二十一年（647），尼泊尔国王那拉提波派使臣将菠菜送到长安，献给唐朝皇帝，从此菠菜便在我国"安家落户"了。当时我国称菠菜产地为西域菠薐国，这就是菠菜又被叫作"菠薐菜"的原因。

17. 天门冬

天门冬又名三百棒、老虎尾巴根、天冬草、明天冬，为百合科天门冬属多年生草本植物。天门冬的块根是高档蔬菜，一般在秋、冬季采挖。挖出后洗净，除去须根，置于沸水中煮或蒸至透心，趁热除去外皮，晒干备用。另外，天门冬的块根是常用的中药，具有很高的药用价值。

我国唐代有种植天门冬的记载，当时主要作为中草药种植。

18. 地黄

地黄又名生地，为玄参科地黄属多年生草本植物。将地黄作为食品，在民间已有悠久历史。早在1 000多年前，中原地黄产区的人们就将地黄"腌制成咸菜，泡酒、泡茶而食之"。现在，人们仍把地黄切丝凉拌，煮粥而食。同时，地黄还是四大怀药之一。从周朝开始，四大怀药被历代列为皇封贡品；唐宋时期，四大怀药已久负盛名，经丝绸之路传入亚欧各国。

19. 菰菜

菰菜即茭白，又名茭笋、高笋，是禾本科菰属多年生宿根草本植物。世界上把茭白作为蔬菜栽培的，只有我国和越南。当时人们发现，有些菰因感染上黑粉菌而不抽穗，且植株毫无病象，茎部不断膨大，逐渐形成纺锤形的肉质茎，这就是现在食用的茭白。后来，人们就利用黑粉菌阻止茭白开花结果，将这种有病在身的畸形植株繁殖为蔬菜。

20. 青蒿

青蒿又各草蒿、香蒿，为菊科蒿属一年生草本植物，植株有香气。青蒿幼嫩时可以食用。但青蒿主要作为药用，是青蒿素的主要原料，主要用于间日疟、恶性疟的症状控制。

三、小结

据不完全统计，在我国唐代，种植的蔬菜、可采食的山野菜、药蔬同源的蔬菜已达70余种，为当时历史最高水平。

由于唐朝比较强盛，文化、科技（包括农业科技）比较开放，与亚欧国家均有往来，因此，这个时期引进了一些蔬菜品种，同时也开发了一些蔬菜品种。如从尼泊尔引进了菠菜，从欧洲引进了白苣，开发了山野菜蓟菜，利用黑粉菌阻止茭白开花结果从而繁殖这种有病在身的畸形植株作为蔬菜，等等。

唐代《千金要方》和《食疗本草》两本医药名著所提到的合计近百种蔬菜及药蔬同源的植物中，有的不属于蔬菜范畴，如龙葵只作为中草药；甘菊也是中草药，只是还能作为茶饮，但不能当作蔬菜食用；茗叶实际上是茶叶。也有个别蔬菜品种重复，如甜菜和莙荙菜是同一种蔬菜，菰菜和茭首均为茭白。

第四节 宋元时期的中国蔬菜

宋朝（960—1279）分为北宋和南宋两个阶段，历时 320 年。宋朝是我国古代历史上商品经济、文化教育、科学创新高度繁荣的时代，是我国封建社会发展的顶峰。

元朝（1206—1368）是蒙古族建立的王朝，历时 163 年。元朝实现了统一多民族国家的巩固和发展，为经济和文化的发展创造了条件。

王淳航在其《蔬菜与宋代社会经济》一文中指出，反映宋元时期我国蔬菜的历史文献主要有《证类本草》《全芳备祖》《王祯农书》。

一、《证类本草》与蔬菜

《证类本草》，全称《经史证类备急本草》，计 32 卷，其作者唐慎微是宋代著名医药学家。本书系将《嘉祐补注神农本草》和《图经本草》两书合一，予以扩充、调整编成的，共载药物 1 558 种，分玉石部、草部、木部、兽禽部等部。据王淳航整理介绍，其中记载蔬菜计 61 种。经考证，这 61 种蔬菜中，有 35 种是在宋朝以前的有关文献中已有记载的，如胡荽、茼蒿、罗勒、芜菁、黄瓜、芥、莱菔（萝卜）、菘、苦菜、苋、苦苣、苜蓿、荠、蕨、翘摇、韭、薤、紫苏、香薷、苦瓠（瓠子）、胡蒜、小蒜、胡葱、莼、水芹、茄、白苣、芹、芸薹、蕹菜、苦荬、蕺、莙荙菜、菠薐菜（菠菜）、落葵等；纯为中草药、不能作为蔬菜食用的有 17 种，如冬葵子、苋实（苋菜的种子）、邪蒿、石胡荽（又名鸡肠草）、瓜蒂、白瓜子、白芥、荏子、黄蜀葵花、蜀葵、龙葵、苦耽、蓼实、葱实、假苏（荆芥）、水苏、醍醐菜等；秦荻梨则为水果。而在此之前的有关文献中没有记载、可以认为是从宋朝开始种植的蔬菜有 8 种。

1. 白冬瓜

白冬瓜即白皮冬瓜，为浙江省宁波市郊农家品种，栽培历史悠久。

2. 越瓜

越瓜又名梢瓜、酥瓜，是甜瓜的变种，为葫芦科黄瓜属一年生草本植物。

一般认为，越瓜、菜瓜与甜瓜起源于同一物种。甜瓜由非洲经中东传入印度，进一步分化后，经越南传入我国，故名越瓜。越瓜在我国栽培历史悠久，《齐民要术》中已有相关记载，其后宋代已有梢瓜之称。

3. 甘蓝

甘蓝为十字花科芸薹属的一年生或二年生草本植物，我国各地均有栽培，作蔬菜及饲料用。

甘蓝起源于地中海沿岸的一种一年生杂草，也有人认为它起源于地中海地区的 4 种近缘种的复合体。

4. 薄荷

薄荷为唇形科植物，是一种有特种经济价值的芳香作物，是常用中药之一。它是辛凉性发汗解热药，可治流行性感冒、头疼、目赤、身热、咽喉肿痛、牙床肿痛等症。

薄荷又可作餐桌上的鲜菜，清爽可口。

5. 马齿苋

马齿苋又名五行草、长命菜，为马齿苋科马齿苋属植物，一年生草本，我国南北各地均产。全草供药用，有清热利湿、解毒消肿、消炎、止渴、利尿作用。嫩茎叶可作蔬菜，味酸，也是很好的饲料。

6. 繁缕

繁缕别名滋草、鹅肠菜等，为石竹科繁缕属一年生草本植物，在我国云南各地广泛分布。全草入药，功效有清热解毒、凉血、活血止痛、下乳等。繁缕的食用部分为嫩梢，味道类似豌豆尖，但比豌豆尖更柔嫩鲜美，无论炒食、凉拌、煮汤（放入开水中数秒钟后即可起锅食用），皆具有良好风味。

7. 鹿角菜

鹿角菜一般指角叉菜，属杉藻科角叉菜属，分布于大西洋沿岸和我国东南沿海等海域，是一种重要经济海藻，主要为药用，也可作为蔬菜食用。

8. 东风菜

东风菜又名白云草、疙瘩药、草三七等，为菊科东风菜属多年生草本，分布于亚洲东部，我国有 2 种。东风菜可作为蔬菜食用。在浙江民间被广泛应用于治疗蛇毒，效果良好。

二、《全芳备祖》与蔬菜

《全芳备祖》是宋代花谱类著作集大成性质的著作，作者陈景沂。此书主要辑录植物（特别是栽培植物）资料，故称“芳”。据王淳航整理介绍，其中记载蔬菜计 40 种。经考证，其中葵菜、藕（荷）、菱、芡（茨菰）、木瓜、菰（茭白)、笋、蕨、枸杞、山药(薯蓣)、芋、匏、茄、薤、韭、葱(胡葱)、姜、芸薹、决明、苜蓿、荠、芜菁、莴苣、芥、菘、芹、蒿(青蒿、蘩)、莼菜(茆)、荇、菠薐菜(菠菜)、苋、元修菜(薇菜、野豌豆)等32种蔬菜已在宋代以前的文献中有所记载;木瓜为水果;藜藿并非蔬菜;而齑是切细后用盐、酱等浸渍的蔬果,如同腌菜、酱菜、果酱之类;芦笋为记载有误;菌葚则查无出处。这样,《全芳备祖》中始见记载的蔬菜有3种,它们可被视为我国宋代开始出现、种植的蔬菜。

1. 木耳

《全芳备祖》中记载的木耳,应是野生木耳,其味道鲜美,可素可荤,营养丰富。木耳味甘,性平,具有益气、活血的功效,还可用于防治缺铁性贫血等。

2. 蔊菜

蔊菜为十字花科一年生草本植物。有祛痰、止咳等功效,可用于治疗慢性支气管炎,能降压利尿,凉血止血。蔊菜不仅有药用价值,还可作为蔬菜食用。

3. 藤菜

藤菜又名藤三七、田三七、豆腐菜,为落葵科多年生草本植物。藤三七原产于巴西,现在我国云南、贵州、湖南和台湾地区均有种植。藤三七珠芽入药,水煮后味微甜,嚼之有黏性,性平,能消肿散瘀,补虚止血。藤三七叶片可经沸水焯后拌食,也可素炒,或者和腰花、肉丝炒食,还可做汤,其味清脆滑嫩。珠芽和地下块茎可炖鸡、炖肉食。

三、《王祯农书》与蔬菜

元朝在我国农学史上留下了3部比较出色的农学著作,分别为《农桑辑要》《王祯农书》《农桑衣食撮要》,其中以《王祯农书》影响最大。

《王祯农书》,元代王祯著。全书共36卷,13.6万字,分为《农桑通诀》《百谷谱》《农器图谱》3个部分。《王祯农书》在我国古代农学遗产中占有重要地位,它在前人著作基础上,第一次对广义农业生产知识作了较全面系统的论述,提出我国农学的传统体系。

经查,《王祯农书》中记载的蔬菜计35种,为甜瓜、西瓜、冬瓜、瓠、芋、芜菁、萝卜、茄子、姜、莲藕、芡、芰(菱)、葵、芥、芸薹、芥子、菌子(蘑菇类)、蒜、薤、葱、韭、胡荽、菠薐菜、莴苣、茼蒿、人苋、蓝菜(甘蓝的别称)、莙荙菜、兰香(山薄荷)、荏、蓼、芹、蘧(古同“蕖”,芙蕖,荷花)、甘露子、枸杞。

1. 人苋

人苋又叫血见愁、海蚌念珠等，叶里藏珠，是苋的一种。

据卢文弨补注引《图经本草》介绍，苋有 6 种，有人苋、赤苋、白苋、紫苋、马苋和五色苋，其中人苋和白苋可入药。

2. 甘露子

甘露子别名宝塔菜、草石蚕、地环儿，为唇形科水苏属宿根植物，具有祛风清热、活血散瘀、利湿之功效。其根茎可作蔬菜食用，主要用作腌制酱菜。

甘露子是原产于我国的一种蔬菜，宋代时已在长江中下游地区的江西、浙江和江苏等地普遍栽培，此后栽培地域逐渐扩大到全国。现在我国西部地区仍有其野生种分布。甘露子于 19 世纪传入欧洲，深受法国等地民众的喜爱。

四、小结

经考证，宋元时期我国新增蔬菜种类或品种 13 种，其中部分品种引自域外，如甘蓝从地中海地区传入，藤三七从巴西引进，越瓜从非洲传入，而大部分蔬菜品种是我国发现和挖掘的，如马齿苋、甘露子、东风菜、鹿角菜等。也有的品种是从原来已有的品种中分离出来的，如人苋。

据南宋《梦粱录》记载，仅临安一带种植的蔬菜就有 40 余种。另外，蚕豆记载始见于成书 1057 年的《益部方物略记》，但在浙江吴兴钱山漾新石器时代晚期遗址出土了蚕豆籽粒，说明我国或为蚕豆原产地，北宋以前未见记载可能是与“胡豆”混淆了。

据初步统计，宋元时期我国的蔬菜种类，包括人工栽培的、山野菜、药食同源的，已达近百种，而具体到品种会更多，可见种类已经十分丰富。

第五节　明清时期的中国蔬菜

明朝（1368—1644）是我国历史上最后一个由汉族建立的大一统王朝，历时 277 年。明朝是继汉唐之后的黄金时期。

清朝（1616—1911）是我国历史最后一个大一统封建王朝，历时 296 年。康雍乾期间，国力最强，社会稳定，经济快速发展。

一、《本草纲目》与蔬菜

《本草纲目》共计52卷，是明代李时珍撰于嘉靖三十一年（1552）至万历六年（1578）的本草著作。本书的刊行促进了本草学的进一步发展。达尔文在他自己的著作中曾多次引用本书的资料，并称其为“中国古代百科全书”；英国李约瑟称赞李时珍为“药物学界中之王子”。本书为本草学集大成之作。

《本草纲目》的第二十六卷菜部、第二十七卷菜部、第二十八卷菜部共记载蔬菜65种，其中在之前有关文献中出现的有45种，而在《本草纲目》中新记载的有20种。

1. 翻白草

翻白草又名鸡腿根、鸡拔腿、天藕等，是蔷薇科委陵菜属多年生草本植物，翻白草的嫩茎叶、根皆可供日常食用，用热水焯熟后，再用凉水浸泡半天，去掉苦涩之味，可凉拌、炒食、做汤、做馅等。全草入药。

2. 蒲公英

蒲公英又名尿床草、西洋蒲公英、婆婆丁等，为菊科蒲公英属植物。蒲公英可生吃、炒食、做汤，是药食兼用的植物。蒲公英原产于我国，分布于东北、华北、华东、华中、西南以及西北地区的陕西、甘肃、青海等地。

3. 鹿藿

鹿藿又名野绿豆、野黄豆、山黑豆等，为豆科植物鹿藿的茎叶，可作蔬菜食用，也是一味中药，具有祛风除湿、活血、解毒、消积散结、消肿止痛、舒筋活络的功效。

4. 甘薯

甘薯又名甜薯，为旋花科薯蓣属缠绕草质藤本植物。地下块茎顶分枝末端膨大成卵球形的块茎，可作为蔬菜食用。

5. 南瓜

南瓜又名倭瓜、番瓜、饭瓜，为葫芦科南瓜属的一个种，是一年生蔓生草本植物。

南瓜原产于南美洲，已有9 000年的栽培史，哥伦布将其带回欧洲，之后被葡萄牙人引种到日本、印度尼西亚、菲律宾等地，明代时传入中国。李时珍在《本草纲目》中说：“南瓜种出南番，转入闽、浙，今燕京诸处亦有之矣。三月下种，宜沙沃地。四月生苗，引蔓甚繁，一蔓可延十余丈……其子如冬瓜子。其肉浓色黄，不可生食，惟去皮瓤瀹食，味如山药。同猪肉煮食更良，亦可蜜煎。”

6. 丝瓜

丝瓜又名胜瓜、菜瓜，为葫芦科丝瓜属一年生攀缘藤本植物。食用丝瓜时应去皮，可凉拌、炒食、烧食、做汤食或榨汁用以食疗。

丝瓜果实亦可作药用，有清热解毒、活血通络、利尿消肿之功效，可用于筋骨痛、胸胁痛、经闭、乳汁不通、乳痈、水肿。

《本草纲目》："丝瓜，唐宋以前无闻，今南北皆有之，以为常蔬……嫩时去皮，可烹可曝，点茶充蔬。老则大如杵，筋络缠纽如织成，经霜乃枯，惟可藉靴履，涤釜器，故村人呼为洗锅罗瓜。内有隔，子在隔中，状如栝蒌子，黑色而扁。其花苞及嫩叶、卷须，皆可食也。"

7. 苦瓜

苦瓜又名癞葡萄、凉瓜，为葫芦科苦瓜属植物，是一年生攀缘状柔弱草本。苦瓜果味甘苦，主作蔬菜，也可糖渍。

《本草纲目》中记载："苦瓜原出南番，今闽、广皆种之。"

8. 紫菜

紫菜为紫球藻科紫菜属植物，是海中互生藻类的统称，可作蔬菜食用，具有化痰软坚、清热利水、补肾养心的功效。

《本草纲目》一书中不但描述了紫菜的形态和采集方法，还指出烦热、病瘿瘤脚气者宜常食紫菜。

9. 石莼

石莼又名海白菜、海青菜、海莴苣、绿菜等，属常见海藻，为石莼科石莼属植物，呈鲜绿色，基部以固着器固着于岩石上，生活于海岸潮间带，可供食用。

据《本草纲目》记载，石莼利小便，治风秘不通。

10. 石花菜

石花菜又名海冻菜、红丝、凤尾等，是红藻的一种，为石花菜科石花菜属海生植物。石花菜通体透明，犹如胶冻，口感爽利脆嫩，既可拌凉菜，又能制成凉粉。

据《本草纲目》记载，石花菜味甘、咸，性大寒、滑，无毒，去上焦浮热，发下部虚寒。

11. 龙须菜

龙须菜又名线菜、发菜，是百合科天门冬属植物，是一种野生名菜，属多年生藤状攀缘植物。龙须菜因嫩茎形似龙须而得名，有素菜之珍的美誉。有文献说龙须菜也叫鹿角菜，此说法不妥。鹿角菜是海菜的一种。

据《本草纲目》记载，龙须菜味甘，性寒，无毒，主治瘿结热气，利小便。

12. 睡菜

睡菜又名绰菜、瞑菜，是龙胆科睡菜属植物，全株光滑无毛。睡菜植株美观，花洁白可爱，可用于园林水景绿化，还可进行盆栽，装点庭院。

13. 芝

芝本义指灵芝，又名菌灵芝、万年蕈、灵芝草，是菌类植物的一种，也是一种蕈，为灵芝科灵芝属真菌灵芝的子实体。芝具有补气安神、止咳平喘、延年益寿的功效，可用于治疗眩晕不眠、心悸气短、神经衰弱、虚劳咳喘。

据《本草纲目》记载：青芝又名龙芝，味酸，性平，无毒；赤芝又名丹芝，味苦，性平，无毒；黄芝又名金芝，味甘，性平，无毒。

14. 皂荚蕈

皂荚蕈是菌类植物的一种，也是一种蕈。

据《本草纲目》记载，皂荚蕈味辛，有毒。用皂荚蕈瓦上焙为末，每服一钱，温酒送下，可治肠风泻血。用皂荚蕈磨醋涂搽，可治肿毒初起。

15. 香蕈

香蕈又叫香菇、花菇，为侧耳科植物香蕈的子实体，是我国特产之一，在民间素有“山珍”之称。

据《本草纲目》记载，香蕈味甘，性平，无毒。

16. 蘑菰蕈

蘑菰蕈又叫肉蕈，是担子菌亚门层菌纲伞菌目黑伞科蘑菰蕈的子实体，通常与平菇、草菇和香菇一起并称为对人体有益的常用“四大食用菌”。蘑菰蕈肉质肥嫩、鲜美可口。

据《本草纲目》记载，蘑菰蕈味甘，性寒，无毒，具有益肠胃、化痰理气的功效。

17. 土菌

土菌又叫杜蕈。生在地上的为菌，生在木上的为耳。

据《本草纲目》释名，土菌又称地蕈、菇子、地鸡、獐头。土菌味甘，性寒，有毒，烧灰外敷可治疮疥。

18. 地耳

地耳别名地木耳、地皮菜、地软、地踏菜等，学名普通念珠藻。普通念珠藻是一种固氮蓝藻，平时所见的是其原植体，它外由胶被包裹，内由藻丝弯曲、相互缠绕而成。

据《本草纲目》释名，地耳又称地踏菇，味甘，性平，无毒，具有明目益气、补肾的功效。

19. 石耳

石耳别名石木耳、岩菇、脐衣、石壁花，属瓶口衣科石耳种，因其形似耳，并生长在悬崖峭壁阴湿石缝中而得名。

石耳可作蔬菜食用。石耳干制品，用时须先用沸水加少许盐泡发，泡软后轻轻揉搓，将细沙除净，然后磨去背面毛刺，以免口感糙涩。因其自身无鲜味，作菜肴时须与鲜味原料相配，或用上汤赋味。

据《本草纲目》记载，石耳具有明目益精的功效。

20. 鸡坳菌

鸡坳菌是和白蚁共生的菌类，白蚁构筑蚁巢的同时培养了鸡坳菌菌丝体，形成一个共同的生态系统。

鸡坳菌肉厚肥硕，质细丝白，味道鲜甜香脆。无论炒、炸、腌、煎、拌、烩、烤、焖，清蒸或做汤，其滋味都很鲜，为菌中之冠。

据《本草纲目》记载，鸡坳菌具有益胃清神和治痔的功效。

此外，《本草纲目》还记载了药蔬同源植物 53 种，其中一部分在此前的有关历史文献中已有记载，如石蒜、茵陈蒿、青蒿、决明、萱草、野菊、葵、菰、风仙、海藻、昆布等，另一部分首次在有关历史文献中出现，这些新出现的药蔬同源植物极大地丰富了我国的蔬菜种类。

二、明清时期从国外引进的蔬菜

明清时代，国内各地相互交换蔬菜种类和品种，同时对外交换频繁，直接或间接地通过蔬菜丝绸之路从欧、亚、美三洲引入多种蔬菜。

这个时期，由海路传入的园艺植物较多。这是因为郑和下西洋与国外海运沟通，使我国蔬菜发展进入海道引种时期。从南洋群岛引进南瓜、番石榴，从东南亚引入苦瓜，从欧洲引进石刁柏，从中亚引进甘蓝类、洋葱、根甜菜等，从美洲引入番茄、辣椒、西葫芦、笋瓜、佛手瓜、菜豆、马铃薯、甘薯、豆薯、菊芋、结球甘蓝、香芹、豆瓣菜、四季萝卜、朝鲜蓟等。

在上述引进的 22 种植物中，番石榴为热带水果，其余均为蔬菜，其中甘蓝（蓝菜）在元朝《王祯农书》中已有记载，南瓜、苦瓜、甘薯在明朝《本草纲目》中已有记载，其余 17 种蔬菜为在我国历史有关文献中首次出现，可视为明清时期我国新增加种植蔬菜种类或品种。

1. 石刁柏

石刁柏通常被称为芦笋，为百合科天门冬属多年生草本，是世界著名蔬菜之一，在国际市场上享有“蔬菜之王”的美称。石刁柏原产于地中海沿岸，在欧洲已有 2 000 年以上的栽培历史，后由欧洲移民传入美洲，19 世纪末传入我国。

《蔬之物语》：“中国栽培芦笋从清末开始，至今仅有百余年。”

2. 洋葱

洋葱别名球葱、圆葱、葱头等，是石蒜科葱属的二年生草本植物。洋葱在我国分布广泛，南北各地均有栽培，是我国主栽蔬菜之一。

洋葱原产于中亚或西亚，16 世纪传入北美洲，17 世纪传到日本。18 世纪时，洋葱由欧洲人传入澳门，在广东一带栽种。

3. 根甜菜

根甜菜又名红菜头、红甜菜，为藜科甜菜属二年生草本植物。根甜菜起源于地中海沿岸，是甜菜的一个变种。

《蔬之物语》：“公元前 4 世纪，古罗马人已食用叶甜菜，其后在食谱中又增加了根甜菜；14 世纪的英国人已开始栽培根甜菜；到了 1557 年，德国的一些资料上已有对根甜菜的描述。”

4. 番茄

番茄即西红柿，为茄科番茄属一年生或多年生草本植物。番茄果实营养丰富，具有特殊风味，可以生食、煮食，加工成番茄酱、番茄汁或整果罐藏。

番茄的起源中心是南美洲的安第斯山地带，墨西哥较早驯化栽培。1523 年，番茄从墨西哥传到西班牙、葡萄牙，1550 年前后传到意大利，1575 年相继传到英国和中欧各国，当时作为观赏植物。18 世纪中叶始作食用栽培。

我国栽培的番茄从欧洲或东南亚传入。《广群芳谱》的果谱附录中有“番柿”：“一名六月柿，茎似蒿。高四五尺，叶似艾，花似榴，一枝结五实或三四实。……草本也，来自西番，故名。”

5. 辣椒

辣椒是茄科辣椒属一年生或有限多年生植物。辣椒的原产国是墨西哥，现在世界各国普遍栽培。

欧洲殖民主义到达美洲以后，辣椒于 1493 年被引入欧洲，1583—1598 年传入日本。比较公认的我国最早关于辣椒的记载是《遵生八笺》（1591）中“番椒丛生，白花，果俨似秃笔头，味辣色红，甚可观”的描述。据此记载，通常认为辣椒是在明朝末年传入我国的。

6. 西葫芦

西葫芦为葫芦科南瓜属一年生蔓生草本植物。西葫芦含有较多维生素C、葡萄糖等营养物质，具有除烦止渴、润肺止咳、清热利尿、消肿散结的功效。

西葫芦原产于北美洲南部，故常称之为美洲南瓜。欧美普遍种植，19世纪传入我国。

7. 笋瓜

笋瓜又名北瓜、玉瓜、大洋瓜、东南瓜、搅丝瓜，是葫芦科南瓜属一年生粗壮蔓生藤本植物。

笋瓜起源于南美洲的玻利维亚、智利及阿根廷等国，目前世界各地均有栽培。我国的笋瓜可能由印度引入（一说原产于印度），现今我国南、北各地普遍有栽培。

8. 佛手瓜

佛手瓜又名隼人瓜、安南瓜、寿瓜、丰收瓜等，是一种葫芦科佛手瓜属植物。佛手瓜质地清脆，营养丰富，既可作蔬菜，又可作水果。

佛手瓜原产于墨西哥、中美洲和西印度群岛，19世纪初传入我国，在我国南方普遍有种植，以云南、贵州、浙江、福建、广东、四川较多。

《蔬之物语》："欧美国家称佛手瓜为墨西哥黄瓜。大约在19世纪初，佛手瓜分别经由欧洲、西亚和东南亚等多种途径传入中国。"

9. 菜豆

菜豆又名架豆、豆角、芸豆、二季豆、四季豆，是一种可以食用的豆科植物，嫩荚或种子可作鲜菜，也可加工制罐、腌渍、冷冻与干制。

菜豆原产于美洲的墨西哥和阿根廷。我国在明代的后期引种栽培。

《蔬之物语》："16世纪，西班牙和葡萄牙人把它带到了非洲；大约在明代的后期由印度引入中国。"

10. 马铃薯

马铃薯又称地蛋、土豆、洋山芋等，属茄科一年生草本植物，块茎可供食用，是全球第三大重要的粮食作物，仅次于小麦和玉米。

马铃薯因酷似马铃铛而得名，在我国，此称呼最早见于康熙年间的《松溪县志食货》。我国东北、河北称其为土豆，华北称其为山药蛋，西北和两湖地区称其为洋芋，江浙一带称其为洋番芋或洋山芋，广东称其为薯仔，粤东一带称其为荷兰薯，闽东地区则称其为番仔薯。

马铃薯何时从何地传入我国，尚难确切断定，但根据陕西省兴平市的县志记载，16 世纪时马铃薯已传入我国。

11. 豆薯

豆薯又名沙葛，是豆科豆薯属的一种植物。豆薯的块根呈圆形、圆锥形，瓤是白色的，脆嫩多汁，富含糖分和蛋白质，还含有丰富的维生素 C，可生食，也可熟食。

豆薯（西南地区称之为地瓜）原产于美洲，最早由秘鲁印第安人驯化、栽培。16 世纪西欧人初次记载下豆薯。16 世纪下半叶西班牙人将豆薯传入菲律宾，随后豆薯从菲律宾传入东南亚。豆薯可能在 17 世纪末传入我国东南沿海。

12. 菊芋

菊芋又名洋姜、鬼子姜，是一种多年生草本植物。其地下块茎富含淀粉、菊糖等果糖多聚物，可以食用，煮食或熬粥，腌制咸菜，晒制菊芋干，或作制取淀粉和酒精原料。菊芋被联合国粮食及农业组织官员称为“21 世纪人畜共用作物”。

菊芋原产于北美，17 世纪传入欧洲，后经欧洲传入我国。

13. 结球甘蓝

结球甘蓝又名卷心菜、洋白菜、疙瘩白、包菜、圆白菜、包心菜、莲花白等，是十字花科芸薹属植物，为甘蓝的变种。结球甘蓝具有耐寒、抗病、适应性强、易贮耐运、产量高、品质好等特点，在我国各地普遍栽培，是我国东北、西北、华北等地区春、夏、秋季的主要蔬菜之一。

结球甘蓝起源于地中海沿岸和小亚细亚，17 世纪末由俄罗斯传入我国，当时称“俄罗斯菘”或“老枪菜”。

14. 香芹

香芹又名法国香菜、洋芫荽、荷兰芹、旱芹菜、欧芹等，为伞形科欧芹属的二年生草本植物。香芹植株呈鲜绿色，具有清爽的香味。古罗马时期即用于烹调，其食用部分为嫩叶和嫩茎，可生食或同肉类煮食，也可作为菜肴的干香调料或羹汤及其他蔬菜食品的调味品，深受人们喜爱。

香芹原产于地中海沿岸。《蔬之物语》：“香芹菜传入中国是在 20 世纪初叶。”

15. 豆瓣菜

豆瓣菜又名西洋菜，是十字花科豆瓣菜属多年生水生草本植物。豆瓣菜在广东及广西部分地区常栽培作蔬菜，全草也可药用，有解热、利尿的功效。

豆瓣菜原产于欧洲，现今欧洲、亚洲及北美均有分布。关于我国引种豆瓣菜，颇具传奇色彩，相传是由一位叫黄生的商人从葡萄牙引进的。

16. 四季萝卜

四季萝卜是一种小型萝卜，为十字花科萝卜属一年生或二年生草本植物。在我国，四季萝卜品种主要是樱桃萝卜，因其外貌与樱桃相似，故取名为樱桃萝卜。樱桃萝卜具有品质细嫩，生长迅速，外形、色泽美观等特点，适于生食。

四季萝卜起源于欧洲、亚洲温暖海岸，约在清末被引入我国。

17. 朝鲜蓟

朝鲜蓟又名菜蓟，是菊科菜蓟属多年生草本植物。朝鲜蓟的主要食用部分为肥嫩苞片及肉质花托，其内含有菜蓟素、天冬酰胺以及黄酮类化合物等物质，朝鲜蓟是一种高营养价值的名贵保健蔬菜，被誉为“蔬菜之皇”。

朝鲜蓟原产于地中海地区，西欧地区有栽培，作蔬菜用。

三、小结

明清时期的中国蔬菜，《本草纲目》中共记载了 65 种，其中在之前有关历史文献中出现的有 45 种，新记载的有 20 种；而有关文献指出，这个时期我国新从国外引进蔬菜种类（或品种）17 种。据不完全统计，明清时期的中国蔬菜新增加了 37 种（《本草纲目》中新增药蔬同源的未计在内）。实际上，明清时期的中国蔬菜种类（或品种）已达到 130 多种。但是，有一些曾作为蔬菜栽培的种类退出了菜圃，如汉代栽培的蓼、襄荷，后来的农书中很少见有记载；唐代栽培的术、牛膝、决明等，不久转为药用栽培。而野生蔬菜，既有新的发现，如野生菌类，也有淘汰，如灰菜、刺菜，已经几乎无人食用了。

明清时期，我国的蔬菜种类构成已基本成型，可概括为 12 类：白菜类、芥菜类、甘蓝类、根茎类、叶菜类、茄果类、豆类、瓜类、薯蓣类、葱蒜类、水生蔬菜、食用菌类。

这个时期，我国蔬菜种类、品种丰富，产量也相应提高，且趋于时空分布。如在清代，北方大面积种植菘（大白菜）、芥（根芥）、莱菔（萝卜）等蔬菜，这些蔬菜已成为北方冬、春季主要的蔬菜。

第二章　世界蔬菜的起源与传播

第一节　蔬菜植物的起源中心

许多专家学者都研究过栽培植物的起源问题。在《栽培植物的起源中心》一书中，植物学家瓦维洛夫提出了栽培植物的起源中心学说，将全世界栽培植物起源中心划分为5个。在1935年出版的《育种的植物地理学基础》一书中，瓦维洛夫依据栽培植物的地理分布和遗传变异最多的地方，科学地论证了栽培植物的起源问题，将世界重要栽培植物的起源中心明确地划分为11个，包括8个独立的起源中心和3个副中心，这一学说已得到大多数人的广泛认可。1945年多增加了1个北美洲中心，栽培植物起源中心共12个。这12个起源中心也是蔬菜的起源中心。现对这些起源中心的地理位置、气候特点、农业生产重点和起源蔬菜做如下介绍。

一、中国中心

中国中心包括我国的中部、西南部平原及山岳地带，为世界作物最古老的起源地之一和栽培植物发源的巨大中心，是许多温带、亚热带作物的起源地。

我国位于亚洲东部，太平洋西岸。我国中部地区西接内陆，东接沿海，包括河南、湖南、湖北、山西、安徽、江西6省；我国西南部是指位于我国西南部的广大区域，自然区划概念下的西南地区主要包括巴蜀盆地、云贵高原、青藏高原南部和两广丘陵西部等地形单元。

我国中部是平原区，西南部为高原和山地区。我国幅员辽阔，纬度范围较广，且地势高低不同，地形地貌多样，因此形成了多种气候。中部和西南部大部分属亚热带季风气候，夏季高温多雨，冬季温和少雨。

我国农业历史悠久，最早发生于新石器时代，我国长江和黄河流域是世界农业起源地之一。我国农业包括种植业、畜牧业、林业和渔业，主要生产玉米、水稻、棉花、小麦、豌豆、大豆、马铃薯、蚕豆、油菜、亚麻、花生和甜菜等作物。

据众多文献记载，起源于中国中心的蔬菜有白菜、芥菜、冬瓜、荸荠、韭菜、山药、百合、茭白、姜、大头菜、芋头、芥蓝、甘露子、莲藕、慈姑、牛蒡、葱、紫苏、薤、黄花菜、苋菜、落葵等。

白菜别名结球白菜，为十字花科芸薹属二年生草本植物。《蔬之物语》中介绍大白菜起源于我国，其栽培历史远晚于芜菁。大白菜在 19 世纪 70 年代传至日本，东南亚和欧美等一些国家在 19 世纪后期也先后引种大白菜。

芥菜为十字花科芸薹属一年生草本植物。《芥菜的起源与驯化探索》一文通过综合分析芥菜的历史文献记载、考古发现、基因组学和遗传学等多方面的研究提出芥菜原产于我国，分别通过茶马古道和丝绸之路这 2 条途径从东往西传入中东、中亚各国和巴基斯坦、印度等国。

冬瓜为葫芦科冬瓜属蔬菜。《蔬菜史话·冬瓜》中介绍冬瓜原产于我国和印度，亚洲的温带、热带和亚热带等地广泛种植。我国栽培冬瓜历史悠久，最早的称谓出现在公元 3 世纪初三国时期魏国人张揖编写的《广雅》中。冬瓜在唐朝后期传入日本，16 世纪从印度传入欧洲，之后在 19 世纪传入美国。目前，冬瓜栽培区域主要集中在中国、印度和东南亚等地。

荸荠别名马蹄、凫茈、地栗等，是莎草科荸荠属多年生浅水性草本植物。《蔬菜史话·荸荠》中介绍荸荠的起源地为中国和印度。我国很早以前就开始栽培荸荠。《尔雅·释草》："芍，凫茈。"荸荠多种植于我国长江流域以南各省，河北、山东等长江以北地区少量种植。

韭菜又名懒人菜、扁菜等，为百合科葱属多年生蔬菜。《蔬之物语》中记载韭菜起源于我国，古代多个文献中有关于韭菜的记载，早在 3 000 多年以前就有韭菜栽培。

山药又名薯蓣、大薯等，是薯蓣科薯蓣属一年生或多年生藤本植物。《蔬菜史话·山药》一文中介绍山药有多个种，即有多个起源中心（亚洲、美洲和非洲）。中国山药属于亚洲种群，我国南方为其起源地和驯化中心。山药的称谓最早出现在宋代寇宗奭所著《本草衍义》（1116）中。

百合又称摩罗、山丹、强蜀等，为百合科百合属多年生草本球根植物。《"百合"植物名称及原植物考证》一文中记载百合原产于我国，我国也是栽培和应用百合最早的国家。历史上记载百合的时间可追溯到公元前 3 世纪。"百合"这一称谓最早出现在宋朝罗愿编写的《尔雅翼》一书中，书中有“数十片相累，状如白莲花，故名百合，言百片合成也”这样的描述。

茭白又称菰首、茭瓜等，为禾本科菰属多年生水生草本植物。《蔬菜史话·茭白》中介绍茭白起源于我国。茭白作为蔬菜的最早记录见于《尔雅·释草》中，曰：“出隧，蘧蔬。”茭白的主要种植区集中在长江流域以南各省，长江以北地区少量栽培。

姜又称生姜，为姜科姜属多年生草本植物。《蔬之物语》一书中记载生姜起源于我国和东南亚的热带地区，我国早有栽培。《吕氏春秋》中就有对姜的记载。约公元 1 世纪生姜从我国传入地中海，公元 3 世纪传入日本，公元 11 世纪传入英格兰，1585 年传入美洲。目前世界热带和亚热带地区广泛种植，非洲和亚洲栽培较多，欧美等地区种植较少。

大头菜，即根用芥菜，俗称芥菜疙瘩，为十字花科芸薹属芥菜种的变种。《蔬菜史话·大头菜》中介绍大头菜是由原产地中海的芸薹与原产伊朗和小亚细亚的黑芥杂交形成的异源四倍体在我国演化而来的。大头菜是在明朝培育而成的，在明朝李时珍所著的《本草纲目》（1552—1578）中有过介绍。大头菜在全国南北各地均有栽培，南方地区一般叫“大头菜”，北方叫“芥菜疙瘩”。自古以来大头菜多用于盐渍加工，且每个地方的具体加工方法不同。

芋头为天南星科多年生宿根性草本植物。文献《我国芋头栽培技术研究进展》中介绍芋头原产于中国、马来西亚以及印度半岛等沼泽地带，目前在全世界各地均有栽培。我国的芋头种质资源特别丰富，主要集中在长江、淮河流域及珠江等区域。

芥蓝又称白花芥蓝，为十字花科芸薹属一年生草本植物。《蔬之物语》一书中记载芥蓝原产于我国南部。芥蓝在我国栽培历史悠久，至少公元 7 世纪时南方各地已广泛栽培。我国先后将芥蓝引入日本和东南亚各国。目前，芥蓝主要种植区集中在福建、广东、广西和台湾等地。

甘露子别名草石蚕、螺蛳菜、宝塔菜等，为唇形科蔬菜。《甘露子的栽培起源和传播》中介绍甘露子起源于我国，在华北多省、陕西、江苏、浙江、两广和福建等地广泛栽培，目前我国西北和华北等地仍存在其野生种。

莲藕又称玲珑腕、玉藕、雨草和玉笋等，为睡莲科莲属水生草本植物。《蔬菜史话·莲藕》中介绍莲藕原产于我国和印度，我国自古以来即有种植，《尔雅·释草》中对莲藕的记载：“荷，芙蕖……其根藕。”我国各省均有莲藕种植，主要集中在太湖、长江三角洲等地。世界上其他地方如日本、东南亚和非洲等也有种植。

慈姑是泽泻科慈姑属多年生水生类草本植物。《蔬菜史话·慈姑》中介绍慈姑的起源地是中国，在亚洲、非洲和欧洲等地均有栽培。我国很早以前就开始栽培慈姑，最早记载慈姑的著作为西晋嵇含（263—306）编写的植物学著作《南方草木状》，书中称慈姑为“茨菰”。宋代后慈姑被驯化，逐渐由野生种转为栽培种。慈姑多种植于我国长江流域及其以南各省，北方地区有少量种植。

牛蒡又称蝙蝠刺，为菊科牛蒡属二年生或三年生草本植物。《蔬菜史话·牛蒡》中介绍牛蒡起源于亚洲，古代中国各地均有野生牛蒡分布，约在940年由我国传入日本。牛蒡的称谓最早出现在《名医别录》中，此书为南北朝时期陶弘景（456—536）所著。

葱为百合科葱属多年生草本植物。《蔬之物语》中记载葱原产于我国西部和俄罗斯西伯利亚，由野生葱在我国驯化得来。我国自古以来即有种植，2 000多年前的地理著作《山海经》中已有大葱的记载。

紫苏又名白苏、荏等，为唇形科紫苏属一年生草本植物。《蔬菜史话·紫苏》记载紫苏起源于我国，主要分布在我国华南、华北、华中和西南地区及台湾地区。关于紫苏的最早记录在《尔雅》中，曰：“苏，桂荏。”

薤别名火葱、薤白、鸿荟、藠头等，为百合科葱属多年生宿根草本植物。《蔬菜史话·薤》中记载薤起源地为中国，以前的薤为野生种，后经驯化演化成栽培作物。薤自古以来即有栽培，最早记录见于著作《尔雅》中，曰：“薤，鸿荟”，说明先秦时已广泛利用。薤在我国南方地区栽培较多，如广西、贵州、云南、湖北和湖南等省。日本、朝鲜等国家也有少量栽培。

黄花菜又名萱草，为百合科萱草属多年生草本植物。《蔬菜史话·黄花菜》中记载黄花菜起源于亚洲及欧洲。我国栽培黄花菜历史悠久，山地存在野生种，最早记录见于《诗经·国风·卫风·伯兮》中，曰：“焉得谖草，言树之背。”谖草就是萱草。黄花菜种植区主要集中在我国秦岭以南各地。

苋菜又称苋，为苋科苋属一年生草本植物。《西汉至南北朝时期的中国蔬菜》中记载苋菜起源于我国。苋菜在我国的栽培历史悠久，最早记录见于《尔雅·释草》中，曰：“蒉，赤苋。”

落葵又称豆腐菜、木耳菜等，为落葵科落葵属一年生草本植物。《落葵栽培技术》中介绍落葵的起源地为中国和印度，公元前300年我国就有关于落葵的记载，说明落葵在我国的栽培历史悠久。落葵主要分布在我国南方，世界范围内美洲和非洲种植较多。

二、印度-缅甸中心

蔬菜植物的起源中心之一印度-缅甸中心包括印度及其东部的阿萨姆和缅甸，

主要是在印度。

印度地处北半球，位于北纬 8°24′～37°36′、东经 68°7′～97°25′，是南亚次大陆最大的国家，面积为 298 万 km^2。印度东部与缅甸接壤，西北部与巴基斯坦相邻，东南部与斯里兰卡隔海相望，东北部同中国、孟加拉国、不丹和尼泊尔接壤。东临孟加拉湾，西濒阿拉伯海，海岸线长 5 560 km。北部是山岳地区，中部是印度河-恒河平原，南部是德干高原及其东西两侧的海岸平原。平原约占总面积的 40%，高原占 33%，山地仅占 25%，但这些高原和山地的海拔大部分不超过 1 000 m。

印度全境炎热，大部分地区的气候属于热带季风气候，而西部的塔尔沙漠则属热带沙漠气候，夏季有较明显的季风，冬季则无。印度全年按气候分为暑季（4—6 月）、雨季（7—9 月）和凉季（10 月至次年 3 月），冬季受喜马拉雅山脉屏障保护，因此不受寒流或冷高压南下影响。印度绝大部分都是低矮平缓的地形，因此交通方便。在热带季风气候及适宜农业生产的冲积土和热带黑土等肥沃土壤条件的配合下，大部分土地可供农业利用，农作物一年四季均可生长。可见印度有着得天独厚的自然条件。

印度是世界农业大国之一，拥有世界 10%的可耕地，耕地面积约为 1.8 亿 hm^2。农村人口约占总人口的 72%。主要粮食作物为小麦、水稻等，主要经济作物为棉花、油料、甘蔗、黄麻、咖啡、橡胶和茶叶等。畜牧业以养牛、羊为主，渔业也重要。

据记载，我国现在种植和食用的许多蔬菜品种起源于印度，如茄子、黄瓜、丝瓜、豇豆、扁豆、苦瓜、马齿苋、荸荠、莲藕和芋头等。

茄子又称白茄、紫茄等，为茄科茄属植物。《茄之物语》中记载茄子原产于印度和东南亚，一说是西汉时期从丝绸之路传入我国的，另一个说法为大约晋代时期传入我国，隋炀帝特别偏爱它，并钦命为“昆仑紫瓜”。

黄瓜又名青瓜、胡瓜、吊瓜等，为葫芦科黄瓜属一年生攀缘或蔓生草本植物。《蔬之物语》中记载黄瓜原产于印度，后传入中亚。汉朝张骞出使西域带回来一种“实长数寸，色黄绿，有刺甚多”的瓜，称为“胡瓜”。后东晋十六国中最强大的后赵国主石勒，不喜欢这个“胡”字，便将它改为黄瓜。黄瓜传入我国的时间比茄子晚些，初名叫胡瓜，现在某些地方仍保留此叫法。

丝瓜又名菜瓜、胜瓜，为葫芦科丝瓜属一年生藤本植物。《蔬菜史话·丝瓜》中介绍丝瓜起源于亚洲热带地区。据《蔬菜园艺学》（吴耕民，1936）介绍，丝瓜起源于印度，约唐末宋初传入我国。丝瓜的最早记载应是在南宋陆游著的《老学庵笔记》中，曰：“谢景鱼（名沦）涤砚法：用蜀中贡余纸，先去墨，徐以丝瓜磨洗，余渍皆尽，而不损砚。”且宋代诗人杜北山写过一首《咏丝瓜》的诗，由此说明丝瓜传入我国不晚于宋代。

豇豆又名长豆角，为豆科豇豆属一年生植物。《蔬之物语》中介绍豇豆原产于埃塞俄比亚，由印度传入远东和南亚，后传入欧洲，而传入我国的时期约为东汉末期，经丝绸之路传入。

扁豆又称豆角、藤豆、鹊豆等，为豆科扁豆属多年生藤本植物。《蔬菜史话·扁豆》中介绍扁豆起源于亚洲南部，印度自古以来即有栽培；大约在公元3世纪的魏晋时期引入我国，之后经商人和探险家将扁豆传入亚洲、非洲等地；约19世纪初传至美洲，目前全世界各地均有扁豆栽培。

蛇瓜别名大豆角、蛇豆、蛇王瓜等，为葫芦科栝楼属一年生攀缘藤本植物。《蔬菜史话·蛇瓜》中介绍蛇瓜原产于印度、马来西亚等亚洲热带地区，东南亚各国栽培广泛，加勒比海、西亚和美洲等地也有种植。蛇瓜经印度传入我国，目前在我国的种植面积仍然很少。

苦瓜别名癞瓜、凉瓜、锦荔枝等，为葫芦科苦瓜属植物。《蔬菜史话·苦瓜》中介绍苦瓜起源于热带亚洲。《蔬菜园艺学》（吴耕民，1936）中介绍：“苦瓜原产于东印度，我国自南番传入。”《本草纲目》中也有记载：“苦瓜原出南番。”以上说明苦瓜的起源地应为印度和东南亚地区。明代以前没有关于苦瓜的记录，一般认为是郑和下西洋的时候带回来的。日本和东南亚的苦瓜栽培历史悠久。目前苦瓜遍布我国南北方各地。

马齿苋别名蚂蚁菜、马齿菜、长命菜等，为马齿苋科马齿苋属一年生草本植物。《马齿苋不同器官多糖提取物的抗氧化性研究》文献中介绍马齿苋原产于印度，在热带和温带地区广泛种植，目前我国南北各地均有种植。

三、印度-马来西亚中心

蔬菜植物的起源中心之一印度-马来西亚中心包括马来半岛、中南半岛、苏门答腊、菲律宾和加里曼丹等地方，是对印度-缅甸中心的补充。此中心的气候特点与印度-缅甸中心相似，都属于海洋性气候。起源于印度-马来西亚中心的蔬菜包括秋葵、冬瓜和姜等。

秋葵又称黄秋葵、羊角豆等，为锦葵科秋葵属一年生草本植物。《蔬之物语》中介绍秋葵的起源地为亚洲和非洲的热带地区，大部分研究认为秋葵的起源地为埃塞俄比亚，但尚未见明确的文字记载。约7世纪时，秋葵经埃及传向世界各地，1658年通过大西洋传至美洲，且在1806年就有了变种栽培的种植记录。秋葵约在20世纪初被引至我国上海。虽然秋葵被引入我国已有约百年的历史，但栽培却不普遍。

冬瓜和姜的起源地已在中国中心介绍过，在此不再赘述。

四、中央亚细亚中心

中央亚细亚中心为蔬菜植物的起源中心之一，包括印度西北部、阿富汗、塔吉克、乌兹别克和天山西部等。此中心要比印度-缅甸中心和中国中心小，但也是一个重要的蔬菜起源地。从地理位置上看，这一中心的大部分国家位于中亚。中亚地处亚欧大陆的结合部，是贯通亚欧大陆的交通枢纽，历史上一直是南下北上和东进西出的必经之地，古代的丝绸之路途经此地。中亚在地形上呈现东南高、西北低的特点，东部以西天山的南脉为界，西部主要是一些岛屿、半岛和沙嘴，南部主要为绿洲、荒漠和山区，北部主要为平原、草原和丘陵。

中亚地处欧亚大陆腹地，太平洋和印度洋暖湿气流被其东南缘高山所阻隔，故该地区气候为典型的温带沙漠、草原的大陆性气候。主要特征如下：第一，雨水稀少，极其干燥；第二，晴天多，太阳辐射强，温度高，蒸发旺盛；第三，温度变化剧烈。以上气候特点十分有利于农作物生长和养分积累，尤其有利于优质粮棉、果品蔬菜及花卉等的生长。据文献记载，起源于此中心的蔬菜包括洋葱、大蒜、豌豆、蚕豆、甜瓜、胡萝卜、芜菁和芫荽等。

洋葱又名圆葱、葱头等，为百合科葱属多年生草本植物。《蔬之物语》中介绍洋葱起源于伊朗、阿富汗、苏联的中亚地区和亚洲西南部中亚细亚。张平真在《佳蔬名称考释（20）洋葱》中认为洋葱是在丝绸之路开通之后被引入我国的，而不是大多数人认为的20世纪初。

大蒜又名蒜，为百合科葱属半年生草本植物。据《蔬之物语》介绍，大蒜起源于中亚和欧洲南部，最早栽培于地中海国家，如古希腊、古罗马和古埃及等地，后来Pooler等采用分子及生化标记分析确认了这一结论的正确性。书中还介绍了大蒜是由张骞出使西域时引入我国陕西关中地区，之后在我国各地陆续栽培。

豌豆又称麦豆、青豆、雪豆等，为豆科豌豆属一年生草本植物。《豌豆资源遗传多样性及核心种质研究进展》一文中介绍豌豆起源于埃塞俄比亚、外高加索、小亚细亚西部、地中海沿岸和亚洲西部。在非洲北部、近东和中亚有豌豆的野生种。地中海豌豆被认为是现代豌豆的原始种。豌豆在我国已有2 000多年的栽培历史，可能是经古西域传入我国的。

蚕豆又名佛豆、罗汉豆等，为豆科野豌豆属一年生草本植物。《蔬之物语》中介绍蚕豆的起源地为欧洲地中海沿岸，阿富汗和埃塞俄比亚为其第二起源中心。蚕豆约在汉代经过丝绸之路传入中国。

胡萝卜又称甘荀、红萝卜，为伞形科胡萝卜属二年生草本植物。《蔬之物语》中介绍胡萝卜的起源地为中亚和近东地区，现代品种的原始种并不是黄橙色而是淡紫色甚至近黑色的。紫色胡萝卜的最早演化中心为阿富汗。胡萝卜最早传入我国的时间为西汉时期，即汉武帝时期张骞出使西域时带回来的，之后其再次通过丝绸之路在宋元年间传入我国，后续演化成黄、红两种颜色的长根胡萝卜。

甜瓜别名香瓜，为葫芦科黄瓜属一年生蔓生草本植物。《蔬之物语》一书中介绍甜瓜有多个起源中心，厚皮甜瓜的初级起源中心为伊朗、外高加索、小亚细亚和土库曼斯坦等地，中亚（中国新疆、阿富汗、土库曼斯坦、塔吉克斯坦等区域）为厚皮甜瓜的次级起源中心。我国种植栽培甜瓜的历史至少有 1 500 年。

芜菁又称圆根、蔓菁等，为十字花科芸薹属二年生草本植物。《蔬菜史话·芜菁》中介绍芜菁原产于阿富汗、外高加索、地中海沿岸和巴基斯坦等地区。考古工作者在我国西安半坡遗址中发现了芜菁类植物的种子，由此可说明我国栽培芜菁的时期可追溯至新石器时期，距今已有六七千年的历史。

芫荽又名香菜、胡荽等，为伞形科芫荽属一年生草本植物。《蔬菜史话·芫荽》中介绍芫荽的起源地为中亚地区和地中海沿岸，经丝绸之路在西汉时期（约公元前 1 世纪）由中亚传入我国。

五、地中海中心

地中海中心为世界蔬菜起源中心之一，主要包括欧洲南部和非洲北部的地中海沿岸地带，因起源于此中心的蔬菜种类较多，所以它与中国中心一样，属于世界重要的蔬菜起源地。

欧洲南部简称南欧，地理位置好，东临黑海，西濒大西洋，南邻地中海，北依阿尔卑斯山脉，隔着地中海与亚非两洲相望，自古以来与北非和西亚来往密切，是重要的古文明发源地。南欧包括葡萄牙、意大利、西班牙、希腊、安道尔、梵蒂冈、罗马尼亚、保加利亚和波斯尼亚等 17 个国家。南欧地形较复杂，山地、高原占优势，平原面积小。非洲北部地处北回归线两侧，地理位置非常重要，东临红海，西濒大西洋，南接非洲南部，北隔地中海望欧洲，同时也是陆上交通亚、欧、非三洲间的重要中转站，包括埃及、突尼斯、摩洛哥、阿尔及利亚、苏丹和利比亚 6 个国家。北非地形以高原为主，地势较平坦，气候干旱，形成世界最大沙漠区——撒哈拉沙漠。由此可见，该蔬菜起源中心的大部分国家靠近地中海，位置较好且比较重要，以高原地形为主。

欧洲南部大部分地区气候属典型的地中海气候，由此形成了独特的地中海农业类型。此类型属于种植业和畜牧业并重的混合农业，优势农作物包括大麦、小麦、柑橘、橄榄、玫瑰和葡萄等。北非因地处北回归线两侧，深受副热带高气压带控制和影响，气流以下沉为主，特别干旱，为典型的地中海气候和热带沙漠气候。北非农业主要分布地为水源充足的地中海沿岸、尼罗河沿海和河口三角洲地区，灌溉农业较发达，主要种植小麦、棉花和地中海果品等。由此可见，此蔬菜起源中心大部分地区气候属典型的地中海气候，冬季温和多雨，夏季炎热干燥。

据记载，起源于此蔬菜中心的蔬菜包括朝鲜蓟、香芹、甜菜、豌豆、茼蒿、甘蓝、芜菁、莳萝、韭葱、芹菜、莴苣、菊苣、石刁柏、美洲防风和婆罗门参等。

朝鲜蓟又称法国百合、菜蓟，为菊科菜蓟属多年生草本植物。《蔬菜史话·朝鲜蓟》介绍朝鲜蓟起源地为地中海沿岸，系由菜蓟演变而来的。而朝鲜蓟在19 世纪由法国引入我国，何铎在 1942 年撰写的《食用蔬菜学》一书中记载了朝鲜蓟。

香芹又名欧芹、洋香菜，为伞形科欧芹属二年生草本植物。《蔬之物语》中介绍其起源于地中海沿岸，其传入我国的时间约为 20 世纪初，从欧洲引种栽培。

甜菜又名菾菜，属于藜科甜菜属。《柴达木乌兰地区覆膜甜菜高产栽培技术》一文介绍其原产地为地中海沿岸，甜菜在我国栽培历史悠久。

茼蒿别名蒿子秆、菊花菜、蓬蒿等，为菊科茼蒿属一年生或二年生草本植物。《蔬之物语》中记载茼蒿起源于地中海沿岸，早在 1 000 多年前我国就有茼蒿栽培，其称谓最早出现在《千金要方》中，此书为唐朝孙思邈所著。

甘蓝又称包菜、花菜等，为十字花科芸薹属一年生或二年生草本植物。《简述甘蓝类植物的起源及分类》一文中介绍，除了起源于我国的芥蓝外，甘蓝的各个变种的原产地均为地中海沿岸和西北欧海滨。古希腊人和古罗马人早在4 000～4 500 年前就已经栽培甘蓝，结球甘蓝在南北朝时期传入我国。

莳萝又称洋茴香、土茴香和小茴香等，为伞形科莳萝属植物。《蔬之物语》中介绍莳萝起源于地中海，公元前 400 年就有人开始栽培莳萝。据波斯裔药物学家李珣介绍，莳萝由波斯经海上丝绸之路传入我国南方地区，时间不晚于 3 世纪的晋代，说明我国引种莳萝历史悠久。

《蔬菜史话·韭葱》一文中介绍韭葱为百合科葱属多年生植物，其起源地为欧洲中南部和地中海沿岸地区，古罗马和古希腊等地已有栽培。20 世纪 30 年代传入我国，广西栽培时间较长。

芹菜为伞形科芹属植物。《蔬菜史话·芹菜》一文中介绍芹菜原产于非洲北部和欧洲南部的地中海地带，古时欧洲南部已开始种植。13 世纪芹菜被引入北欧，之后陆续被引入法国、美国等地。芹菜应是在汉代由高加索传入我国的，程兆熊编著的《中华园艺史》(1985) 中记载明朝时芹菜在我国各地已广泛栽培。

莴苣又称青笋、莴笋等，为菊科莴苣属一年生或二年生草本植物。《蔬菜史话·莴苣》中介绍地中海沿岸是叶用莴苣的起源地，这是目前学者较认同的说法。而欧洲南部（意大利等国）和我国北方是叶用莴苣的次生起源中心。

菊苣又称包菜、芽球菊苣等，为菊科菊苣属多年生草本植物。《蔬菜史话·菊苣》介绍菊苣的起源地为地中海、北非和亚洲中部，约 20 世纪 80 年代后期从荷兰传入我国，目前种植菊苣的地方及面积较少。

石刁柏又称芦笋，为百合科多年生宿根蔬菜。《我国芦笋产业发展现状与对策》中介绍石刁柏的起源地为欧洲地中海东岸和小亚细亚，而传入我国的时期是 20 世纪初期，目前石刁柏广泛种植于世界各国。

美洲防风又名蒲芹萝卜、芹菜萝卜，为伞形科欧防风属二年生草本植物。《蔬菜史话·美洲防风》中介绍其起源地为欧洲和西亚，古罗马和古希腊时已有栽培。美洲防风是 1907 年由清朝驻奥地利代办吴宗濂从奥地利引进我国的。

婆罗门参为菊科婆罗门参属二年生草本植物，《蔬菜史话·婆罗门参》一文介绍其起源地为意大利、希腊和印度等国家。我国新疆地区早就有野生婆罗门参分布，但约在近代才作为蔬菜栽培。

豌豆、芜菁的起源描述已在中央亚细亚中心部分介绍。

六、近东中心

近东中心是世界蔬菜起源中心之一，主要是指亚洲西部的一些国家和地区，包括伊朗、外高加索、小亚细亚内陆和土库曼斯坦山地等。

伊朗位于亚洲西南部，是一个山地和高原相间的国家，海拔一般在 900～1 500 m，90%的土地是扎格罗斯山和厄尔布尔士山等山地和中央高原，地形崎岖，平原和低地很少。外高加索地处欧亚大陆腹地，以山地为主，60%的地区海拔在 600 m 以上。小亚细亚内陆位于土耳其境内，主要由土耳其西部低矮山地和安纳托利亚高原组成。由以上国家和地区的地形可知，近东中心主要以高原和山地为主，海拔在 600 m 以上。

伊朗的气候四季分明，大部分地区夏季干热，降雨较少，气温高，冬季温暖湿润，年平均降水量为 30～250 mm。小亚细亚内陆地区（安纳托利亚高原）属亚热带半干旱草原气候，冬季气温较低，均温在 0℃以下，夏季气温不太高，均温约为 25℃，年平均降水量约为 300 mm。外高加索里海沿岸气候干燥，降水量为200～300 mm。从以上国家和地区的气候表现来看，近东中心的气候四季较分明，夏季气温高，冬季气温低，降水不多，年平均降水量在 300 mm 左右。

伊朗的农耕资源较丰富，其农业生产史可以追溯至人类文明开启之初。农业人口占总人口的 43%，可耕地面积占据国土面积的 30%以上，达 5 200 万 hm^2，已耕面积为 1 800 万 hm^2，农业机械化程度较低。小亚细亚内陆的农业发展比较好，粮、棉、蔬菜、肉类和水果等基本自给，主要农产品有玉米、马铃薯、甜菜、大麦、小麦、棉花和烟草等。

据记载，起源于此中心的蔬菜有胡萝卜、甜瓜、芫荽、菠菜、黄瓜和甘蓝等。关于这些蔬菜的起源，前文均已做过介绍，在此不再赘述。

七、埃塞俄比亚中心

埃塞俄比亚中心是俄罗斯植物学家瓦维洛夫提出的 12 个栽培植物起源中心之一，包括埃塞俄比亚和索马里等。埃塞俄比亚全称为“埃塞俄比亚联邦民主共和国”，位于非洲东北，国土总面积约为 110.36 万 km^2，2/3 地区属埃塞俄比亚高原，中西部是高原的主体，平均海拔接近 3 000 m，素有“非洲屋脊”之称，最高峰达善峰海拔高度为 4 623 m。埃塞俄比亚东部与索马里和吉布提接壤，西部与苏丹、南苏丹交界，南部与肯尼亚相邻，北部毗接厄立特里亚，是一个标准的内陆国家。

埃塞俄比亚的大部分地区气候比较温和，以热带草原和亚热带森林气候为主，兼有山地和热带沙漠气候。年平均温度为 16℃左右，每年的 4—5 月为最热的时节，平均气温为 10～30℃；最冷的月份一般为 12 月，平均气温为 5～23℃。每年的 2—5 月为小雨季，大雨季为 6—9 月，10 月至次年 1 月为旱季，西部高原的降水量最大，达到 1 500 mm，依次向东北、东南递减到 100 mm。

埃塞俄比亚约在公元前 2 000 年开始出现定居农业，公元前 700 年至公元 7 世纪阿克苏姆王国统治时期，农业出现了短暂的繁荣，但之后由于孤立、隔绝，加之集团内部的纷争，经济特别是农业的发展停滞不前。埃塞俄比亚的农业劳动力占全国就业总人数的 80%，同时埃塞俄比亚拥有肥沃的土地、丰富的雨水、多样的气候及廉价的劳动力，使埃塞俄比亚有着绝对的农业资源优势，其农业主要是种植业和畜牧业，以及少量渔业和林业。现在埃塞俄比亚种植业包括粮食作物（谷物、豆类及油料作物），蔬菜（根甜菜、胡萝卜、洋葱、马铃薯、芋、甘薯、莴苣、包菜、埃塞俄比亚青菜、番茄、辣椒及莴苣），水果（鳄梨、香蕉、柠檬、杧果、木瓜、菠萝及番石榴），咖啡和甘蔗。

埃塞俄比亚中心的索马里位于非洲大陆东北部，国土面积为 63.7 万 km^2，地理位置非常优越，东临印度洋，西部与肯尼亚、埃塞俄比亚接壤，西北与吉布提接壤，北濒亚丁湾，通常被称作“非洲之角”。索马里拥有非洲最长海岸线，长 3 200 km，地势北高南低，北部为山地，中部为高原，东部沿海地区为平原。全国最高峰苏拉德山海拔为 2 400 m，位于北部山区。

因索马里临近赤道，主要是沙漠地区，气候的季节性变化不大，除西南部的热带草原气候外，全国大部分地区属于热带沙漠气候，终年高温少雨。每年 5—10 月盛行西南季风，南方炎热、北方酷热，同时伴有无规律降雨；每年 12 月至次年 2 月盛行东北季风，南方炎热、北方温暖；两种季风之间的时间段天气炎热潮湿。

索马里的可耕地面积占国土总面积的13%，为 820 万 hm^2。目前已耕地面积仅为 100 余万 hm^2。国内农业人口占全国总人口的 30%，粮食不能自给，主要农作物有玉米、豆类、芝麻、高粱、大米、棉花、甘蔗和香蕉等。

据众多文献记载，起源于埃塞俄比亚中心的蔬菜主要有豇豆、蚕豆、甜瓜、豌豆和芫荽等。

豇豆的起源描述已在印度-缅甸中心部分做过介绍。关于蚕豆、甜瓜、豌豆和芫荽的起源描述已在中央亚细亚中心部分做过介绍。

八、墨西哥-中美中心

墨西哥-中美中心也是蔬菜植物的起源中心之一，包括墨西哥南部和安的列斯群岛等地。

墨西哥位于北美洲南部，是北美洲和南美洲陆路交通的必经之地，马德雷山脉包围其东、西、南三面，中央为墨西哥高原，东南为地势平坦的尤卡坦半岛。中美洲指墨西哥以南、哥伦比亚以北的美洲大陆中部地区，东临加勒比海，西濒太平洋，是连接北美洲和南美洲的狭长陆地，地形以山地和高原为主，平原狭窄。

因墨西哥境内绝大部分是高原地形，夏无酷暑，冬无严寒，四季万木常青，气候温暖。中美洲处于热带，全年高温，气候复杂。由以上气候特点可知此中心的气候温暖。由于此蔬菜起源中心以高原为主，阳光较充足。

墨西哥全境可耕地面积为 3 560 万 hm^2，已耕地面积为 2 300 万 hm^2，主要农作物有玉米、剑麻、水稻、高粱、大豆、小麦、棉花、可可和咖啡等。牧场占地 7 900 万 hm^2，主要饲养鸡、猪、牛、羊和马等，部分畜产品出口。中美洲的经济主要依靠农业，农业占据经济的主导地位，主要生产玉米、剑麻、棉花和可可等经济作物。

据文献记载，起源于此中心的蔬菜主要为南瓜、佛手瓜、菜豆和甘薯等。

南瓜又名番瓜、北瓜、倭瓜等，为葫芦科南瓜属一年生蔓生草本植物。《蔬菜史话·南瓜》中介绍南瓜的起源地为中、南美洲，其野生种分布在墨西哥、美国西南部和危地马拉等地。南瓜传入我国的时间应该不晚于 1398 年，因明朝百岁老人贾铭所著的《饮食须知》中记载有南瓜。

《蔬菜史话·佛手瓜》中介绍佛手瓜为葫芦科佛手瓜属栽培种，起源地为中美洲和墨西哥。佛手瓜传入我国的时间不晚于 19 世纪 50 年代，因 1848 年刊行的《植物名实图考》已有著录。

菜豆又名芸豆、四季豆，为豆科菜豆属的栽培种。《蔬菜史话·菜豆》中介绍其起源地为美洲中部和南部。据考古资料证实，墨西哥的瓦特坎谷地种植有该蔬菜。菜豆传入我国的时期约在明代后期，由印度沿滇缅古道传入我国。

甘薯又名红苕、地瓜，为旋花科甘薯属能形成块根的栽培种。《蔬菜史话·甘薯》中介绍其起源地为南美洲，由野生种直接演化而成，现墨西哥、秘鲁和厄瓜多尔等地仍有其野生种及近缘种。哥伦布最先将薯种从美洲带到西班牙，西班牙人又将其带到菲律宾，后由菲律宾爱国华侨陈振龙在约 16 世纪末的明朝万历时期将薯种带到我国福建，后广为栽种。

九、南美中心

南美中心也是世界蔬菜起源中心之一，主要包括秘鲁、厄瓜多尔、玻利维亚等安第斯山脉地带，为热带高山区。

秘鲁、厄瓜多尔和玻利维亚均处于南美洲安第斯山中段，南纬 4.58°～27.93°，平均海拔 4 300 m，是亚马孙河发源地。安第斯山中段宽度和高度不断增加，东、西科迪勒拉山脉之间楔入宽阔的玻利维亚高原。安第斯山脉则为高山气候，全年气温变化不大，无明显的寒暑界限，因降水量少，但雨季旱季明显，雪线在 6 000～6 300 m，呈现山地干旱与半干旱气候。在安第斯山发展农业很困难，作物的产量相当低，山区主要种植粮食作物和薯类作物，包括马铃薯、玉米、小麦和水稻等。

据文献记载，起源于此中心的蔬菜包括马铃薯、秘鲁番茄、绒毛辣椒和浆果状辣椒。马铃薯又称洋芋、土豆、荷兰薯等，为茄科茄属一年生草本植物。《蔬菜史话·马铃薯》中介绍马铃薯的起源地为南美洲玻利维亚和秘鲁等国的安第斯山脉高原地区。马铃薯传入我国的时间应是明朝嘉靖时期（1522—1567），沿南北两条路线传入我国：一条路是从东南亚引进台湾，之后传入闽粤沿海各地；另一条路线是从海陆传入华北地区。

秘鲁番茄为茄科番茄属多年生匍匐性草本植物。《秘鲁番茄分子生物学研究进展》中介绍秘鲁番茄的起源地为南美洲秘鲁与智利边界的安第斯山脉西麓沿海地区，在海拔 1 000～3 000 m 的高山和丘陵地带都有栽培，其为栽培番茄的近缘野生种。秘鲁番茄传入我国的时间应是明代前后，第一个确切记载番茄的文献为明代赵函的《植品》，书中记载番茄在万历年间由西洋传教士引入。

辣椒又名灯笼椒、菜椒等，为茄科辣椒属一年生草本植物。文献《辣椒的种类、起源和传播》中介绍辣椒起源于南美洲，栽培历史悠久。而绒毛辣椒和浆果状辣椒是辣椒的变种，也是起源于南美洲的，由秘鲁一带的安第斯山地区的原住民独立驯化而成，现在基本上也只有南美洲有种植。只有浆果状辣椒的一个品种"飞碟椒"，俗称"风铃辣椒"或"飞碟椒"，因为果实上有突出的角，形状奇特，在全世界广泛作为观赏植物栽培。

十、智利中心

智利中心为世界蔬菜起源中心之一，主要包括以智利为中心的南美高山区的一部分。

智利位于南美洲西南部，坐落在安第斯山脉和太平洋之间，南北长 4 352 km，东西宽 96.8～362.3 km，海岸线长约 10 000 km，是全世界地形最狭长的国家。东部与阿根廷相邻，西濒太平洋，南与南极洲隔海相望，北部与秘鲁和玻利维亚接壤，地势为东西两边高，中间呈条形盆地。国土面积（含岛屿）约为 75.67 万 km^2，可耕地面积为 1 190 万 hm^2，总人口为 1 967.8 万多人，人均占有耕地近 1 hm^2。城市人口占 86.9%。

智利分为 16 个行政大区，下设 54 个省，346 个市。各大区间气候、风光、物产、经济千差万别，气候条件多样，资源非常丰富。根据地形地貌、气候等特点，智利大致可分为北部、南部、中部 3 个区域。

北部的面积占全国的 40%，而人口仅占全国的 10%，其气候属于无雨或少雨的燥热沙漠气候，是地球上最干燥的地方。农业以粮食、畜牧为主，出产橄榄、柠檬和葡萄等。

南部是智利的主要牧区，面积占全国的 45%，人口占全国的 15%，地广人稀，该区域气候属于多雨温带海洋性气候。智利的纸浆、鲍鱼、木材和鲑鱼等出口产品多来自南部。

中部地区春秋季节温和湿润，夏季炎热干燥，冬季多雨湿冷，年均气温为 14℃，年降水量为 500～1 000 mm，其气候属于亚热带地中海气候。智利的中部地区是世界上最肥沃的地区之一，面积仅占全国的 15%，却集中了全国 75% 以上人口。中央谷地雨量和温度低于沿海，且昼夜温差较大，光照充足，特别适宜葡萄、苹果、李子等水果的生长。中部地区的农业以粮食、畜牧、水果和花卉为主，智利的水果大多产自这一地区，主要农产品有麦类、玉米、马铃薯、稻米等。

智利属于拉美地区经济较发达国家。矿业、林业、渔业和农业是国民经济四大支柱。起源于此中心的蔬菜为智利草莓和马铃薯。

《蔬菜史话・草莓》中介绍草莓起源于美洲、亚洲和欧洲，有 10 余个种。16 世纪后期西班牙探险家发现了大的智利草莓，并将其引至厄瓜多尔和秘鲁。1712 年法国工程师将智利草莓植株带回法国，但是几乎不结果实，因为智利草莓仅长雌花，需要被雄花授粉才能受精结果。之后智利草莓和法国的弗吉尼亚草莓发生杂交，得到的草莓新品种是 18 世纪的世界主栽草莓品种。

关于马铃薯的起源描述已在南美中心部分做过介绍。

十一、巴西-巴拉圭中心

巴西-巴拉圭中心也是世界蔬菜起源中心之一。

巴西是南美洲面积最大的国家，位于南美洲东部，地跨西经 35°～74°，北纬 5°至南纬 35°。东临南大西洋，西接玻利维亚和秘鲁，南邻阿根廷、巴拉圭和乌拉圭，北部与哥伦比亚、圭亚那和委内瑞拉等国家接壤，海岸线长约 7 400 km。巴西境内分为两部分，一部分是海拔低于 200 m 的平原，主要分布在西部和北部的亚马孙河流域；另一部分是巴西高原，海拔 500 m 以上，主要分布在巴西南部和中部。巴西大部分地区属于热带，中部为热带草原气候，北部为热带雨林气候，南部部分地区为亚热带季风性湿润气候。亚马孙平原年平均气温 25～28℃，而南部区域年平均气温 16～19℃。巴西牧场面积为 1.72 亿 hm^2，已耕地面积为 7 670 万 hm^2，农牧业发达，主要生产玉米、大豆、蔗糖、柑橘、咖啡、烟草、牛肉和鸡肉等。

巴拉圭是南美洲中部的一个内陆国家，境内主要山脉是阿曼拜山和巴兰卡尤山，东部与巴西接壤，北邻玻利维亚，西部和南部均与阿根廷交界。巴拉圭位于拉普拉塔平原北部，全国被巴拉圭河从北向南分为东西两个部分：河东面积约占全国的 1/3，是巴西高原的延伸部分，主要是平原、丘陵和沼泽，海拔 300～600 m；河西为查科地区，大多为草原和原始森林。巴拉圭境内大部分地区属亚热带气候。南回归线横贯中部，南部为亚热带森林气候，北部为热带草原气候。冬、夏季节气温范围分别是 10～20℃ 和 26～33℃，同时降水由西向东递增，西部地区约为 400 mm，东部为 1 300 mm 左右。巴拉圭经济以农牧业和林业为主，主产大豆、棉花等。

起源于此中心的蔬菜为木薯。木薯作为大戟科木薯属灌木植物，是世界三大薯类作物之一，其起源地为亚马孙河流域，广泛分布在拉丁美洲的热带、亚热带地区，亚洲和非洲等地。据记载木薯传入我国的时间约在19世纪20年代，从东南亚各国传入，主要在我国广东、广西、贵州和云南等热带和亚热带地区栽培。

十二、北美洲中心

北美洲中心为世界蔬菜起源中心之一，主要是指美国中北部。

美国是美洲第二大国家，主体部分位于北美洲中部，其国土地形变化多端，西高东低，中北部为面积广阔而地形特色稀少的大平原。美国大部分地区属大陆性气候，南部属于亚热带气候，而中北部平原温差很大。美国农业高度发达，机械化程度高，农业相关就业人员占总就业人口的0.7%，主要出口产品有棉花、大豆、毛皮和坚果等。

据记载，起源于此中心的蔬菜为菊芋。菊芋又称洋姜，是菊科多年生宿根性草本植物。菊芋的起源地为北美洲，而洋姜约于17世纪经水路传入我国广东、福建等地。

第二节　中国蔬菜品种的引进与输出

丝绸之路在世界版图上的延伸，为古代东西方之间政治、经济、文化交流做出了重要贡献。它作为沟通中土与域外的桥梁，开拓了各国陆运、海运交往，更成为农作物引种与输出的重要通道。作为经济全球化的早期版本，这条贸易通道上香料作物、胡菜、番菜、特色中国蔬菜品种的络绎于途使得世界蔬菜品种资源得到快速的丰富和发展。我国在引进、吸收外国优秀蔬菜品种资源的同时，不断向国外输出本国优秀蔬菜品种资源、生产技术等，以丰富世界的蔬菜品种资源体系和实现蔬菜品种资源的可持续性发展。

西汉张骞出使西域，引进了苜蓿、葡萄等，也把我国原产的桃、李、杏、梨、姜、茶叶等作物以及文化传到了域外。随着东汉迁都洛阳，陆上贸易之路向东延伸，后经班超、窦固等和好友邦，两汉时期呈现“使者相望于道”的盛况。魏晋南北朝时期的连年混战并未阻断陆上贸易往来，外来交往与商贸往来仍然一片繁荣。隋唐时期陆上贸易往来呈现空前繁荣之盛况。五代以后日渐式微。元明以后航海技术的发展以及清代闭关锁国使得陆上贸易往来渐渐沉寂。海上贸易形成于秦汉时期，发展于唐代，到宋元时期达到鼎盛，至明郑和七下西洋达到顶峰。中唐之后，经济中心开始由北向南转移，海上贸易得以迅速发展，新的农作物不断被引种到我国并实现成功栽培。域外农作物经由海上贸易传入我国主要发生在宋清之间。这个阶段引入的作物基本以高产、经济作物为主。宋朝至清朝时期是农作物布局发生重大变革的阶段，由此加速了农业产业分化和农业商品化趋势的发展。在1492年哥伦布发现美洲新大陆——人类进入航海新时代之后，一些美洲农作物开始经由海上贸易辗转至中国境内。蔬菜品种经丝绸之路的引进与输出对我国以及世界蔬菜品种的丰富、蔬菜产业及经济发展起到了至关重要的作用。

我国是世界上著名的农业大国之一，拥有5 000年文明历史，农业文明悠久，土地资源丰富，地形地势复杂，气候环境多种多样，这些资源和条件使我国成为世界上种质资源大国。瓦维洛夫在《主要栽培植物的世界起源中心》中提道："中国温带有极大数量的中国特有的本地块根及块茎植物和水生植物。"比如在日本，称蚕豆为唐豇，辣椒为唐辛子，萝卜为唐物，花生为南京豆等。菲律宾引入了中国白菜、菠菜、芹菜、莴苣、大辣椒、花生、大豆等蔬菜，菲律宾人还爱吃中国的饭菜等。印度尼西亚引进中国大豆、扁豆、绿豆、花生等蔬菜，这极大地丰富了当地人民的饮食文化。我国蔬菜品种的输出对丰富世界蔬菜种质资源库以及各国农业文明交流起到了极其重要的作用。这其中既包括先秦时期我国固有的蔬菜，也包括汉唐至元末引入的"胡"姓蔬菜，明清以后引入的"番""洋"姓蔬菜以及近现代引入的改良品种、变种等。我国人民在漫长的岁月变迁中，通过对本国蔬菜作物的选择、栽培、驯化以及对外国蔬菜品种的引进、筛选、选择、选育等，"建成"了我国现今丰富多彩的蔬菜品种种质资源库。下面介绍几种代表性蔬菜的引进与输出情况。

一、瓜类

（一）黄瓜

黄瓜，又名刺瓜、胡瓜或王瓜，是双子叶葫芦科黄瓜属具刺一年生攀缘性草本植物。黄瓜以果实作为蔬菜食用，味甘甜，无毒，营养丰富，可以炒食、凉拌、做汤、腌渍等，入药能够顺发亮甲、利水利尿、清热解毒、清新口气、保护肾脏等，此外还有美容减肥的作用。瓜皮含有丰富的维生素，应保留生吃。黄瓜茎藤可作药用，可以消炎、祛痰、镇痉等。我国黄瓜种类甚多，已有近1 500年的栽培历史。

黄瓜并不是我国的本土蔬菜，其野生植株最早发现于喜马拉雅山南麓的印度北部地区，瓜带黑刺，味道苦涩，后经长期改良才成为现在可食用的品种，到现在有近4 000年的种植历史，在古埃及第十二王朝（前1750年）已有栽培记录。公元前几世纪传入古罗马及古希腊，1世纪传入小亚细亚及北非地区，之后逐渐向北欧推广，9世纪传到法国以及俄罗斯，10世纪日本有黄瓜栽培记录，1327年英国开始有黄瓜栽培记录，哥伦布发现新大陆后于1494年将其引入美洲大陆。1535年加拿大有黄瓜的栽培记录。黄瓜瓜种经中亚地区沿陆上丝绸之路由西域印度传入我国，经新疆传到北方地区，最初称为胡瓜。《齐民要术》中最早有“种越瓜、胡瓜法：四月中种之。胡瓜宜竖柴木，令引蔓缘之……收胡瓜，候色黄则摘……并如凡瓜，於香酱中藏之变佳”的记载，详细描述了胡瓜栽培以及贮藏的方法。《本草纲目》中有“藏器曰：北人避石勒讳，改呼黄瓜，至今因之”的记载。五胡十六国时期的译经中有“胡瓜”名称的记载，在隋炀帝时期有说因其讳胡而改称黄瓜。由于佛经对胡瓜性味有负面记载，胡瓜在被引入后并未受到重视。一直到南宋时期，黄瓜的种植以及食用才被推广。明朝万历年间王世懋在《学圃杂疏》中提道，当时燕京出产的黄瓜品质最佳，并且已经在温室中培育。清乾隆皇帝有诗云：“菜盘佳品最燕京，二月尝新岂定评。压架缀篱偏有致，田家风景绘真情。”随着科学技术进步以及农业结构不断调整，黄瓜栽培方式灵活多样，可实现全年供应。

（二）南瓜

南瓜，别名倭瓜、番瓜、饭瓜、金瓜等，是双子叶葫芦科南瓜属一年生蔓生草本植物。南瓜果实可菜粮兼用，老瓜、嫩瓜皆可食用，可以炒食、煮食、做汤、煮粥、蜜制等，营养丰富，含有胡萝卜素、维生素等，还具有辅助降低血糖的物质如锌、铬等，药用对维持视觉、骨骼发育有重要作用。种子含南瓜子氨基酸，能够清热除湿、驱虫等，藤可以清热，瓜叶可以治疗刀伤，瓜蒂能够安胎、根治牙痛。我国江南地区每逢立春家家吃南瓜，以示迎春。

南瓜是人类栽培最古老的作物之一，原产于南美洲和墨西哥地区，已经有9 000年的栽培驯化历史，目前世界广泛栽培。哥伦布发现新大陆后将其带回欧洲，16世纪以后被葡萄牙人通过贸易引种到日本、印度尼西亚、菲律宾等地。据记载，从明代开始南瓜经多条路径传入我国，但以广东、福建沿海一带为最早，17世纪初在全国已普遍推广。文献描述始见于元末明初贾铭《饮食须知》中，指出南瓜“味甘性温”。《本草纲目》中有“南瓜种出南番，转入闽、浙，今燕京诸处亦有之矣。三月下种……”，详细记载了南瓜原产地、形态特征、生长习性以及食用方法等，是整个古代关于南瓜最为全面的记述。王世懋在《学圃杂疏》中记录有“若南瓜虽有奇状殊色，仅堪煮食，酷无意味，而更与羊食忌，是可废”，说明王世懋对南瓜的了解有限并且视南瓜为瓜中劣类。中国人开始以为南瓜来自日本，称其为“倭瓜”；也有人认为来自朝鲜，称之为“高丽瓜”；日本人以为南瓜来自中国，称它为“唐茄子”。清代光绪以前较少称之为“南瓜”，多称之为“番瓜”“窝瓜”，另因外皮色泽金黄还称之为“金瓜”，鸦片泛滥年间还被用作药物治疗烟瘾。清代中后期南瓜在我国沿大运河向北移栽，人们开始意识到此瓜应自南来，“南瓜”之称开始流行。现今，随着东西方文化的交流，南瓜灯与南瓜节逐渐流行起来。2014 年 10 月瑞士农场主在农产品展示会上展出了当时世界上最大的南瓜，重达 953.5 kg。

（三）冬瓜

冬瓜，古代又称水芝、地芝、白瓜、东瓜等，是双子叶葫芦科冬瓜属一年生蔓生草本植物。冬瓜产量很高，较耐贮藏，果实作为蔬菜食用，质地嫩滑，营养丰富，富含钾、钙、铁等多种矿质元素以及维生素，可以炒食、做汤、腌渍、脱水制干等。果皮和种子可入药。冬瓜具有利尿消肿、消热解毒、清肺化痰、美容减肥等功效。

冬瓜起源于我国南部和印度东部地区，主要分布在亚洲热带和亚热带地区的中国、印度、泰国等，欧美栽培较少。9 世纪日本有关于冬瓜的记录，16 世纪印度有关于冬瓜的记载，20 世纪 80 年代印度普遍种植冬瓜。16 世纪冬瓜从印度传到欧洲，19 世纪冬瓜由法国传到美国，20 世纪 70 年代以后非洲从中国引入冬瓜。目前中国、印度、东南亚等地仍是冬瓜的主产地。我国冬瓜种植历史悠久，最早见于《神农本草经》，其中将冬瓜列为上品。关于冬瓜名称的由来有 3 种说法：一是《本草衍义》提道，白冬瓜有一二斗大，在冬天作为菜收割，可御寒，所以称为冬瓜；二是《齐民要术》记载，冬瓜是在入冬以后果实成熟结瓜，所以称为冬瓜；三是因为冬瓜果实表面被白霜，像冬天的落雪以及瓜肉洁白所以称为冬瓜、白瓜。宋代郑清之有诗云：“剪剪黄花秋后春，霜皮露叶护长身。生来笼统君休笑，腹里能容数百人。”我国栽培冬瓜较早，两汉时期《神农百草经》中称其为水芝、白瓜，三国时期《广雅》中称之为地芝，西晋《广志》中称其为白冬瓜。《齐民要术》中对冬瓜的种植技术以及腌渍方法有较为详尽的记载。唐代后期（9 世纪），日本引入我国冬瓜时称其为唐冬瓜。元代《王祯农书》中称其为白瓜。《学圃杂疏》中记载：“冬瓜，天下结实大者，无若冬瓜。”《本草纲目》中详细记录了冬瓜的形态特征及生长习性等。清朝康熙时期《畿辅通志》中谈到热河产冬瓜个大，一车仅能装几个冬瓜。河南等地方志中也称冬瓜为东瓜。

（四）葫芦

葫芦，又称为瓠子、瓠瓜、壶芦、蒲芦、夜开花等，是双子叶葫芦科葫芦属一年生攀缘草本植物。未成熟时的嫩葫芦瓜可作为蔬菜食用，可炒菜、做汤、腌渍、干制成葫芦瓜条等。老熟后葫芦外壳木质化而失去食用价值，干制后可作为容器，用于盛水或其他物件。药用可以止泻引吐、利尿消肿、滋润肌肤、抗毒防癌等。

葫芦是世界上最为古老的植物之一，原产于非洲南部低地，有学者认为葫芦经由丝绸之路传入我国，但考古学家在我国浙江河姆渡遗址发现了葫芦及其种子，可以认定葫芦也原产于我国，距今有 7 000 余年历史，现在广泛栽培。《诗经》中有“七月食瓜，八月断壶”“匏有苦叶，济有深涉”“领如蝤蛴，齿如瓠犀”“南有樛木，甘瓠累之”的记载，其中“壶”“匏”“瓠”均指葫芦。北魏贾思勰的《齐民要术》中详细记述了瓠瓜的栽培方法，说明当时瓠瓜较为广泛栽培。宋代著名诗人陆游有诗“家园瓜瓠渐轮囷”，描写了瓠蔓茂盛、瓠瓜成实的田园风光。元代《王祯农书》中有“匏之为用甚广，大者可煮作素羹，可和肉煮作荤羹，可蜜煎作果，可削条作干……”的记载。《本草纲目》中有“壶，酒器也。卢，饮器也。此物各象其形，又可为酒饭之器，因以名之”，对壶芦、瓠、匏等名称做了解释。现代称匏为瓢，即葫芦老熟后剖成两瓣可以盛放物品的容器，有“一个葫芦两个瓢”的说法。葫芦代表吉祥，寓意“子孙万代”“万代盘长”等。葫芦谐音“福禄”，蔓带谐音“万代”，连起来说就是“福禄万代”，因此葫芦自古以来就被当作招财纳福的吉物。《红楼梦》第四十二回中提到平儿请刘姥姥带些晒干的葫芦条儿，就是用刀将葫芦削成条状晒干制成的，味道十分鲜美。

（五）苦瓜

苦瓜，又称为赖葡萄、凉瓜、锦荔枝、癞瓜、红姑娘等，是双子叶葫芦科苦瓜属一年生攀缘草本植物。苦瓜因富含苦瓜甙而味道甘苦，鲜嫩清香。成熟的果肉及假种皮作为蔬菜食用，可凉拌生食、炒制，也可加工成蜜饯、保健饮品等，营养丰富，维生素 C 含量居瓜类之首。根、茎、叶、花、果实、种子皆可入药，药用可以清热解毒、养颜嫩肤、养血滋肝、降糖调脂、滋阴壮阳、抗肿瘤、提高免疫力等，被称为“植物胰岛素”。

苦瓜原产于东印度、东南亚一带，北宋时期传入我国，当时称之为锦荔枝，至南宋时期始称苦瓜。元代开始，苦瓜栽培较为广泛，并由南方传到北方地区，至今在我国有数百年栽培历史，尤其华南以及长江流域栽培较多。日本苦瓜从中国传入，常做成茶饮食用，认为能够使人长寿。17 世纪传入欧洲因味苦多作观赏用，现广泛栽培于世界热带、亚热带以及温带地区。明代朱橚《救荒本草》中最早有关于苦瓜的记载，“内有红瓤，味甜……黄熟者食瓤”，但未提到瓜肉是否可以食用。也有记载苦瓜是郑和下西洋时由南洋群岛通过海上丝绸之路移栽而来的，并先后在广东、福建等地落地生根，然后传遍全国。明代徐光启的《农政全书》中提到南方人甚食苦瓜，不止于瓤，说明当时我国南方普遍栽培苦瓜。《本草纲目》中提到“苦瓜原出南番”，并将苦瓜列于蔬菜部类。清代王士雄的《随息居饮食谱》中记载了苦瓜的性状及药用价值等。苦瓜以苦味得其名，有人认为苦字不好听，所以又叫作凉瓜。苦瓜外表皮有瘤状突起，故又称为癞瓜；瓜面起皱纹似荔枝，故又称为锦荔枝；苦瓜成熟时容易开裂，红色的籽瓤露出，故又称为红姑娘、红绫鞋。

二、茄果类

（一）番茄

番茄，即西红柿，别名西番柿、六月柿、洋柿子等，是双子叶茄科番茄属一年生或多年生草本植物。其果实可生食、煮食、加工成酱、干制等，所含营养丰富，被称为神奇的菜中之果，生食可补充维生素 C，煮食可补充抗氧化剂。番茄具有生津止渴、补肾利尿、止血降压、降低胆固醇等功效。

番茄原产于南美洲安第斯山脉地带的秘鲁和墨西哥地区，当地人因为其色彩鲜艳而认为有毒，只敢观赏不敢食用，视其为“狐狸的果实”，秘鲁、厄瓜多尔等地至今仍有大量番茄野生种。番茄栽培在庭院、花园作为爱情与友谊的象征。一般认为 15 世纪末哥伦布一行发现新大陆后将番茄引入西班牙，1540 年以后西班牙开始栽培番茄。1570 年左右传播到北欧，意大利称其为“金苹果”，法国称其为“爱情果实”等。1590 年英国开始栽培番茄。16 世纪番茄从秘鲁传至意大利，17 世纪初才由西方传教士、商人等从欧洲或东南亚引入我国，19 世纪初开始栽培，直到 20 世纪番茄才成为惯食。番茄在我国最早见于明朝朱国祯的《涌幢小品》中。明万历年间的《山西猗氏县志·物产果实》中有记载“西番柿”一名，但没有描述其具体性状。《植品》记载了西方传教士引入番茄相关的信息。《广群芳谱》中详细记载了番茄的性状：“茎似蒿，高四五尺，叶似艾，花似榴，……来自西蕃，故名”，最早使用“番柿”这一名称来称呼番茄。1921 年我国园艺学家吴耕民先生从法国佛尔莫朗引入番茄种子，1922年开始栽培。番茄引种到我国初期发展缓慢，仅作为观赏植物，从正式开始栽培到目前不足百年。20世纪30年代以后北京、上海等地的大饭店开始出现番茄菜肴，50年代以后番茄开始走向城市百姓的餐桌。番茄在没被发现有食用价值以前被叫作“狼桃”，而且当时人们认为吃番茄会长出狼头。因此吃番茄有“勇敢”以及“冒险”的寓意。

（二）辣椒

辣椒，又称番椒、秦椒、海椒、地胡椒、辣子、辣角等，是双子叶茄科辣椒属一年或有限多年生草本植物。辣椒是我国人民喜食的重要的蔬菜和调味品，营养丰富，维生素C含量居蔬菜之首。辣椒也可以药用，可以杀菌驱虫、防腐、驱寒发汗、行气活血、促进消化、增加食欲等。辣椒有辣味是因为辣椒素中含有香草酰胺，它能与感觉神经元的香草素受体结合，受体被激活后会传递灼热感。这种灼热感使大脑释放止痛物质内啡肽，产生越吃越想吃的感觉，过量食用容易诱发胃肠疾病以及中毒。辣椒可以炒食、腌制或者干制成粉等。

辣椒原产于拉丁美洲热带地区的墨西哥，考古学家发现墨西哥特瓦茨地区有辣椒种子化石，并证实早在7 000年前美洲阿兹特克人已经开始种植辣椒。1492年哥伦布发现美洲新大陆后将其带回西班牙，16世纪中期传入英国后，其因独特口感与味道作为进口黑胡椒替代品而迅速风靡欧洲。16世纪初，东南亚以及印度引入辣椒，1526年传入意大利，1548年传入英国，1583年日本引入辣椒。16世纪末，辣椒由秘鲁经墨西哥传入我国。明代高濂的《遵生八笺》最早记载了番椒“丛生，白花，……味辣，色红”。清代章穆的《调疾饮食辨》中记载：“近数十年，群嗜一物，名辣枚，又名辣椒……味辛辣如火，食之令人唇舌作肿……”辣椒引进我国初期仅作为观赏以及药用，民国时期才进入国人食谱，在我国很多地区甚至成为蔬中要品。从辣椒的别名可以看出，辣椒在我国经历多次引种，主要通过两条路径：一是通过丝绸之路，从西亚进入新疆、甘肃、陕西等地，率先在西北地区进行种植；二是经过马六甲海峡从东南亚传入我国，在云南、广西和湖南等地进行种植，然后逐渐向全国推广开来。

（三）茄子

茄子，又称为落苏、昆仑瓜、酪酥、吊菜子等，是双子叶茄科茄属一年生草本植物。茄子的果实作为蔬菜食用，可以炒食、凉拌、做汤等，根、茎、叶、种子均可入药，具有利尿消肿、活血化瘀、清热解毒等功效。茄子营养丰富，其中维生素 E 含量为香蕉的 7 倍之多，还含有钙、铁以及茄碱苷，能够抗衰老以及降胆固醇等。茄子产量高，适应性强，供菜时间长，是夏秋季节主要的蔬菜。

茄子原产于亚洲东南热带地区，古印度为其最早的发源驯化地，栽培历史超过 4 000 年，目前印度、缅甸以及我国海南、云南等地仍有茄子的野生种及近缘种。茄子在中世纪传入非洲，13 世纪阿拉伯人和波斯人将茄子传到欧洲，14 世纪从非洲传入意大利，17 世纪欧洲各地广泛栽植后传到美洲，17 世纪末巴西有栽培茄子的记载，18 世纪茄子由中国传入日本。茄子大约在西汉时期传到我国，至今在我国已有 2 000 多年栽培历史，学者多认为中国为茄子的第二起源地。据记载战国时期吴王阖闾有瘸腿之子，其在出游时听到有人叫卖茄子，误听为“卖瘸子”，感到很生气要去抽打卖茄人，后来吴王发现帽子上的流苏很像落下的茄子，为解其子心头郁结改茄子为“落苏”。晋朝嵇含在《南方草木状》中提到华南有茄树，这是我国栽培茄子的最早记载。《齐民要术》中记载了茄子从岭南传入长江、黄河流域以及茄子的栽培方法、食用方法。《清异录》中记载隋炀帝称茄子为“昆仑紫瓜”。唐朝时白茄从新罗传入，很受当时人们喜爱。宋代苏颂的《图经本草》中记载当时我国南北方栽培有各个品种的茄子。《红楼梦》的第四十一回提到刘姥姥原来吃茄子食之无味，在贾府吃配料众多、工艺复杂的鱼鲞时觉得味道与众不同，可见茄子在不同工艺烹调下风味不同。在欧美国家照相时会喊“cheers”，说的时候嘴角微翘像在微笑，照相效果就会比较好，在我国照相时喊“茄子”既能够活跃气氛，又有异曲同工之效。

三、叶菜类

（一）结球甘蓝

结球甘蓝，又名洋白菜、卷心菜、疙瘩白、包菜、高丽菜、莲花白等，是双子叶十字花科芸薹属二年生草本植物。结球甘蓝具有防衰老抗氧化、补髓壮筋、杀菌消炎、治疗溃疡、增进食欲、促进消化、预防便秘、提高人体免疫力等功效，因而希腊及罗马人将其视为万能药。结球甘蓝中水分含量约为 90%，含有多种维生素及钾等矿物质，热量却很低，是减肥佳品。结球甘蓝还可以做成酸菜，口感好并且营养价值不减。营养学家认为结球甘蓝生吃食疗保健效果较好。

结球甘蓝原产于地中海至北海沿岸地区，现今世界范围内广泛栽培，已成为深受人们喜爱的蔬菜之一。公元 9 世纪欧洲国家即种植不结球甘蓝，初始食用叶子，13 世纪出现人工改造后的结球类型，16 世纪传入北美，18 世纪传入日本，清朝早期通过丝绸之路传入我国。结球甘蓝通过多个途径传入我国：经缅甸传入云南，经苏联传入黑龙江和新疆，经朝鲜和日本传入东南沿海地区。清代王锡祺辑录的《小方壶斋舆地丛钞》中提到多篇关于结球甘蓝的资料。清朝方式济在《龙沙纪略》中说道："老枪菜，即俄罗斯菘也……叶出层层，删之其末层，叶叶相抱如球……割球烹之……冬月包纸以贡。"老枪菜、俄罗斯菘实际上就是结球甘蓝，根据此书所记载可以得知结球甘蓝在公元1690年左右引入。清朝吴其濬的《植物名实图考》中有葵花白菜的记载："葵花白菜生山西，大叶青蓝如劈蓝，四面披离，中心叶白，如黄芽白菜，层层紧抱如覆碗……"，书中还绘有葵花白菜的插图，可以得知即为结球甘蓝。19世纪西北各省有所发展，之后我国南北各地四季均有栽培，实现周年供应。随着生产技术的不断改进，结球甘蓝以山西、河北等地为主要栽培中心，逐渐适应气候与地理条件，栽培面积逐年攀升。结球甘蓝的利用也由初始仅食用叶片到叶片、球茎同时食用再到食用球茎为主。结球甘蓝的引入对我国农业技术以及饮食结构产生了重要影响。

（二）大白菜

大白菜，又称结球白菜、包心白菜、胶菜、黄芽白等，是双子叶十字花科芸薹属一年生或二年生草本植物。大白菜营养丰富，还具有一定的药用价值，含有丰富的维生素C、核黄素，并含有钼，钼能抑制亚硝酸吸收。大白菜具有美容养颜、除烦解渴、利肠通便、消食健胃、防癌抗癌以及预防心血管疾病等功效。另外，大白菜本身热量极低，钠含量也很少，中老年及肥胖患者食之有益于心脏健康及减肥。大白菜叶片生熟食均可，还可以加工成大白菜干以及腌制酸菜、咸菜制品，为北方秋冬季主要蔬菜品种。

大白菜原产于我国华北地区，古代称之为菘，栽培历史悠久，适应性广泛，是我国栽培面积最大、供应量最多以及销售时间最长的叶用蔬菜。我国陕西西安半坡遗址出土的陶罐中就有白菜籽，说明我国白菜栽培历史至少已有6 000年。我国周朝到汉晋时期只有"葑""菘"两个同义字，对大白菜没有明确记载；南北朝时期南方白菜栽培较为发达；唐宋时期白菜传入北方。明朝《学圃杂疏》中记载有花心大白菜，称之为黄芽菜。《植物名实图考》中深入描述了大白菜的形态特征并绘有形象的结球白菜图。18世纪中国大白菜就已被远输欧洲，至19世纪初传入东南亚、美洲。1875年日本引入中国大白菜，同年东京博览会展出山东大白菜，并在爱知县栽培，10年以后大白菜引种成功受到好评。20世纪初日本又从我国山东、河北等地引种了白菜，逐步培育出适合日本需要的品种。朝鲜可能在13世纪就进口了中国散叶大白菜，很长一段时间里只供上层社会食用，直到19世纪30年代以后大白菜才走向群众餐桌。2018年4月，我国最大的白菜雕塑落户河北邯郸肥乡区三江农业科技博览园。大白菜可生食，非常适合国外人对于沙拉等食材的需求，所以日本、朝鲜、美国、印度尼西亚、荷兰等国都在大面积种植大白菜，并且通过技术更新不断培育大白菜新品种。

（三）菠菜

菠菜，又名菠薐菜（波棱菜）、波斯菜、赤根菜、鹦鹉菜等，是双子叶藜科菠菜属一年生草本植物，现在我国普遍栽培，适应性广，耐寒性强，为常见绿叶蔬菜之一，人们也称其为“红嘴绿鹦哥”。有传说称乾隆下江南时偶然在农家用饭，农妇用菠菜做了菠菜烧豆腐，乾隆吃后觉得味美赞赏有加，问农妇菜名，说“金镶白玉版，红嘴绿鹦哥”，乾隆大悦封其为皇姑，于是菠菜又称为“皇姑菜”。菠菜有“营养模范生”的美称，既可作为蔬菜又能作草药，富含胡萝卜素、维生素 C、核黄素、铁、磷、钾、钠等多种营养素，可以烧汤、凉拌、炒食等，具有通肠导便、促进生长发育、延缓衰老、补血抗病、解毒等功效。

菠菜原产于亚洲西部的波斯国（今伊朗），后经北非传到西欧西班牙等国，有 2 000 多年的栽培历史。宋代王溥的《唐会要》记载，太宗时（641）泥婆罗国（今尼泊尔）献菠薐菜。这明确说明菠菜是在唐朝时由尼泊尔作为贡品传入我国的，并且传入时间不晚于 7 世纪隋唐时期。另外，也有菠菜自西国（波斯）传到我国的说法。《刘公嘉话录》中提道，僧侣从西国将菠薐菜种子带到我国。可知菠菜是当时朝廷以及民间经多种途径引入我国的，在我国有 1 000 多年栽培史。宋代苏轼有诗云：“北方苦寒今未已，雪底波棱如铁甲。岂如吾蜀富冬蔬，霜叶露芽寒更茁。”可知当时蜀中地区菠菜种植已经较为广泛，并且可越冬露地栽培。《学圃杂疏》中记载，菠菜北名赤根，可与豆腐并烹。11 世纪西班牙引入菠菜。16 世纪菠菜传到英国，19 世纪传到美国，目前世界范围内普遍种植。在日本，企业管理法则强调及时报告、及时联系、及时商量，即“报联商”法则，这个三字词在日语中的发音与日语中的“菠菜”读音相同，因此又被称为“菠菜法则”。

（四）苜蓿

苜蓿，又称牧宿、宿草、金花菜、母齐头，是豆科苜蓿属多年生草本植物，包括紫花苜蓿、黄花苜蓿等品种，有“牧草之王”“饲料之王”的美称。苜蓿产量高，适应性广，主要为牲畜饲料，也可作蔬菜及酿酒材料。苜蓿的营养价值很高，具有清脾胃、利肠道、下结石等功效。苜蓿作为蔬菜其主要食用部分为早春返青时的幼芽，苜蓿芽营养成分高，仅含有很少的糖类，热量非常低，是不可多得的高纤维、低热量食物。现主产区在西北、华北、东北、江淮流域。

紫花苜蓿原产于地中海沿岸地区伊朗高原，希波战争期间从中亚传入古希腊，汉使出使西域时作为附属品随西域良马经丝绸之路北路带入我国。黄花苜蓿原产于印度，汉朝时期由南亚克什米尔地区经丝绸之路南路引入我国。《史记·七十列传·大宛列传》中记载："俗嗜酒，马嗜苜蓿。汉使取其实来，於是天子始种苜蓿、蒲陶肥饶地。"大宛即为现今中亚地区乌兹别克斯坦的费尔干纳盆地，西汉时期马业兴盛与当时政府大力推广苜蓿种植密不可分。汉武帝时期引入苜蓿在京师宫苑试种后推广至宁夏、甘肃等西北牧区，形成大面积牧场。到东汉时期苜蓿已经推广到黄河中下游地区。东汉文学大家班固的《汉书·传·西域传上》中记载道："罽宾地平，温和，有目宿、杂草、奇木……"罽宾是今克什米尔地区及部分巴基斯坦地区。唐代苜蓿栽培更加广泛，"凡驿马，给地四顷，莳以苜蓿"（北宋欧阳修等合撰《新唐书·志·卷三十六》）。魏晋时期的苜蓿基本沦为野生植株，遍布田野。元代有很多圈定地域用于栽植苜蓿饲喂马匹的记载，苜蓿再次得到重视。明清时期，苜蓿普及中原和华北地区，很多农学著作对苜蓿栽培技术和价值功能等都做了详细记载。现代苜蓿的种植已经超越牧草范畴，苜蓿嫩芽可作时令蔬菜，成株可作优质牧草，轮作后可作绿肥作物。

四、芳香类

（一）芫荽

芫荽，又称香荽、香菜、胡荽等，为双子叶伞形科芫荽属一年生或二年生草本植物。芫荽有强烈的刺激性气味，其嫩茎叶可作为蔬菜和调味香料，多用于凉拌菜佐料或者烫料、面食等的提味、点缀。果实也具有香味，可作调料，也可入药。种子能够提取芳香油，兼具健胃消食、解毒止痛、发汗透疹等作用。胡荽所含营养丰富，其中胡萝卜素含量高于其他蔬菜10余倍，维生素、钙和铁的含量也很高，是人类历史最悠久的香辛类蔬菜之一。

芫荽原产地为地中海沿岸及中亚地区，西汉时期沿丝绸之路传入我国，经过风土适应后，现我国广泛种植。东汉张仲景的《金匮要略》中最早记载胡荽的食用忌讳："四月、八月勿食胡荽，伤人神。"北魏贾思勰的《齐民要术》中详细记载了胡荽的生长习性、栽培方法以及食用方法。胡荽沿丝绸之路传入古代中国后，作为调味蔬菜被人们食用，因引种地区与原产地自然气候较为相近，环境风土适应较好，至东汉时期被广泛利用，现已逐渐成为蔬菜必备品。宋代郑樵的《通志》中记载南北朝时期羯族人石勒建立后赵政权讳胡，故将胡荽改为香荽。元代御医忽思慧在《饮膳正要》中称其为芫荽并列其为菜品。明清两代都称之为胡荽。《本草纲目》称“张骞使西域始得种归，故名胡荽”。明代徐光启的《农政全书》中记载胡荽籽实捣碎后可作香料用来提味，种子、叶片生熟都可用作蔬菜。清末民初徐珂的《清稗类钞》中称之为蒝荽，其本名是胡荽，属于蔬菜类植物，俗称为“芫荽”。现在我国较多应用香菜叶，西方人多应用香菜籽，而香菜籽的英文词根源于希腊文“koris”，是“臭虫”之意，所以很多人认为香菜是臭的。美国加州的科学家研究发现，味觉基因群附近有一种名为“*OR6A2*”的嗅觉受体基因，携带该基因的人对醛类物质很敏感，这就是有的人觉得香菜味道特殊的原因，这部分人认为香菜闻起来有股肥皂味儿，所以天生不爱吃香菜。

（二）紫苏

紫苏，又称为桂荏、赤苏、红苏、苏子等，也称苏子叶，是双子叶唇形科紫苏属一年生具有特异芳香的草本植物。紫苏的营养价值较高，嫩叶可生食、做汤、腌渍等，可用于烹制各种鱼蟹菜肴，如紫苏干烧鱼、紫苏鸭、铜盆紫苏蒸乳羊等。紫苏具有低糖、高纤维、高矿质元素等优点，在我国常作中药用，其叶、梗、籽实均可药用，可以发汗散寒、行气宽中、解郁止呕、镇咳平喘等。解释词义的专著《尔雅》曰：“苏，桂荏。”《齐民要术》中记载：“三月可种荏、蓼……荏则随宜，园畔漫掷，便岁岁自生矣。”这说明我国古代就已经较为详细地了解了紫苏的生长习性、栽培方法等。

紫苏原产于亚洲东部，有 2 000 多年的栽培历史，华北、华中及台湾等地有野生及栽培种。19 世纪末紫苏被引入欧洲，最初英文名为牛排草（beef steak plant）。紫苏在欧洲很长时期内得不到重视，直到第二次世界大战以后才得以迅速推广，现主要分布于印度、日本、韩国、朝鲜等国，商业栽种可供开发食用油、化妆品等。日本紫苏两面都是绿色，称为“青紫苏”，多用于食物料理、酱汁中，尤其制作寿司、生鱼片等时必不可少。韩国紫苏比日本紫苏大且圆，主要用于泡菜、沙拉以及用于补钙，烤肉也习惯用紫苏叶搭配。越南紫苏比日本紫苏香味更浓，主要用紫苏叶调和炖菜和煮菜味道，或者放在越南米粉上装饰食物。印度、尼泊尔等地多用紫苏来制作咖喱、干香料等。我国西南一带常用苏子加糖作为馅料，制作著名的官渡粑粑、汤圆等。据记载东汉末年重阳节，华佗带徒弟饮酒时见几个年轻人在比赛吃螃蟹，于是劝说“吃多会闹肚子”，但年轻人未听反而大吃不止。当夜几个年轻人都喊肚子痛，于是华佗采了些紫色草叶煎水给年轻人，果然情况好转。于是华佗给草叶命名“紫舒”，并制成丸、散，给人治病，后世称其谐音“紫苏”。

（三）罗勒

罗勒，又称为九层塔、金不换、圣约瑟夫草、西王母菜、零陵香、兰香、光明子、省头草等，是双子叶唇形科罗勒属一年生或多年生药食两用植物。罗勒生长茂盛，味似茴香、芳香四溢，药用有疏风行气、化湿消食、活血解毒等作用。罗勒叶及花朵蒸馏可得精油，味辛，清甜，疲劳时使用能够振奋精神，同时能够滋润干性缺水、老化粗糙皮肤，起到美容的作用。罗勒含有丰富的维生素 A 以及多种矿质元素，还被赞誉为“香料蔬菜之王”。罗勒嫩叶可食用，做凉菜、油炸、做汤或熟食，也可作为茶饮用，意式菜肴中可用作意粉酱、番茄汁、沙拉等的调味品，也是泰式料理中常用调料。

罗勒原产于印度及西亚（伊朗、中东地区）等热带地区，现盛产于亚非热带地区，我国栽培种主产于新疆、吉林、河北等省份，南部省份有野生种。罗勒由印度传到我国，并且在我国有 2 000 余年的药食同用历史。《齐民要术》中记载：“兰香者，罗勒也；中国为石勒讳，故改，今人因以名焉……三月，候枣叶始生，乃种兰香。”可知罗勒在北魏时期作为蔬菜栽培已较为成熟，并且在东晋后赵时期曾改变称谓。《本草经集注》中称罗勒为西王母菜。《本草纲目》中也提道：“按《邺中记》云：石虎讳言勒，改罗勒为香菜。今俗人呼为翳子草……”此后改为罗勒统一命名。晋朝张华《博物志》中记载有罗勒的栽培技术：“烧马蹄羊角成灰，春散着湿地，生罗勒。”目前我国罗勒的开发应用较少，范围及深度远不及欧美国家。

五、根茎类

（一）马铃薯

马铃薯，又称洋芋、土豆、山药蛋、薯仔、荷兰薯、地蛋等，是双子叶茄科茄属一年生草本植物。我国是世界上马铃薯总产量最大的国家。马铃薯块茎供食用，是我国重要的菜粮兼用作物，与小麦、玉米、稻谷、高粱并称世界五大作物。马铃薯块茎含有大量淀粉和花青素、维生素，是很好的高钾低钠及抗氧化食物。马铃薯营养丰富，有“地下苹果”之称。马铃薯块茎所含淀粉可以制成馒头、面条、面包等加工品，其鲜茎叶青贮后可作为饲料，入药可以健脾和胃、缓急止痛、降血压、抗衰老等。

马铃薯原产于南美洲秘鲁、玻利维亚的安第斯山区，栽培历史在 1 800 年以上。恩格斯认为马铃薯的出现与铁器的使用并重。15 世纪末至 16 世纪末，西班牙探险队最先发现马铃薯，后从南美传入欧洲。1586 年，英国人发现马铃薯比其他谷物产量高且易于管理。1650 年，马铃薯成为爱尔兰的主粮作物并在欧洲开始普及。17 世纪末，马铃薯传到印度、日本。1719 年，马铃薯由爱尔兰移民带到美国种植。18 世纪初，俄国彼得大帝游历欧洲时花重金购买了马铃薯种到宫廷花园，后来逐渐发展到民间种植。16 世纪明朝嘉靖时期，马铃薯传入我国，主要通过 3 条路径：一条是由荷兰人（可能政治家、商人、传教士等）从海上丝绸之路引入华北地区，作为贡品献给皇帝；一条是由荷兰人从东南亚传入我国台湾地区后被引入广东、福建、江浙一带，称为荷兰薯或者爪哇薯；一条是从印缅引入云南，称为洋芋。明末万历时期，蒋一葵在《长安客话》中提道，北京地区有种植马铃薯，时名土豆。清乾隆时期以后，马铃薯迅速适应西北、东北、华北等气候凉爽地区以及黄淮、长江流域等双季栽培区，成为主粮作物。20 世纪初，西北有谚语说“甘肃有三宝，洋芋、砂锅、羊皮袄”。联合国教育、科学及文化组织将 2008 年定为“国际马铃薯年”，联合国粮食及农业组织更是称马铃薯为“营养价值之王”“埋在地下的宝物”。

（二）竹笋

竹笋，又称为笋、竹萌、竹胎、竹芽、玉兰片等，是单子叶禾本科竹亚科竹属多年生常绿草本植物竹之幼芽、嫩茎。竹笋富含天冬酰胺，入药可以清热化痰、消渴利尿、开胃健脾、滋补身体等。竹笋是优质的保健蔬菜，尤其低脂肪、低糖类、高纤维、高含水量、高蛋白等特点更使得其成为减肥佳品。竹笋十天之内为笋，之后成竹，冬笋及春笋味道更佳。竹笋栽培历史悠久，营养丰富、肉厚色白、质嫩鲜美，自古就有“菜中珍品”“寒士山珍”“素食第一品”“无笋不成席”的美称。鲜笋不能生吃，与肉同炒味道佳，还可做汤以及制成笋干、罐头等。

竹笋原产于我国，主要分布于湖南、浙江、四川等南方地区，我国是世界上培育、研究与利用竹笋最早的国家。《诗经·大雅·荡之什·韩奕》中有“其蔌维何？维笋及蒲”，说明我国对竹笋的食用已有 2 000 余年历史。北宋高僧赞宁的《笋谱》中对笋的名称、生长特性、产地、吃法、储藏、典故等做了详细论述，反映了当时竹笋的利用已经较为普遍。宋代苏东坡有诗“宁可食无肉，不可居无竹。无肉令人瘦，无竹令人俗。人瘦尚可肥，士俗不可医。”同时他也倡导人们吃竹笋要有节制以防竹越来越少。宋代陆游赞笋“味抵驼峰牛尾狸”。元代《王祯农书》中详细记载了竹笋的采摘方法。清代李笠翁赞其为“蔬食第一品”。现代文学大师林语堂先生说竹笋之所以深受青睐，是因为它不油腻并有一种神出鬼没般难以捉摸的品质。我国食用竹笋历史较早，规模也大，同时带动了朝鲜、日本等地的风俗吃法，缅甸、越南、菲律宾等地也部分受到影响。中国、日本、东南亚为三大竹笋产区。19世纪以后蔬菜已经极为丰富，意大利、英国等从亚洲、非洲等地引进毛竹、赤竹等多种竹子，但多用于绿化，极少数东亚移民餐馆中用于餐食。另外，我国笋出口严重依靠日本市场，出口欧美较少。

（三）茭白

茭白，古代称之为“菰”，又称为篙瓜、茭儿菜、茭笋、绿节、菰笋等，是单子叶禾本科菰属多年生宿根挺水型水生草本植物。其中感染黑粉菌导致茎部膨大形成的肉质茎供作蔬菜食用，去除叶鞘后的可食用部分称为“茭肉”或“玉子”，炒食、做汤均可。茭白肉质肥嫩，略带甜味，营养丰富，纤维含量少且蛋白质含量高，滋味鲜美，有腌制、凉拌、煨制、炒制等多种食用方法。余姚河姆渡镇的茭白最为有名，2001年河姆渡镇被农业部评为“中国茭白之乡”。茭白也被誉为山东新泰三好之一（茭白、春芽、野鸭蛋）。茭白茎叶可入药，具有清热解毒、除烦润肠、催乳、软化角质、退黄疸等功效。

茭白原产于我国和东南亚，我国广泛栽培，世界范围内只有我国及越南将其作为蔬菜食用。菰米为茭白的种子，周朝已经用菰米作为饭食，春秋时期即已栽培茭白，至今已有2 700余年栽培历史。西周时期人们发现其畸形膨大部位细嫩可以食用。晋代葛洪的《西京杂记》中提道，西汉皇宫里栽植有茭白，当时称之为绿节。唐代以前的菰是粮食作物，其种子为六谷（稌、黍、稷、粱、麦、菰）之一，称为菰米或者雕胡。唐代诗人李白有“跪进雕胡饭，月光明素盘”的诗句，雕胡即为菰米。唐朝末年水稻的普及使得菰米较少采籽。茭白名称最早见于《图经本草》中。据南宋吴自牧《梦粱录》中记载，杭州茭白当时已经作为商品菜生产供应。《本草纲目》中记载：“其米甚白而滑腻，作饭香脆。”之后用菰米做饭的越来越少，茭白作为蔬菜更为普遍。目前在我国很少见菰米了，但在美洲仍然盛产，称为印第安米。茭白约在公元前1000年就已传入日本，据说日本人把茭白看作抗癌食物。

（四）萝卜

萝卜，又称莱菔、芦菔、紫菘、葖等，是双子叶十字花科萝卜属一年生或二年生草本植物，素有“小人参”“十月萝卜赛人参”的美称。萝卜的肉质根部作为蔬菜食用，“熟食甘似芋，生荐脆如梨”，种子还能榨油。萝卜营养丰富，其中维生素C的含量比梨高数倍，能够抑制黑色素合成，阻止脂肪氧化沉积。萝卜根、叶、种子均可药用，能消除积滞、下气宽中、清热解毒、止咳化痰等。萝卜为我国北方冬春供应的主要蔬菜。

关于萝卜起源的说法较多，现今一般认为萝卜起源于欧亚温暖海岸的野生种。瑞典植物学家林奈曾明确指出中国为其原产地之一。晋代郭璞注《尔雅·释草》中记载了萝卜明确的释义，称萝卜为莪蒿，说明萝卜在我国有 2 000 多年的栽培史。《齐民要术》中记载了萝卜的栽培方法。唐代时萝卜开始被称为莱菔，《食疗本草》中提到了莱菔的药用价值。《图经本草》中提到南北方都有栽培莱菔且北方居多，说明当时萝卜在我国各地已普遍栽培。元代以后萝卜开始见于《王祯农书》《农桑辑要》等文献书籍。萝卜一名在《本草纲目》中得到确认并沿用至今，并称萝卜乃“蔬中之最有利益者”。《植物名实图考》中生动地描绘了老北京心里美萝卜的特点，并且评价萝卜“琼瑶一片，嚼如冰雪，齿鸣未已，众热俱平”。世界各地均有萝卜栽培，尤其中国、日本，并且萝卜是从我国传入日本的，日语的萝卜古称就有唐物之意，现代日语里称为大根。

（五）胡萝卜

胡萝卜，又称为红萝卜、黄萝卜、丁香萝卜、黄根、甘荀，是双子叶伞形科胡萝卜属二年生草本植物，我国南北方均有栽培。其肉质根作蔬菜或代粮食用，生、熟食皆可，营养丰富，含有多种矿物质、维生素及胡萝卜素，具有消食除胀、补肝明目、增强免疫力、美容养颜等功效，被称为“小人参”“金笋”。胡萝卜可腌渍、凉拌，可加工成酱汁、脱水产品等食品，同时也是上等的饲料。

有学者认为胡萝卜原产于亚洲西南部，祖先为阿富汗紫色胡萝卜，至今有2000 多年的栽培史。也有学者认为胡萝卜的原产地还有非洲、美洲。原产于亚洲的胡萝卜在 10 世纪传入伊朗及阿拉伯地区，11 世纪从阿拉伯传入叙利亚，之后欧洲大陆从伊朗引入，15 世纪胡萝卜传入英国之后遍及欧洲，16 世纪被引入美洲，并从我国传到日本。胡萝卜在历史上多次被引入我国，有学者认为西汉汉武帝时期首次通过丝绸之路将其引入，但多数学者认为十二十三世纪宋元时期我国从伊朗沿丝绸之路引入胡萝卜。在南宋时期的药典中，胡萝卜仅作为药用，直到元初的《农桑辑要》将其列为蔬菜，忽思慧的《饮膳正要》中有提道，宫廷之中用胡萝卜作为原料，制作了很多奇珍美食，之后逐渐推广开来。《本草纲目》记载有“元时始自胡地来，气味微似萝卜，故名”。据《蕲春县志》记载，李时珍在深山采药时遇见一位气色红润、手脚利落的鹤发童颜老翁，问其如何保养，得知老翁常年食用胡萝卜且清淡饮食、清心寡欲，于是将此方编入《本草纲目》。现在，欧美国家视胡萝卜为营养丰富的上等蔬菜，胡萝卜已成为西餐中必不可少的配菜，甚至在荷兰还被尊称为“国菜”。

（六）生姜

生姜，古称薑，又称为姜根、百辣云等，是单子叶姜科姜属多年生宿根草本植物。姜的肉质根茎具有芳香和辛辣味，可调味添香，多作调味蔬菜用，也可生、熟食或者腌渍及加工，有“菜中之祖”的美称。生姜药用能够开胃健脾、防暑提神、杀菌消毒、抗氧化等，民间也有“早吃三片姜，赛过人参汤”“生姜治百病”“冬吃萝卜夏吃姜，一年四季保健康，不劳医生开药方”等说法。

生姜原产于我国及东南亚的热带地区，中国、印度、印度尼西亚等是生姜的主产国。据学者布靳斯奈德考证，中国人比其他国家人先认识到姜，认为姜原产于中国。英国安德鲁·多尔比在《危险的味道——香料的历史》中记载，生姜是一种非常古老甚至可能是历史最悠久的香料。中国科学院华南植物研究所的吴德邻先生认为，姜的栽培起源地可能是黄河流域和长江流域之间的区域。生姜从中国走向世界，最初是沿着海洋途径的。1 世纪生姜传入地中海地区，成为昂贵的香料。3 世纪生姜传入日本，11 世纪传入英国，16 世纪传入美洲，之后在世界范围内广泛传播。《论语·乡党篇》中有孔子生平“不撤姜食，不多食”的记载，这是我国最早的关于姜的文字记录。吕不韦的《吕氏春秋·览·孝行览》中记载有“和之美者，阳朴之姜”。司马迁的《史记·七十列传·货殖列传》中也有“巴蜀亦沃野，地饶卮、姜、丹沙……”的记录。《齐民要术》中记录了姜的栽培方法。《图经本草》中记载：“生姜，……今处处有之，以汉、温、池州者为良”，说明当时生姜已经普遍栽培。苏东坡在杭州为官时，有诗“一斤生姜半斤枣，二两白盐三两草，丁香沉香各半两，四两茴香一处捣。煎也好，泡也好，修合此药胜如宝。每日清晨饮一杯，一生容颜都不老”。后这首诗被收编于《苏沈良方》中，称为“驻颜不老方”。据《本草纲目》记载，姜味辣而不荤，可去邪辟恶，生熟皆可食用，既可作蔬菜、调料，又可入药作果脯，用途极为广泛。

六、豆类

（一）菜豆

菜豆，又称芸豆、四季豆、架豆、扁豆等，通称豆角，是双子叶豆科菜豆属一年生藤本植物，嫩荚果以及种子可作为鲜菜食用，可以炒食、炖菜等，也可以腌渍、冷冻、干制等。菜豆含有丰富的蛋白质、膳食纤维、维生素、钙等，其中单位含钙量为黄豆的 2 倍，是鸡肉的 7 倍多，被称为“补钙冠军”，是难得的高钾、高钠、高镁的菜粮兼用食品。另外，菜豆因含有毒物质而不宜生食，需要高温煮熟才能消除毒性，否则会引起中毒。

墨西哥和秘鲁等国发现了 7 000 年以前的菜豆残存物，可以认为菜豆起源于中南美洲。菜豆在 16 世纪初传入欧洲，之后由西班牙人和葡萄牙人带到非洲。16 世纪末明朝后期，菜豆由印度传入我国。到目前，我国已有 400 余年的菜豆栽培史，菜豆成为我国传播最为广泛的豆类蔬菜之一。17 世纪中期，我国隐元禅师将菜豆传入日本。《本草纲目》中有关于“长荚扁豆”的记载。最早在清代康熙年间部分地方志中有菜豆引种栽培记录，南北方都有种植。《植物名实图考》中记录了云扁豆的生物学特性及植株形态，与现代菜豆栽培种完全一致。清代张宗法的《三农纪》中记载了四季豆的名称归类、形态特征、生理习性、栽培方法以及特点用途等。颐和园听鹂馆饭庄制作的芸豆卷，在 1997 年被中国烹饪协会认定为“中华名小吃”，是“老北京小吃十三绝”之一。光绪年间驻美代办周自齐和驻奥地利代办吴宗濂分别从所在国购进菜豆种子在北京试种成功，这之后洋豆角落户北京。清末《中外农学合编》中记载了矮生直立菜豆的生长习性，以及由国外引进我国的过程。20 世纪初，菜豆开始在我国大范围传播推广，但最初销路不畅，只提供给当时的西方人食用。后来，菜豆的传播应用逐渐扩大。

（二）蚕豆

蚕豆，又称胡豆、罗汉豆、兰花豆、佛豆等，是双子叶豆科野豌豆属一年生草本植物，是蔬菜、粮食、饲料、绿肥兼用作物。蚕豆营养丰富、味道鲜美，荚果粒含有多种人体必需氨基酸以及多种维生素、矿物质，尤以磷、钾含量较高，可以煮食、炒制、腌渍、做汤等，药用能够健脾利湿、和中止血等。

研究认为，蚕豆的起源中心在近东地区，世界各国均有分布。蚕豆栽培历史悠久，公元 8 世纪传入日本，19 世纪末被引入南加利福尼亚。我国最早在三国时期张揖的《广雅》中出现“胡豆”一词。有资料介绍，西汉时期我国引入蚕豆，最初称为胡豆。北宋宋祁的《益部方物略记》和苏颂的《图经本草》中都有明确的蚕豆记载，前者记载了“佛豆”种植较少不甚普遍，后者详细记录了蚕豆的形态特征。20 世纪 50 年代，浙江吴兴钱山漾新石器时代晚期遗址出土了蚕豆籽粒，说明 4 000 多年以前我国已有蚕豆栽培，或可得出我国也是蚕豆起源地之一，但也有学者质疑此说法。关于蚕豆一名的起源，《王祯农书》说因豆于养蚕时成熟，李时珍说因豆荚状如老蚕。宁波慈溪等地还称蚕豆为“倭豆”，据说是因为明朝时期戚继光抗倭时鼓舞士气说“杀敌以蚕豆计数，战后以蚕豆数论功行赏”，此后部下就叫蚕豆为“倭豆”。民间会把煮熟的蚕豆串好挂在孩子的脖子上，以示爱国以及杀敌光荣。名著《红楼梦》第七十一回中也有关于“捡佛豆”的记载，据说由老人将笸箩中的蚕豆捡到其他容器中，每捡一个就念一声佛，子女也会帮着捡，以表孝心，并将捡出的佛豆煮熟给众人食用，用以广结家中长辈寿缘。

（三）豇豆

豇豆，又称为长豆角、角豆、姜豆、挂豆、裙带豆等，是双子叶豆科豇豆属一年生缠绕草本植物。豇豆是菜粮兼用作物，未成熟的嫩荚果可作蔬菜鲜食，还可以速冻、脱水、晒干、腌制等，成熟的豆粒可做馅以及代粮等。豇豆营养丰富，含有蛋白质、各种维生素和矿物质，含有大量磷脂，可以促进胰岛素分泌，是糖尿病人的理想食品，是“蔬菜中的肉类”。豇豆药用可以理中益气、健胃补肾、消渴解毒、调身养颜等。豇豆含有毒蛋白和溶血素，需要烹饪熟透后方可食用，否则会导致腹泻、中毒。

多数学者认为豇豆原产于非洲东北部的埃塞俄比亚以及印度，之后从印度传入东亚以及远东，向西传入伊朗及阿拉伯地区，后从亚洲或埃及传入欧洲。相传公元前 3 世纪，豇豆通过马其顿国王东征传入希腊。罗马时代末期，豇豆成为南欧次要食用豆类。16 世纪，豇豆通过西班牙人买卖奴隶进入美洲西印度群岛。18 世纪初，美国南部有豇豆栽培，现主要分布于热带、亚热带和温带地区。豇豆在汉代沿丝绸之路传入我国，现在我国广泛栽培。豇豆最早见于三国时期张揖的《广雅》中。隋朝陆法言的《唐韵》中提道豇豆蔓生、白色。《图经本草》中记载有豇豆。明代以后有关豇豆的记录较多，可见当时豇豆已广泛栽培。《本草纲目》中记录了豇豆在三四月播种，有蔓生和矮生之分；豇豆能够理中益气、补肾健胃、和五脏、调营卫、生精髓；并称赞豇豆可菜可果可谷，是豆中上品。

（四）豌豆

豌豆，又称为青豆、寒豆、雪豆、荷兰豆、留豆等，是双子叶豆科豌豆属一年生攀缘草本植物，为菜粮兼用作物。豌豆是世界性第二大食用豆类，嫩豌豆荚、豆苗、豆粒皆可作为蔬菜食用，质嫩清香，炒食、做汤、凉拌、速冻等均可，药用能够抗菌消炎、益中气、调营卫、通乳汁、消肿解毒等。豌豆种子含有大量淀粉、油脂等，茎叶可作绿肥、饲料等。

学者普遍认为，豌豆原产于亚洲西部、欧洲南部、地中海沿岸地区和埃塞俄比亚、小亚细亚西部及外高加索，伊朗和土库曼斯坦是豌豆的次生起源中心。中世纪以前人们主要食用豌豆种子，19 世纪中期开始采食豌豆苗。豌豆于汉代沿丝绸之路从西亚、北非传入我国，16 世纪传入日本，之后传入美洲。三国时期张揖的《广雅》中也有豌豆的记载，说明豌豆在我国已有 2 000 多年的栽培历史。元代诗人耶律楚材曾赞豌豆媲美韭黄等蔬菜，作诗“匀和豌豆揉葱白，细剪蒌蒿点韭黄”。《食物本草》中有“其苗柔弱宛宛，故得豌名。种出胡戎，嫩时青色，老则班麻……今北土甚多”，描述了豌豆植株蔓生、卷曲等形态特征以及种子出处。《植物名实图考》中也有“豌豆二、三月种，诸豆之中，豌豆最为耐久……豌豆苗作蔬极美”等关于豌豆栽培、食用等方面的描述。奥地利著名生物学家孟德尔通过豌豆实验，发现了遗传学三大基本规律中的两个，即分离规律和自由组合规律，开启了现代遗传学的科学大门。荷兰人将豌豆带到我国台湾地区，豌豆在当地普遍种植并被称为“荷兰豆”。有趣的是，在荷兰豌豆又被称为“中国豆”。据《中国历代御膳大观》记载，豌豆糕在清朝初年传到北京以后改名为豌豆黄，成为燕京著名小吃。

七、葱蒜类

（一）大蒜

大蒜，又称为蒜头、胡蒜、独蒜、葫等，是单子叶百合科葱属多年生宿根草本植物的鳞茎，被称为“地里长的青霉素”“天然抗生素”。大蒜有浓烈的蒜辣刺激性气味，蒜头可以生食或调味、腌制用，烹调鱼、肉以及蔬菜时加入可去腥提味，也可以药用，能够杀菌消炎、温中健胃、消食理气、防癌抗癌、解毒杀虫等。茎盘中央抽生的蒜薹可以凉拌、炒食等。蒜苗可以炒食、做汤。大蒜营养丰富，含有硫胺素、核黄素、大蒜素、硒以及多种微量元素，能够降低血液里的胆固醇含量等。

大蒜的起源，至今尚未明确。瑞典植物学家林奈曾推断大蒜原产于意大利西西里岛。9 世纪传到日本，16 世纪传到非洲和南美，18 世纪传到北美洲。我国西汉汉武帝时期，张骞出使西域时带回大蒜种，东汉时期已普遍栽培，至今已有 2 100 余年栽培历史。因蒜出于“胡地”，故称“胡蒜”，简称“葫”。《尔雅·释草》中有“蒚，山蒜”的记载。《齐民要术》中有“崔寔曰：布谷鸣，收小蒜。六月、七月，可种小蒜。八月，可种大蒜”等文字记述，明确说明了蒜的栽培时间以及栽培技术等。《王祯农书》中记载了北方人在吃饼、肉等时要与蒜同食。《植物名实图考》中记录有“小蒜为蒜，大蒜为葫”。农业谚语中有“种蒜不出九，出九长独头”的说法。我国是全球最主要的大蒜生产国、消费国和出口国。

（二）韭菜

韭菜，又称为丰本、起阳草、懒人菜、草钟乳、扁菜等，是单子叶百合科葱属多年生宿根草本植物，因含有硫化物而具有强烈的特殊气味，有“春食则香，夏食则臭”的说法。韭菜的叶、花、薹以及遮光长成的韭黄均可作为蔬菜食用，味道鲜美，可以炒食、做馅、腌制等。韭菜种子可入药，可以消炎杀菌、补肾健胃、行气理血、润肠通便、止汗固涩等，中医上有人称其为“洗肠草”。韭菜含有丰富的维生素、纤维素、胡萝卜素、矿物质等，能够促进肠道蠕动、预防大肠癌，减少对胆固醇的吸收等。

韭菜原产于我国，至今有 3 000 年左右的历史，9 世纪传入日本，欧美少量栽培。《诗经·国风·豳风·七月》中有“四之日其蚤，献羔祭韭”的记载，说明春秋时期就开始用羔羊和韭菜祭祀，这是关于韭菜最早的文字记载。汉代戴德汇编的《夏小正》中有“囿有见韭”的记载，说明 2 000 多年以前菜园中就种植韭菜了。《汉书·传·循吏传》中有“太官园种冬生葱韭菜茹，覆以屋庑，昼夜然蕴火，待温气乃生”的记载，这里的“韭”，就是古人用类似温室（暖房）的设施培育的韭菜，说明汉代时期已有温室韭菜生产。杜甫在《赠卫八处士》中写道：“夜雨剪春韭，新炊间黄粱”，这里所说的春韭指韭黄。《王祯农书》中也记载了冬韭移栽到地窖里加温生长以及不见光生成韭黄的栽培方法。之后韭菜栽培技术逐渐完备并广泛传播开来。民间多用韭菜治疗阳痿，称其为“起阳草”，元代文学家许有壬赞誉韭菜“气校荤蔬媚，功于肉食多。浓香跨姜桂，馀味及瓜茄。”元代忽思慧在《饮膳正要》中记载了元仁宗因数年军营生活操劳过度而肾气亏虚以致阳痿，太医用羊肾韭菜粥为仁宗治病。《本草纲目》中记载：“多食则能昏神暗目，酒后尤忌。”清代《寿光县志》中提到寿光县“诸菜中唯韭为绝品”，“寒腊冰雪便已登盘，甘脆鲜碧，远压粱肉”。《植物名实图考》中有“北地冬时，培作韭黄味美，即汉时温养之类”的记载。

（三）葱

葱，又称为莱伯、和事草等，是单子叶百合科葱属多年生宿根草本植物，是人们生活中四季常食的、不可或缺的、食疗俱佳的保健香辛调味菜。葱以假茎和嫩叶作蔬菜食用，立春前后其所含营养物质最为丰富，含有蛋白质、多种维生素、胡萝卜素、矿物质等成分，可以炒食、生食、凉拌等。葱白、叶、花、须、种子均可入药，能够解热祛痰、抗菌消炎、通乳止血、减少血栓形成、促进消化吸收等。葱在我国蔬菜生产中占有极其重要的地位。

葱起源于半寒地带，原产于我国西部和相邻的中亚地区，经朝鲜传入日本，16 世纪末传到欧洲，19 世纪传到美国，但欧美国家较少栽培葱。葱在我国的栽培历史悠久，至今已有 2 000 多年历史。有关葱的记载最早见于《诗经・小雅・南有嘉鱼之什・采芑》，曰："有玱葱珩"。《山海经》中有"又北百一十里，曰边春之山，多葱、葵、韭、桃、李"的记载。《汉书・传・循吏传》中有"劝民务农桑，令口种一树榆，百本薤、五十本葱、一畦韭"的记载，可见当时已经把大葱种植当作农业推广任务。《齐民要术》中记述了"收葱子，必薄布阴干，勿令浥郁"，此处的葱是指用种子繁殖的大葱。《王祯农书》中详细地记录了大葱的栽培技术并沿用至今。《本草纲目》中记载了葱的药用价值以及功效等。据《章丘县志》记载，公元 1552 年明世宗御封章丘大葱为"葱中之王"。中国人也习惯炒菜前用葱花炝锅，爆出香味再炒或者炖其他蔬菜，有"葱为百菜先"的说法。现有"华夏葱以齐鲁为最，齐鲁葱以章丘为最，章丘葱以女郎山为最"的说法。

（四）洋葱

洋葱，又称为圆葱、葱头、球葱、玉葱等，是单子叶百合科葱属二年或多年生宿根草本植物，剥开外皮后有刺激辛辣味，是我国主要栽培蔬菜之一，在国外有"菜中皇后"的美誉。洋葱的肥大鳞茎可作为蔬菜食用，肉质柔嫩，汁辣味淡，可生食、炒制、做汤等。洋葱含有前列腺素 A，能够降低血黏度，有助于维护心血管健康，是适合中老年人的保健蔬菜。

多数学者认为洋葱原产于巴基斯坦、伊朗、阿富汗北部及苏联中亚地区，有 5 000 多年的栽培历史。中世纪时期，欧洲人就普遍食用洋葱。洋葱在 10 世纪传入希腊以及罗马，16 世纪传入北美，17 世纪传入日本，18 世纪传入我国澳门地区。西汉时期，丝绸之路开通后洋葱多次被引入我国，有确切记载的是在 13 世纪的宋元时期，当时称为"回回葱"，《饮膳正要》中的插图可以验证。20 世纪初，洋葱从日本传入我国台湾，但栽培效果不佳。人们曾在 5 000 多年前的埃及陵墓中发现同时期埋藏的洋葱。埃及最古老的建筑物墙壁上画有许多洋葱图案。古埃及军队将洋葱当作胜利的标志，士兵在胸口挂上洋葱作为护身符。并且，古埃及人视洋葱为圣物，认为其球形外表与一圈圈同心圆象征着永恒。16 世纪的印度开始用洋葱作为药材使用。英国文豪史蒂文森赞美洋葱是"根中的玫瑰"，但事实上洋葱不是根，而是鳞茎。荷兰将洋葱、马铃薯、胡萝卜所配成的菜定为国菜，每年 10 月 3 日都会食用，就像中国人端午节吃粽子一样。俄罗斯人也非常喜食洋葱，制成沙拉或佐餐牛排等。日本人用洋葱皮来制作茶，饮用此茶有助于清洁血液、养护血管等。

第三章　中国蔬菜丝绸之路的开端

"丝绸之路"这个名称，最早源于1877年德国著名地质地理学家李希霍芬的著作《中国——亲身旅行的成果和以之为根据的研究》，他将"从公元前114年至公元127年间，中国与中亚、中国与印度间以丝绸贸易为媒介的这条西域交通道路"命名为"丝绸之路"。这一名词很快被学术界和大众所接受，并正式运用，享誉世界。"丝绸之路"是古代中国经西域到欧洲地区的交通路线的统称，是古代连接东西方的一条著名的商道。现今，"丝绸之路"已被概括为沟通亚欧地区经济、政治、文化和技术的一条大动脉和代名词。广义上来说，丝绸之路分为陆上丝绸之路和海上丝绸之路，而陆上丝绸之路有3条，分别是绿洲丝绸之路、草原丝绸之路（所经地区是草原）和西南丝绸之路（经过我国西南地区到古缅甸和古印度等地区），而张骞开辟的丝绸之路是绿洲丝绸之路，可称之为狭义上的丝绸之路。

第一节　陆上蔬菜丝绸之路——张骞出使西域

一、时代背景

西域，通常是对阳关、玉门关（今甘肃敦煌西北）以西的地区的统称，然而这一概念还有狭义和广义之分，且不同历史时期西域所指地理范围也不尽相同。

汉朝的西域，狭义上是指天山南北、葱岭以东，也就是后来西域都护府所统领之地。按照《汉书·传·西域传上》的记载，应该是今新疆天山以南、塔里木盆地及周边地区。然而广义上的西域，除了上述的地方之外，还包括了中亚细亚、印度、伊朗高原、阿拉伯半岛、小亚细亚乃至更西的地区，也就是当时人们所知的整个西方世界。西域是从汉武帝时开始与中原交通的。在汉代以前，对于中原人来说，西域是一片陌生而又神秘的地方。陆上丝绸之路起源于西汉汉武帝时期，当时汉武帝派遣张骞出使西域，由此开辟了以首都长安（今西安）为起点，途经甘肃、新疆，向西直到中亚、西亚、欧洲乃至北非各国的一条陆上通道。具体来说，这条中西交通要道从长安以东或长安出发，到关中地区，过陇地高原，沿着河西走廊西行，经过武威、张掖、酒泉和敦煌后，分两道。一条自阳关出发，沿着昆仑山脉的北麓西行，经楼兰（后改名为鄯善，在今新疆若羌东北），过于阗（在今新疆和田）、莎车（在今新疆莎车）和蒲犁（在今新疆塔什库尔干），过葱岭，到大月氏，再南行，到身毒（古音译词，今印度）西行，到安息（今伊朗）和地中海东岸地区：这是南道。另一条是从玉门关出发，沿着天山山脉的南麓，向西行进，经车师前国（在今新疆吐鲁番），过焉耆（在今新疆焉耆）、龟兹（在今新疆库车）、姑墨（在今新疆温宿阿克苏一带）、疏勒（在今新疆喀什），过葱岭，到大宛，再向西北行，到康居（今巴尔喀什湖和咸湖之间）、奄蔡（今咸海至里海一带）；或向西南行，到大月氏和安息等：这是北道。

在张骞出使西域之前，少有记载中西方交流的历史文献，但有不少的考古资料提供了中外交流的证据。例如，考古人员在德国南部公元前500年的古墓群中发现了中国丝绸的残片；我国古代的《穆天子传》记载了周天子西游的历史。根据相关研究大致可以推断，在公元前10世纪（商周之际），中西方已经开始了文化的交流。

二、主要成就

张骞出使西域最主要的成就当数开辟了连通中西的陆上交通道路——丝绸之路。丝绸之路的形成，标志着古代中西方的商贸路线正式开通。这些商贸活动，不仅包括官方的经济交往，还包括私商的物品交换。丝绸之路上的商贸活动日趋频繁，不同国家、不同地域的商人成为丝绸之路上往来最频繁、人员最多的一群人，中原地区的人们与广大西域、中亚、西亚、南亚等地区的人们，也通过这条路自然而然建立起更加直接、多方面、多层次的经济联系。西汉时期精美的漆器、铁器、茶叶、丝绸等，随着大批的汉朝使臣和商人西行，被源源不断地输入西域、中亚、西亚、南亚等地，直接促进了当地的经济发展，也提高了当地人民的生活水平。西域、中亚、西亚、南亚等地的人们见到这些精美绝伦的物品之后十分喜欢，便也将当地的珍宝和特产等物品带到中原进行商贸活动。因此，这些地区的胡葱、大蒜、苜蓿、胡豆、胡瓜、胡麻、胡桃、胡萝卜、石榴、芫荽、葡萄、汗血马、鸵鸟和香料等，顺着丝绸之路进入我国，丰富了中原地区人们的物质生活，使东西方的物品往来等经济交流进入了一个崭新的阶段。

1. 外来植物的输入

随着陆上丝绸之路的开通，许多新的植物物种相继被传入我国。两汉时期，从西域传入我国的农作物有葡萄（蒲桃或蒲陶）、苜蓿、胡豆、胡瓜、胡椒、胡荽（芫荽、香菜）、胡麻、胡桃、胡萝卜、石榴、红蓝（又称红蓝花、红花）等，传入的动物有骆驼、大宛马。葡萄、苜蓿是大宛的特产，汉使从大宛引进葡萄和苜蓿种子后，在长安宫殿旁栽培。《史记·七十列传·大宛列传》记载："俗嗜酒，马嗜苜蓿。汉使取其实来，於是天子始种苜蓿、蒲陶肥饶地。及天马多，外国使来众，则离宫别观旁尽种蒲陶、苜蓿极望。"安石榴原产于西域，《齐民要术》："陆机曰：张骞为汉使外国十八年，得涂林。涂林，安石榴也。"张骞还从西域带回红花种子，其可以入药、做染料、制胭脂。经西域传到我国的香料植物有印度的胡椒和姜，阿拉伯的乳香，索马里的没药、芦荟、苏合香、安息香，北非的迷迭香，东非的紫檀。从中亚、东南亚传入我国的植物还有洋葱、茄子、洋白菜、茴香、金花菜、阳桃、胡榛子、酒杯藤、指甲花、芭蕉。非洲的豇豆、芝麻、核桃，欧洲的豌豆、大蒜和甜菜，也陆续传入我国。

同时，我国的物产也陆续被传到西域各国。除丝绸以外，我国的桑、茶、桃、李、杏等树种，以及养蚕技术和制茶技术，被传播到中亚、西亚和欧洲。

魏晋南北朝时期，中亚和东南亚的棉花、扁豆、苏合香、素馨花、茉莉花、甘蔗，非洲的乳香，南亚、东南亚的菩提、贝多树、苏方、紫檀、豆蔻、山姜花、薝卜、使君子，中亚、西亚地区的油橄榄、菠菜、刀豆、皂荚、扁桃、巴旦杏等被传入我国。与此同时，我国的大麦被传到朝鲜，大麦和中草药被传到日本。

隋唐时期，中亚及东南亚的胡椒、阿魏、波斯枣、胡黄连、橄榄、丝瓜、棘竹，西亚及北非的芦荟、西瓜，欧洲的莴苣、大蒜，中亚和西亚的木波罗、番栀子、无花果、素馨花、红口水仙、安息香、金钱花等，又陆续被传入我国。同时，我国的大量植物也被传播到域外。例如，我国的漆树、枇杷、茶树及制茶技术、牡丹、枣树、柿子、杜鹃花、芍药、菊花等被传入日本；茶树及制茶技术、梅花等被传入朝鲜半岛；牡丹被传入东南亚；桑树及养蚕技术等被传入非洲；桑树及养蚕技术、橘树、杏树、大黄、肉桂、人参等树种被传入欧洲。

葡萄，又作蒲桃或蒲陶，本是西域大宛国的特产，康居、大月氏等地也盛产葡萄。《汉书·传·西域传上》记载："宛王蝉封与汉约，岁献天马二匹。汉使采蒲陶、目宿种归。天子以天马多，又外国使来众，益种蒲陶、目宿离宫馆旁，极望焉。"长安上林苑中建有葡萄宫，汉哀帝时匈奴单于来朝，住在此宫内。与葡萄一起传来的还有葡萄酒，大宛人好酒，善以葡萄酿酒，"富人藏酒至万余石，久者至数十岁不败”。至三国时期，国人也开始自酿葡萄酒。

苜蓿，原产自西域，是当今世界分布最广的栽培牧草，同葡萄一道，是丝绸之路上最早来华的植物使者。《齐民要术》记载：“张骞使外国十八年，得苜蓿归。”唐代历史学家颜师古为《汉书·传·西域传上》作注，曰：“今北道诸州旧安定、北地之境，往往有苜蓿者，皆汉时所种也。”说明在唐代，北方地区已经普遍种植苜蓿。

胡荽，即芫荽、香菜。《齐民要术》记载：“《博物志》曰：张骞使西域，得大蒜、胡荽。”这本著作详尽地记有种植胡荽以及腌制芫荽的方法。说明至少在南北朝，胡荽已成为北方的一种广泛种植的蔬菜。

胡桃，即核桃，原产于伊朗和阿富汗，后通过丝绸之路传入我国。据《西京杂记》记载，胡桃出自西域。《博物志》记载：“张骞使西域还，乃得胡桃种。”

胡麻，又名亚麻、芝麻等，可入药，西汉时被传入我国。按《梦溪笔谈》说，胡麻即今油麻，汉使张骞自大宛得油麻种来，故名胡麻。但也有学者认为芝麻原产于我国云贵地区。

石榴，古称“安石榴”，原产地即古之西域“安国”“石国”。古波斯人称石榴树是“太阳的圣树”，认为它是多子丰裕的象征。西汉时被传入我国，先植于上林苑等地。《夜航船·植物部·草木》记载：“张骞使安石国十八年，得涂林种而归，即安石榴也。”《艺文类聚·卷八十六·果部上》记载：“晋潘尼安石榴赋曰：安石榴者，天下之奇树，九州之名果……滋味浸液，馨香流溢。”

胡椒，著名的香料作物，原产于印度、东南亚等地。大约不晚于晋朝，胡椒由西域传入我国。《博物志》中有胡椒酒及其制法的记载。《酉阳杂俎》记载：“胡椒，出摩伽陀国，呼为昧履支。其苗蔓生，极柔弱……六月采，今人作胡盘肉食皆用之。”在唐代，胡椒属于奢侈消费品，甚至还和金银珠玉一样成为某些人的保值储藏品。据《资治通鉴·唐纪·唐纪四十一》记载，元载任宰相多年，家财不可胜计，当他败落后，朝廷籍没家中财物，“胡椒至八百石，他物称是”。

胡蒜，即大蒜，原产于西亚。在埃及，大蒜曾被用作货币流通。大蒜是由张骞从西域经由丝绸之路带回我国的。而我国本土产有另一种蒜，即“小蒜”。在《本草纲目》中，列在前面的“蒜”其实是指小蒜，之后列出的“葫”，是来自西域的胡蒜。

胡瓜，原产于西域，故名胡瓜。十六国时期，后赵皇帝石勒忌讳“胡”字而改称其为黄瓜，另说是为隋炀帝避讳而改。

芦荟，非洲特产，隋唐时从波斯和阿拉伯传入。《诸蕃志》记载：“芦荟，出大食奴发国，草属也。其状如鱼尾，土人采而以玉器捣研之，熬而成膏。”

指甲花，原产于波斯，南朝梁时被传入我国。《北户录》记载："指甲花，细白色，绝芳香。今蕃人重之，但未详其名也。"

茉莉，原产于西域波斯，最晚于西晋时在我国落地生根。据《南方草木状》记载，耶悉茗花、茉莉花皆胡人自西国移植于南海，南人怜其芳香，竟植之。据《北户录》记载，耶悉茗花、白茉莉花（红者不香）皆波斯移植中夏。宋代有诗咏茉莉："西域名花最孤洁，东山芳友更清幽。"

西瓜，原产于非洲干旱地区，唐五代时从西域传入我国。据《农政全书》记载，西瓜种出西域，故名。《本草纲目》认为，西瓜自五代时始传入我国。

菠菜，原产于波斯，因而又称为"波斯草"，唐代时被传入我国。

无花果，原产于阿拉伯，约唐代时期被传入我国。《酉阳杂俎》记载："阿驿，波斯国呼为阿驲，拂林呼为底珍。树长丈四五，枝叶繁茂。叶有五出，似椑麻。无花而实，实赤色，类椑子，味似甘柹，一月一熟。"

偏桃，古称偏核桃、婆淡等，即巴达木。偏桃出自波斯国，唐代时被传入我国。《酉阳杂俎》记载："树长五六丈，围四五尺，叶似桃而阔大。三月开花，白色。花落结实，状如桃子而形偏，故谓之偏桃。其肉苦涩，不可啖。核中仁甘甜，西域诸国并珍之。"

胡萝卜，原产于北欧。元代时，波斯人来我国时将其带入云南地区，后迅速传遍全国各地。李时珍曰：元时始自胡地来，气味似萝卜，故名。

这些新的植物物种一经传入，很快被中原人所接受，成为人们日常生活的必需品。如葡萄既是鲜美的果品，又是酿酒材料；苜蓿不仅作为牲畜饲料，其嫩芽还可作蔬菜；胡桃、胡麻可食，也可榨油。上述很多物种还是很好的药材，如《神农本草经》记载：葡萄，味甘平，主筋骨湿痹，益气，倍力，强志，令人肥健，耐饥忍风寒；胡麻，味甘平，主伤中虚羸，补五内，益气力，长肌肉，填髓脑。总之，这些新的植物物种，很快适应我国的水土气候环境，成为我国农业植物宝库的新成员。它们不仅极大地丰富了我国各族人民的物质生活，而且对我国农业、工艺制造以及医药业等方面，都产生了重大的影响。美国东方学家劳费尔对古代中国积极引进和吸收外来新物种为本国农牧业所用这一做法非常钦佩，赞扬道："中国人的经济政策有远大眼光，采纳许多有用的外国植物以为己用，并把它们并入自己完整的农业系统中去，这是值得我们钦佩的。中国人是熟思，通达事理，心胸开豁的民族，向来乐于接受外人所能提供的好事物。在植物经济方面，他们是世界最前列的权威。"

2. 动物物种的输入

马是我国西北地区向中原地区输入最多的动物。我国古代西北边疆一些少数民族地区，气候高寒，出良马。中亚诸国，如康居、大宛等国所产的马也很有名，尤其是大宛的“汗血宝马”，深深吸引常为缺马而忧虑的中原皇帝。汉武帝为得宝马，不惜数次派兵征讨大宛，获取“善马数十匹，中马以下牝牡三千余匹”，经过长途跋涉，到达玉门关时仅余1 000多匹。汉武帝时，仅中央直接掌管的军马就有40多万匹。中亚地区的马匹随丝绸之路源源不断地传入我国，这些良马的大规模输入，对我国的养马业发展具有重大的意义。

骆驼也是西域、西亚地区最常见的驮畜，东汉时许多人从未见过这种动物，故有“以为马肿背”的说法。骆驼在秦汉之前即已传入我国，《逸周书·卷七·王会解》记载：“正北空同、大夏、莎车……请令以橐驼、白玉、野马……良弓为献。”丝绸之路正式开通之后，西域向中原地区献驼之事屡有记载。

狮子，原产于西亚和非洲，张骞出使西域后，狮子被传入我国，最早约在东汉章帝时期。《后汉书·本纪·肃宗孝章帝纪》记载：“西域长使班超击莎车，大破之。月氏国遣使献扶拔、师子。”此后，相关的记载逐渐多起来。据统计，从《后汉书》到《明史》，单是历代帝王本纪中，就有21次与贡狮有关的记载，最后一次是清康熙十七年（1678），葡萄牙使臣携带非洲狮子出使我国。狮子被传入我国后，不但被华夏民族接受、喜爱，被人们奉为辟邪瑞兽，人们还逐渐将其神化，赋予各种寓意。其形象被广泛用在祠堂、陵墓、宫室、寺庙、府邸建筑前及家具、碑刻、器物等的各种装饰图案中，成为中华民族特色的典型艺术形象。

鸵鸟，古称大鸟、大雀、大爵，原产于西亚和非洲沙漠地带，首先传来的是鸵鸟蛋。据《史记》记载，张骞返回中原后，安息国“发使随汉使来观汉广大，以大鸟卵及黎轩善眩人献于汉”。东汉时鸵鸟被传入我国。据《后汉书·本纪·孝和孝殇帝纪》记载，永元十三年，“冬十一月，安息国遣使献狮子及条枝大爵”。隋唐时期，史书又频频出现中亚等地入贡鸵鸟的记载，且正式以“鸵鸟”称之。

此外，随丝绸之路而来的还有大象、犀牛、孔雀等珍禽异兽。

3. 中国物种的输出

陆上丝绸之路的开通，不仅使我国积极接受和引进西方的动植物物种，而且我国很多特有的物种，也经过丝绸之路传播到西方。早在张骞出使西域之前，我国的植物便出现在西域。在大夏时，张骞见到四川的布和竹杖通过身毒（印度）输入大夏，由此断定在西南蜀地有路通身毒、西域。

桃，印度语称其为“至那尼”，意为“汉人传来”。据《大唐西域记》记载，印度的桃树是在贵霜王朝的法王迦腻色迦时从我国的河西走廊传入的。迦腻色迦在位时，河西走廊的一些地区曾送质子到北印度，这些质子种植桃树和梨树，由此这两种水果被传入印度。印度人至今仍称桃为“至那尼”，称梨为“至那罗阇弗旦罗”，意思是“中国王子”。后来，这两种植物被传至波斯、罗马等地。

大黄，也叫川军、将军、锦纹，为多年生草本植物，是重要的泻下药、清热药和止血药，并有消炎、健胃作用。大黄原产于我国四川、陕西、甘肃等地，能有效治疗因食用过多牛羊肉引起的热病，故而为西域游牧民族日常生活不可或缺的保健品。最迟在10世纪，波斯人已知道中国大黄，因为大黄开始发展成为中国输往西亚的一种商品。在古代，波斯是中国大黄外传的重要中转站，波斯通过丝绸之路将大黄运往西亚和欧洲。加西亚达奥塔曾说：“所有从忽鲁谟斯输往印度的大黄都是先从中国经鞑靼地区的乌兹别克省运到忽鲁谟斯的。”

茶，产自我国中部、东南部和西南部。茶叶含咖啡因、茶碱、鞣酸、挥发油等，有兴奋大脑和心脏的作用，并可供药用。南北朝时期，中国和土耳其商人在蒙古边界以物易茶，开创茶叶对外贸易的先河。唐朝时期，中原与西北频繁互市，茶马互市形成，我国茶叶继续向西传播。吐蕃和回鹘较早形成对茶的依赖，成为恃茶民族。《封氏闻见记》记载：“始自中地，流于塞外。往年回鹘入朝，大驱名马，市茶而归，亦足怪焉。”可见此时茶市已有一定的规模。自唐代以后，西北及西域少数民族的饮茶习俗日渐盛行。有学者认为，随着饮茶风俗在丝绸之路上的形成，茶马互市在丝绸之路上出现，丝绸之路上主要传播商品由丝绸转为茶，丝绸之路开始向茶马古道转型。自明代起，我国的茶树栽培技艺开始西传欧洲。

中原王朝在古代相当长时间内，为保持丝绸制造业在中外贸易中的优势地位，严格禁止桑蚕种和桑蚕技术的外传。由于信息的隔绝，很多西方人都不相信精美的丝绸是由一种动物“吐出来”的。直到十六国时期，桑蚕技术才向西传开。桑蚕技术被传入中亚后，天山南北的很多国家和地区都能制造出丝锦。古罗马时期，我国的丝绸成为西方帝国权贵追逐的奢侈品。古代中国对桑蚕种和桑蚕技术严格控制，西方历史学家认为，波斯人通过将桑蚕种藏在竹杖之中，才得以将其偷运到拜占庭。这说明，在公元6世纪左右，我国的桑蚕技术才传至欧洲东部。

此外，还有许多其他植物通过丝绸之路被传入西方，如方竹、桦树、蜀葵、生姜、黄连、肉桂、白术、土茯苓等。

4. 科技、文化、思想方面的交流

丝绸之路上时时刻刻都有大量的人员往来，这些人会有意无意地进行科技、文化和思想的传播。伴随着频繁的交流，人们的生产能力及生活水平有了相应的提高，东方文化与西域文化、中亚文化、西亚文化、南亚文化，甚至希腊、罗马

的古典文化等，都在这条丝绸之路上得到广泛的传播，并且进行汇聚、共存、融合。在这个过程中，西汉王朝先进的科学技术、农耕文明、文化艺术等，传入西域、西亚、中亚、南亚等地，而西域、西亚、中亚、南亚等地的音乐、舞蹈、杂技、宗教等，也开始向中原输入。例如，我国东部地区先进的开凿井渠的技术，被传入大宛国并被广泛掌握和使用。除此之外，桑蚕技术和冶金术的西传，也为促进人类文明的发展做出了巨大贡献。

通过丝绸之路进行的古代中西方科技、文化、思想交流和交融，自然而然地促进了东西方科学技术、文化艺术和思想观念的共同发展、共同进步、共同繁荣，丝绸之路由此成为人类文明的亚欧运河和中西交往交流的大动脉。

三、对我国蔬菜生产的影响

各种作物良种经由陆上丝绸之路源源不断地被引入，不仅大大地丰富了我国的物种资源，而且还促进了中原地区的种植业、园艺业的发展以及居民食物结构的调整，促进了我国传统农业的发展。汉唐时期，特别是张骞出使西域以后，我国园圃业发展进入一个重要阶段，园艺作物与大田谷物的种植分工更为明确，园圃业逐渐成为农业出产的一个重要部类，而且出现了规模化经营和园艺技术精细化的发展趋向。这一特征的出现，无疑是与大量引入西域果蔬优良品种相关的。域外农作物经由陆上丝绸之路进入中原后，经过不断地传播和发展，逐渐加入中原地区主要食品的行列，成为丰富饮食生活的重要源泉。

第二节 海上蔬菜丝绸之路——郑和下西洋

一、历史背景

朱元璋建立明朝之初，为巩固其政权而实行海禁，“片板不许下海”，洪武年间（1368—1398）几乎断绝了外交关系。明成祖登帝位之后，便派遣郑和出使西洋，因为当时我国具有领先开辟世界大航海时代的实力和条件。明成祖时代，中华文明还处于世界领先地位，这是成就郑和下西洋创举的基本条件。

二、郑和七次下西洋的过程

所谓西洋，是指古代海上丝绸之路的西段。元明时代，凡南海以西（约东经

110°以西)，即马来半岛以西的海洋及沿海各地（远至印度及非洲东部），一概称为西洋。明永乐至宣德时，郑和七次率领船队远航南海，通常称为下西洋。

建文元年（1399），燕王朱棣于北平起兵，宣称“靖难”矛头直指黄子澄、齐泰，经过四年的战争，夺得帝位。朱棣一上台，便采取种种措施为遣使西洋做准备，于永乐三年（1405）派出以郑和为首的使团出使西洋，正式对各国进行友好访问和贸易往来。

郑和七下西洋，遍访亚非 30 多个国家，促进了与到访国的友好往来和经济、文化交流。

1. 前期

1405—1411 年，永乐三年至九年，郑和共 3 次下西洋。郑和在 1405 年第一次受命出使西洋，从苏州刘家港出发，出长江口泛海至福建，在虎门等候季风，南下的第一站是占城（越南南部）。因当时船舶多须顺风行驶，故郑和历次出航多在冬春季，回航主要在夏秋季。

第一次（1405 年至 1407 年 10 月），经占城—暹罗（泰国）—旧港（印度尼西亚苏门答腊的巨港）—满刺加（马六甲）—爪哇（今属印度尼西亚）—锡兰（斯里兰卡）—古里（印度卡里库特），返航回国。此次出航经历之地远达印度西海岸。

第二次（1407 年冬至 1409 年夏末），经占城—暹罗—渤泥（加里曼丹岛文莱一带）—爪哇—满刺加—锡兰—加异勒（印度南端）—柯枝（印度科钦）—古里，返航回国。

第三次（1409 年至 1411 年 7 月），经占城—暹罗—爪哇—满刺加—阿鲁（印度尼西亚东部岛群）—苏门答腊—锡兰—小葛兰（印度奎隆）—柯枝—阿拨把丹（印度艾哈迈达巴德）—甘巴里（印度西南部哥印拜陀一带）—溜山（马尔代夫）—古里，返航回国。此次出航船队较小，主要目的是巩固已建交的、与南洋诸国的友好关系。

2. 后期

第四次（1413 年至 1415 年 8 月），经占城—爪哇—满刺加—苏门答腊—锡兰—柯枝—阿丹（亚丁湾一带）—彭亨（马来西亚东部）—急兰丹（马来西亚东岸）—刺撒（索马里西北部泽拉一带）—木骨都束（索马里摩加迪沙一带）—麻林（非洲东岸肯尼亚的马林迪一带）—天方（阿拉伯麦加）—忽鲁谟斯（伊朗东南部）。郑和此次出航的目标是印度洋以东更远一些的国家，此次远航为海上丝绸之路开辟了新纪元。

第五次（1417 年至 1419 年 8 月），经占城—爪哇—满刺加—锡兰—柯枝—古里—阿丹—彭亨—剌撒—木骨都束—麻林—卜剌哇（索马里巴拉韦一带）—忽鲁谟斯—苏禄（菲律宾苏禄群岛）—沙里湾泥（也门东南部舍尔伟恩角一带）。明朝赠予和交换的礼物大多为丝绸、瓷器、珠宝等，换回来的是琥珀、珍珠、珊瑚、玛瑙、药材等。

第六次（1421 年至 1422 年 9 月），经占城—暹罗—满剌加—榜葛剌（孟加拉国和印度西孟加拉邦一带）—锡兰—溜山—古里—阿丹—祖法儿（阿曼佐法尔地区）—剌撒—阿丹—柯枝—木骨都束—卜剌哇。此次郑和出使西洋远至非洲东岸，随郑和返回的贡使多达千余人。

3. 末期

1431 年至 1433 年 8 月（宣德六年至八年）。明成祖逝世后，下西洋事业曾停滞。宣宗继位后，派遣郑和再次下西洋，此次远航距离第六次返航相距 9 年，郑和已是 60 岁的老人。1433 年，郑和病逝于古里，远航船队到达天方（今麦加），得到珍奇异物和天堂图真本。

三、主要成就

郑和七次下西洋，对明代社会影响深远。第一，刺激了国内外市场的需求，促进了私人海外贸易的兴起。第二，解决了东南亚、南亚之间的冲突，在建立亚非国家间的和平上获得了很大的成功。随着各国矛盾的逐步缓和，“海道由是而清宁，番人赖之以安业”。郑和的到来给各国的人民带来了福音，因而郑和使团受到了当地人民的热烈欢迎。第三，郑和下西洋疏通了我国与亚非各国间的贸易，更把我国与亚非国家的贸易推到一个新的高度。第四，促进了海内外文化的交流。郑和发现了到访国文化落后的现象，而当地人民通过与郑和使团的交往，发现了中华文明。这种相互发现、相互对比，最终使得各国都来学习中国文化。

1. 向西方传递了我国先进的农业知识

15 世纪初期，明太祖朱元璋（1368—1398）实行“休养生息”政策，注重开垦、鼓励农桑、兴修水利、实行军屯、减轻赋役，严禁官吏贪污，政治比较清明。农业生产得到较大的发展，当时耕地面积达 7 亿多亩（1 亩合 666.7 m^2），人口逾五六千万，国家富强，疆域辽阔，领土跨热带、亚热带与温带，是我国封建社会的昌盛时期。明朝时期的中国成为当时世界上一流的大国和强国。《明史·志·卷五十三》记载：“洪、永、熙、宣之际，百姓充实，府藏衍溢。盖是时，劭农务垦辟，土无莱芜，人敦本业，又开屯田、中盐以给边军，军饷不仰藉於县官。故上下交足，军民胥裕。”《明史·志·卷五十四》记载：“计是时，宇内富庶，赋入盈羡，米粟自输京师数百万石外，府县仓廪蓄积甚丰，至红腐不可食。”

明朝初期，我国因时、因地、因物制宜，开展多种经营。实行精耕细作，利用传统的轮作、间作、套种、混种、深耕、采用良种、密植、中耕除草、灌溉、防治病虫害、及时收获等栽培管理技术，利用多种农业工具，兴修农田水利，扩展农业动植物种类，进行农产品的贮藏加工等。

明朝初期，我国南方以种植水稻为主，北方以种植小麦为主，农业发达，产品十分丰富。粮食类有黍、稷、粟、高粱、大麦、薏苡、荞麦等，豆类有大豆、蚕豆、豌豆、绿豆、赤豆、豇豆、刀豆、扁豆等。油料类有大麻、苎麻、黄麻、芝麻、油菜等。此外，还有甘蔗、棉、桑、茶、漆、棕、油桐等。蔬菜类有白菜、萝卜、芹、菠菜、茄、冬瓜、黄瓜、生姜、蒜、韭等。水果类有桃、李、苹果、樱桃、山楂、石榴、橘、葡萄、荔枝、西瓜、甜瓜等。种类众多，种植广泛。畜禽类有牛、马、驴、骡、猪、羊、骆驼、鸡、鸭、鹅、鸽等，蚕、蜂、鱼的饲养也较多。郑和船队所访问的亚非各国，有大小、强弱、富贫之别，社会经济发展所处阶段也有所不同。与我国明初的农业发展程度和实力相比较，这些国家存在着不同程度的差异。我国明初的农业发展水平，居于当时世界的最前列。郑和下西洋，向西方传递了我国先进的农业知识。

2. 开辟了海上丝绸之路，加强了我国的国际交流

从永乐三年（1405）到宣德八年（1433），郑和奉皇命七次共率领由 27 000 余人和一二百艘海舟组成的庞大船队，访问了东南亚、南亚、西亚和东非的 30 多个国家和地区。船队有宝船、战船、马船、粮船等类型，载有大量的人员、物资，包括马匹、粮草、饲养的畜禽、栽种的蔬菜、农具等。每次出航访问各国，历时二三年。船员们目睹了各国的农业生产状况，在各地补充食物和淡水的过程中，也不可避免地接触当地的农产品。郑和率领的船队十分重视调查研究工作。马欢的《瀛涯胜览》、费信的《星槎胜览集》、巩珍的《西洋番国志》等，均记载有各国的气候、农业生产状况、农业动植物的种类和特色。

通过船队人员的口传和文字记载，我国人民对这些国家的农业状况有了更多的认识和了解。同时，海外各国纷纷派员来华访问、学习。据《明实录》记载，永乐时期的 22 年中约来使 318 次，洪熙时期的 1 年中约来使 10 次，宣德时期的 10 年中约来使 79 次，共计 60 余国。来访次数频繁，有的层次很高，人数甚多。例如：永乐六年，渤泥国国王麻那惹加那率 150 余人；永乐九年，满刺加国国王拜里迷苏刺率 540 余人；永乐十五年，苏禄群岛上的三位国王率 340 余人；永乐十九年，西洋古里等 16 国、遣 1 200 人贡物至京等。各国使者来华，在我国各地均受到隆重款待。在华居留期间，他们看到了我国南北繁荣发达的农业景象，品尝了我国丰富的农产品及其加工制品。他们通过购买所需要的农副产品，从而对

我国农业生产情况有更多的认识和了解。

3. 开辟海上丝绸之路对我国农业的影响

在郑和下西洋的影响下，中外农业在相互交流中发展，进出口农产品种类和数量增加，这样的变化必然影响国内经济的发展。我国的丝、棉、麻纺织品，柑橘、龙眼、荔枝等鲜或干果品，茶叶、白糖、樟脑、麝香等，在国际市场上畅销，反过来又促进了国内相关产业的发展。清代俞樾的《春在堂随笔》对各国物产和进贡物品的记述十分详细，为其他书籍所不及。

郑和下西洋时期引入的胡椒、椰子、槟榔、香蕉、交趾蔗、绿葡萄、木棉、阳桃、波罗蜜等，后来陆续成为我国岭南的栽培植物。矮鸡、大尾羊、骆驼、阿拉伯马等，也发展成为我国某些地区的饲养动物。明代中期之后，外域的粮食作物玉米、番薯、马铃薯，油料作物花生，经济作物棉花、烟草，蔬菜作物南瓜、胡萝卜、洋葱等，陆续传入，相继发展成为我国重要的栽培植物。特别是玉米、番薯、马铃薯和花生，它们适应性强，对土壤要求不高，较耐贫瘠，容易种植、高产。这些作物对推动我国山地和土地贫瘠地区土地的利用，改变我国种植业的结构，满足人民生活对粮食和油料的需要，促进我国农业的发展，有重要的作用。引入的作物受到我国各地人民的青睐，发展迅速。近代，我国玉米的种植面积已仅次于水稻、小麦，位居第三，成为杂粮之首。番薯、马铃薯的种植已遍及多数省区，成为我国主要的薯类作物。花生已成为我国仅次于大豆和油菜的重要油料作物。

郑和下西洋进一步推动了明代中外人员在思想认识、科学技术、文化艺术等方面的交流往来，对亚非地区的经济发展、社会进步及人民生活的改善起到促进作用，影响深远。

第四章 中国现代蔬菜生产的发展

第一节 徘徊发展阶段（1949—1978年）

新中国成立以来，随着我国经济体制改革的推进和生产力的发展，蔬菜生产发生变化。至20世纪70年代后期，蔬菜生产从新中国成立初期的由市场调节逐步变成按计划管理，多数城市大部分时间处于供不应求的短缺状态。蔬菜品种较单一，如在冬季北方主要消费大白菜、南方主要消费青菜。蔬菜的品质一般不佳。蔬菜生产基地主要分布在大、中、小城市的郊区，农民只有少量的自留地和季节性菜地，当时的蔬菜生产形式基本上属于半封闭状态的自给自足式。

一、蔬菜产销体制发展

新中国成立初期，我国蔬菜供应问题十分严重，大、中城市每人日均消费仅150～200 g。如何提高蔬菜产量，满足城乡居民的消费需求，缓解供需矛盾，是当时亟须解决的问题。受当时所处历史时期和经济体制的限制，政府根据经济形势发展和市场需求，在不同时期制定相应的蔬菜产销政策和体制，逐渐了解和认识我国蔬菜产销的特点及规律，使蔬菜产销体制不断完善。

1949—1957年是我国蔬菜的自由购销时期，蔬菜产品由菜农或合作社在交易市场出售，价格由买卖双方决定，这是一种短距离、基本封闭、单向的自由交易。1953年中共中央批转了中央农村工作部《关于大城市蔬菜生产和供应情况及意见的报告》，提出了“大城市郊区的农业生产，应以生产蔬菜为中心”的方针，开始加强对蔬菜生产的管理。1955年11月，商业部、农业部、全国供销合作总社召开第一次全国大中城市、工矿区蔬菜工作会议，会议报告指出国家关于大中城市、工矿区蔬菜生产和供应采取“发展生产，保证供应，稳定价格”和

"以当地生产为主，外来调剂为辅"的方针。

1958—1980年是我国蔬菜的统购包销时期。1958年12月，政府在进一步加强蔬菜生产和供应工作的指示中明确规定了"就地生产，就地供应，划片包干，保证自给，必要时支援外地"的方针，实行了"计划种植，计划上市"的原则和"统一收购"的制度。统购包销的蔬菜产销体制的主要特点是：生产上国家对郊区社队实行指令性的计划，社队依据下达的计划安排种植面积、作物茬口和上市时期；取消了农户、合作社自由推销蔬菜的权利，由国营商业统一购销；价格上执行物价部门事先制定的固定价。这在当时的社会经济条件下，有利于政府统筹安排和稳定价格，对促进蔬菜生产发展和保障供应发挥了良好的作用。例如，1957—1962年，北京每人日均消费蔬菜量增加了75%。但是作为一种长期制度，它无法应对复杂多变的蔬菜生产与消费需求形势。统购包销期间出现品种较少、品质不高、经营环节多、种菜收入低、群众买菜难等问题，并且生产、流通、消费三者之间的矛盾日益激化，不利于调动菜农和商业经营的主动性、积极性。至1978年，党的十一届三中全会在全国实行经济体制改革，在广大农村逐步实行家庭联产承包责任制，有计划地进行蔬菜自产自销和农商联营等多种方式的探索。此后，我国蔬菜产销体制改革逐步拉开序幕。

二、育种技术发展

我国是一个农业大国，环境条件复杂，是许多作物的起源中心之一。为避免资源丢失，20世纪50年代，我国就开始组织全国性的大田作物品种资源征集活动，并且开始组织蔬菜品种资源的调查整理、研究和利用工作。1978年8月，我国成立了中国农业科学院作物品种资源研究所，以保护、研究、利用种质资源。

新中国成立后，我国越来越注重育种工作，1958年提出"自选、自繁、自留、自用，辅之以调剂"的"四自一辅"种子方针，在一定历史条件下，推动了良种的繁育和推广。农业科技工作者从评选地方良种、引种和系统试种开始，逐步向杂交育种过渡。到20世纪70年代，杂交育种已成为主要的育种途径。据初步统计，生产上应用的地方品种和引进品种，由20世纪50年代的33%降至70年代的5%，系统选育的品种由41%降为28%，而杂交育种则由26%上升到61%。但是20世纪70年代以前的杂交育种主要集中在水稻、小麦、玉米等粮食作物中，70年代初我国才开始开展蔬菜杂种优势育种的研究。20世纪70年代末，由于蔬菜病害严重，全国开展了主要蔬菜抗病育种工作，为以后蔬菜抗病育种的发展奠定了基础。

三、栽培技术发展

新中国成立以后，国民经济逐渐恢复，大众对蔬菜市场的需求不断增加，促进了蔬菜栽培技术的发展和提高。20 世纪 50 年代，我国开始大力推广平整土地、排灌渠系配套、合理施用化肥和农药、冷床育苗、简易覆盖、引进先进优良品种等多项基本栽培技术，使蔬菜栽培更加规范，显著提高了蔬菜产量，为以后蔬菜栽培技术的发展和现代化生产打下了基础。20 世纪 60 年代，我国开始推广设施栽培模式，主要包括改良式玻璃温室、玻璃窗覆盖、简易覆盖等。随着化学工业发展和农用塑料薄膜的生产，设施栽培发生很大变化。例如，初期蔬菜地膜覆盖栽培的覆盖物主要是稻草、秸秆、马粪等，由于材料有限，很难推广，直到 1978 年考察团从日本引进全套地膜覆盖栽培技术，并进行相关试验研究，取得很好成果后才进行大面积推广。20 世纪 60 年代末，我国少数地区开始使用塑料大棚生产蔬菜。20 世纪 70 年代中期在全国推广，逐渐分化出大、中、小棚，并研究总结了一套栽培管理和病虫害防治技术。设施栽培扩大了栽培的蔬菜种类，并可在一定条件下打破季节的限制，填补蔬菜淡季的空缺，经过几十年的发展，塑料拱棚已成为我国设施栽培的最主要的形式。20 世纪 70 年代，一些单位或地区开始引进蔬菜现代化温室设备，先后引进了大型连栋自动化钢架玻璃温室、硬质膜或硬纸板屋面温室等。虽然这些大型温室透光性好，生长环境易调节和控制，土地利用率高，但由于我国能源价格和蔬菜产品价格剪刀差过大，以及适应大型温室的蔬菜栽培技术不成熟、一次性投资过大等问题，其在我国更多的是展示，发展和推广受到限制。

计划经济时期，根据政府对科技人员要面向生产、面向基层的要求，以及总结农民经验为蔬菜生产服务的精神，各地方对当地蔬菜相关栽培技术、育种技术、病虫害综合防治技术以及蔬菜贮藏技术等进行调查总结，然后通过各地科研、教学单位的系统整理，结合蔬菜专业理论知识，编写出版大量的蔬菜栽培技术相关书籍，以普及推广当时先进的蔬菜栽培生产技术，如《北京市郊区温室蔬菜栽培技术》《北京市郊区露地蔬菜栽培技术》《北京市郊区蔬菜贮藏》等。

四、蔬菜生产基地发展

新中国成立初期，农产品生产以粮食生产为主。蔬菜基地主要分布在大中城市郊区，其他地方只有少量的季节性菜地或用自留地当作自食菜地。蔬菜生产基本上采用半封闭状态的自给自足形式，蔬菜种植规模偏小、品种偏少、产量偏低。随着国民经济的逐渐恢复，市民对蔬菜的需求越来越大，建设足够面积的稳产、高产的商品蔬菜生产基地以保证蔬菜供应越来越重要。1957 年，农业部和城市服务部向各省农业厅（局）、服务厅（局）发出《关于在城市、工矿区建立副食品生产基地的联合通知》，要求各农业和服务部门按照当地的土壤、气候、栽培技术、水源条件、消费水平来确定菜田面积，并采取相应的措施，积极促进商品菜基地建设。如长江以南按人均 15～20 m^2、长江以北的中部地区按人均 25～35 m^2、东北及其他高纬度地区按人均 40～60 m^2的标准建立常年菜地。20 世纪 50 年代末至 60 年代初，各大中城市把化肥、农药、排灌机械、架材等生产资料列入地方计划，积极组织供应，并向菜农提供粮、油、煤等生活资料，使商品菜基地不断发展和巩固。20 世纪 70 年代后，商品菜基地建设标准逐步提高，一般都能保证基地土地平整、能灌能排、运输方便、肥源充足。为了制止菜田被非法占用，许多大中城市和部分地区人民政府相继采取了保护蔬菜生产基地的有效措施。

五、蔬菜生产区域分布

我国幅员广阔，气候复杂多样，从南到北横跨热带、亚热带、温带、寒温带气候区。各气候区的气候差异很大，使各地区间蔬菜种类的自然分布差异很大。例如，耐寒蔬菜主要分布在寒温带，耐热蔬菜主要分布在热带或亚热带，并且蔬菜种类繁多，生长季节不同。但大众对蔬菜的需求是多样化的，使得蔬菜的生产多样化。新中国成立初期，我国蔬菜栽培以传统露地栽培为主，受地理环境和气候的约束较大。根据各地的地理特征、农业环境条件、栽培特点、行政区划等，可将我国的蔬菜生产区划为华南区、长江中下游区、华北区、东北区、西北区、西南区、青藏区和蒙新区 8 个大区。

1. 华南区

华南区主要包括广东、广西、海南等省（自治区），以及福建、台湾的南部，为多主作区。本区域雨量充沛，气温高，除部分山区外，大部分地区冬季基本无霜雪。该区域的蔬菜生长季节长，一年中可以种植多茬，可周年露地栽培。番茄、茄子和辣椒都是喜欢温暖气候的蔬菜，在 25～30℃下生长得较好，但不能抵抗 0℃以下的低温，很适合在广东、广西、福建等地种植，产量高而且栽培容易，基本常年都可以生长，但若夏季温度过高，反而不适合种植。生长期短的叶菜比如茼蒿、菜薹、苋菜、莴苣等，若安排适当，一年内可栽 8～12 茬。丝瓜、南瓜、冬瓜、苦瓜等瓜类能抵抗炎热和潮湿的气候，不仅能在夏季栽培，也可在春、秋两季栽培，冬季也可栽培西瓜及甜瓜。水生蔬菜如藕、慈姑、荸荠等是华南地区的主要种类之一，若与豆瓣菜、蕹菜等适当搭配，一年可种植 3 茬左右。

2. 长江中下游区

长江中下游区主要包括湖北、湖南、江西、浙江等省，以及上海市、安徽省南部、江苏省南部、福建省北部等地区，为三主作区。该区主要为平原和丘陵山地，主要气候为北亚热带气候，夏季温度高，冬季有霜雪，年降水量最高可达1 500 mm，有利于喜温蔬菜的生长，一年中可以在露地栽培3茬主要蔬菜。耐寒的豆类蔬菜（如豌豆、蚕豆等）和白菜类（如不结球白菜、紫菜薹等）可以露地越冬栽培。不耐寒的叶菜、根菜，无法露地越冬栽培，适合春、夏、秋三大茬栽培。番茄、黄瓜、菜豆及马铃薯等一年可栽培2次，即春茬和秋茬。胡萝卜、花椰菜、青花菜、芥菜等适合秋季栽培。本区域雨量充沛，湖泊多，适合水生蔬菜的栽培。该区水生蔬菜种类多、产量高、品质优，如嘉兴、杭州的菱，无锡、苏州的藕和茭白，南京的茭儿菜等。

3. 华北区

华北区主要包括北京、天津、河北、山东、河南等省（直辖市），以及辽宁省南部、江苏和安徽的北部半干旱地区等，为双主作区。本区主要为丘陵山区和冲积平原，但沿海的部分地区多为盐碱地，主要气候为暖温带气候，雨水较少，全年无霜期在150～220 d。除了河北坝上张家口地区，因气候寒冷、生长期短，每年只能种植一茬外，大部分地区全年可以种植两季蔬菜，即春夏季和秋冬季。春夏季主要种植洋葱、莴笋、甘蓝、花椰菜、番茄、茄子、辣椒、黄瓜、菜豆、豇豆、马铃薯、韭菜等，秋冬季主要种植大白菜、萝卜、胡萝卜、秋甘蓝、芥菜等。但若采取套作或晚秋种植一茬越冬菠菜或芫荽，则两年可种植5茬。本区冬季寒冷，春季气温偏低，不利于冬春季节露地栽培，但是光照条件较好，适合发展保护地栽培。

4. 东北区

东北区主要包括黑龙江、吉林、辽宁等省，为单主作区。本区主要为平原、漫岗和丘陵，主要气候为寒温带气候，冬季寒冷，全年无霜期只有90～165 d，但是土壤肥沃，富含有机质。因夏季短且无炎热天气，尤其适合马铃薯栽培。大白菜、萝卜、胡萝卜及瓜类、豆类等主要蔬菜，露地一年只能种植一季。菠菜、芫荽等生长期短的叶菜，露地一年可以栽培两季。本区的大部分地区有将近7个月不能在露地种植蔬菜，故冬春季缺菜较为严重，在计划经济时期，人们主要靠冬储大白菜、甘蓝、萝卜、马铃薯以及酸渍白菜等度过蔬菜淡季。20世纪70年代和80年代，吉林长春和辽宁鞍山首先将塑料大棚和节能日光温室成功地应用于蔬菜生产，此后这两种设施在东北乃至全国得到推广，对丰富当地冬春季蔬菜市场起到了一定作用。

5. 西北区

西北区主要包括山西省、陕西省秦岭以北、甘肃省中部、宁夏回族自治区南部、青海省的局部地区等，以双主作区为主。本区主要为黄土高原，为大陆性气候，空气干燥，雨量极少。除西安和汉中外，其他地区的年日照时数一般为2 200～3 000 h。关中、陕南、陇中、陇南、银川等地的栽培制度与华北双主作区的相似，适合番茄、茄子、辣椒等喜温蔬菜以及莲藕、荸荠、慈姑等水生蔬菜的生长。陇中、陇南因日照充足、空气较干燥、昼夜温差大，适合有机物积累，故对瓜果类和鳞茎类蔬菜生长十分有利。该区生长季较短，冬季较长，加之部分地区为单主作区，因此冬春季蔬菜供应较紧张。但夏季气温较低，自然气候环境适合鳞茎类和瓜果类蔬菜延秋栽培，所以夏秋蔬菜供应比较丰富。

6. 西南区

西南区主要包括四川、云南、贵州、重庆以及陕西省秦岭以南和甘肃省陇南市，主要为三主作区。该区主要气候为亚热带气候，地形复杂，高原、盆地、丘陵、平原等纵横交错，但以山地为主，其次为丘陵，因此降水量大、云雾多、日照少、土壤贫瘠。滇东一带属亚热带夏雨气候，冬暖夏凉，四季如春，蔬菜播种期没有严格限制，可在2—7月播种喜温蔬菜，可四季栽培喜冷凉蔬菜，蔬菜供应无明显的淡旺季。四川和贵州高原为亚热带湿润温和气候，可在春、秋两季栽培喜温蔬菜，喜冷凉蔬菜适宜秋季种植，耐寒蔬菜可在露地越冬生长。因此，一年内可在露地种植3茬主要蔬菜，但春季4—5月及秋季9—10月的蔬菜供应时有紧张。

7. 青藏区

青藏区主要包括青海、西藏、四川阿坝甘南自治州以及新疆阿尔泰山南部高原，为单主作区。本区属于典型的高原大陆性气候，空气干燥，四季多风，气候变化激烈，气候高寒，无霜期较短。青藏高原因海拔较高，生长季节短，空气稀薄，绝大部分地区不适合种植农作物。青海省西宁地区的主要蔬菜有白菜、甘蓝、大蒜、大葱、萝卜、胡萝卜、马铃薯等，喜温蔬菜如番茄、茄子、辣椒、黄瓜等须在保护地育苗后，才可定植在露地，一年一茬。西藏拉萨在最热的7月夜间气温仅有5～6℃，因此只能在5—6月栽培一茬较耐寒的露地蔬菜，主要种植马铃薯、芜菁、萝卜、大葱、散叶白菜等少数几种蔬菜。至20世纪50年代，拉萨建立农业试验场，使当地的蔬菜研究和生产取得了巨大的进步。但青藏高原特殊的气候条件特别有利于蔬菜作物养分的累积，许多结球叶菜、根茎类和鳞茎类蔬菜的个体一般都超常的大，繁种蔬菜的种子产量也比其他地区高，适合蔬菜良种繁育。

8. 蒙新区

蒙新区主要包括内蒙古自治区、新疆维吾尔自治区以及宁夏回族自治区固原以北、甘肃省河西走廊等部分地区，为单主作区。本区多为干旱荒漠地带，大陆性气候明显，光热资源丰富，但是全年降水不匀、气候冷热无常、早晚气温悬殊。内蒙古地区主要种植生长期较长的甘蓝、大白菜、萝卜、胡萝卜、马铃薯、辣椒等蔬菜作物，一年一般种植一茬。但是，在生长期较长的地区，早春可种植一茬菠菜、芫荽、莴笋等速生叶菜，然后在 7 月播种大白菜、萝卜、胡萝卜等。新疆地区边缘多山，盆地面积广大，沙漠约占全区面积的 22%，蔬菜作物主要集中在沿河流域以及大中城市附近地区，一般为一年一作。哈密、石河子、吐鲁番、喀什等地盛产哈密瓜，由于日照充足、昼夜温差大等特殊的生态条件，所产哈密瓜糖度高，品质好、风味佳，驰名国内外。

随着温室技术的发展，我国蔬菜设施栽培面积不断扩大，各地栽培蔬菜种类及栽培茬次的差异不断缩小，部分蔬菜品种在设施栽培中打破了地理和季节的限制。如西藏地区，通过保护地栽培，现在不仅能种植喜冷凉、耐寒性强、适应性广的蔬菜，而且能栽植茄果类、瓜类、豆类等喜温蔬菜。

第二节　快速发展阶段（1979—1999 年）

一、家庭联产承包责任制的产生

1978 年 11 月，安徽省凤阳县梨园公社小岗村的 18 位农民签下了一份不到百字的土地承包保证书。

1980 年 5 月 31 日，邓小平在一次重要谈话中公开肯定了小岗村“大包干”的做法。1982 年 1 月 1 日，中国共产党历史上第一个关于农村工作的一号文件正式出台，明确指出包产到户、包干到户都是社会主义集体经济的生产责任制。1982 年 1 月 1 日，中共中央批转《全国农村工作会议纪要》，指出农村实行的各种责任制都是社会主义集体经济的生产责任制。1983 年中央下发文件，指出联产承包制是在党的领导下我国农民的伟大创造，是马克思主义农业合作化理论在我国实践中的新发展。

1980 年的家庭联产承包责任制将土地产权分为所有权和经营权，所有权仍归集体所有，经营权则由集体经济组织按户均分包给农户自主经营。这种做法纠正了长期存在的管理高度集中和经营方式过分单调的弊端，使农民在集体经济中由单纯的劳动者变成既是生产者又是经营者，从而极大地调动了农民的生产积极性，较好地发挥了劳动和土地的潜力。

家庭联产承包责任制是中国农民的伟大创造，是农村经济体制改革的产物。党的十一届三中全会以后，在党中央的积极支持和大力倡导下，家庭联产承包责任制逐步在全国推开。

家庭联产承包责任制改变了我国农村旧的经营管理体制，调动了广大农民的生产经营积极性。家庭联产承包责任制的实行，解放了我国农村的生产力，开创了我国农业发展史上的第二个黄金时代，充分体现了社会主义公有制的优越性。粮食总产量从 1978 年的 32 975 万 t，增至 2013 年的 60 194 万 t。蔬菜总产量从 1981 年的 1 278.7 万 t，增至 1997 年的 35 962 万 t。我国农业以占世界 7%的耕地养活了占世界 22%的人口，农业的发展为国民经济的发展奠定了坚实的基础。

二、改革开放与蔬菜生产

自改革开放以来，我国蔬菜种植面积保持了较快的增长，蔬菜供给水平不断提升，在有效满足国内民众消费需求的同时，对周边国家和地区的蔬菜出口也日益增加，而且蔬菜种植对提高农民收入及解决剩余劳动力就业作用明显。

自我国进行蔬菜购销体制改革以来，市场机制、竞争意识和价值规律在蔬菜产销中发挥了决定性的作用，资源和要素在蔬菜产业中的配置逐渐趋向合理，这极大地调动了广大农民的生产积极性，使全国蔬菜生产得到了迅速的发展。

1988 年的“菜篮子”工程提出建立中央和地方的蔬菜生产基地，并以保证居民一年四季都有新鲜蔬菜吃为目标。这一时期蔬菜的种植开始考虑市场的需求，不再仅仅满足本地区的生活需要。蔬菜种植区域开始向特定的省份集中，蔬菜种植面积快速地增加，年均增长率超过 12%。同时，山东、河南、四川等九大蔬菜种植省份蔬菜种植面积占比逐年提高，超过 63%，前十二大种植省份面积占比更是达到 82%。

随着现代化的生产技术不断应用到蔬菜生产中，专门的设施蔬菜生产基地出现了。新技术、新品种、高品质成为蔬菜种植关注的重点。蔬菜种植区域更加集中到有优势的区域，种植面积稳中有升。由图 4-1 可以看出，1992—1999 年间，我国蔬菜种植面积还处于快速增长期，从 1999 年之后，蔬菜种植面积增长趋于平缓，蔬菜生产进入稳定发展阶段。

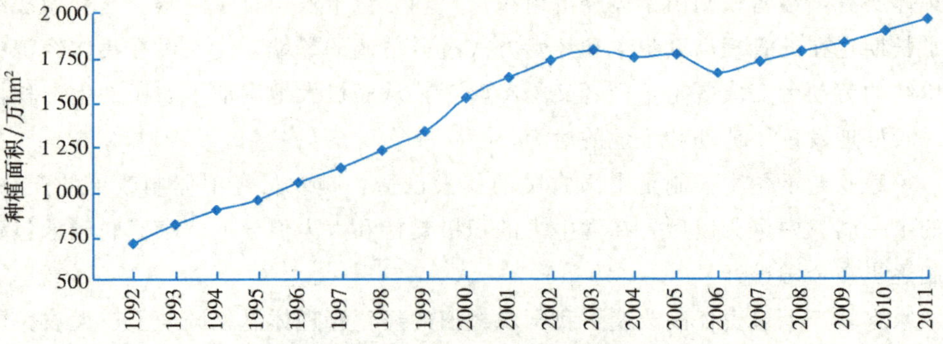

图 4-1　1992—2011 年我国蔬菜种植面积

三、蔬菜种植特点

（一）农民日益重视，种植面积不断扩大，总产量不断提高

家庭联产承包责任制刚开始时，由于受此前粮食短缺，尤其是口粮不足的影响，农民在责任田中仍以种植粮食作物为主。以内蒙古宁城县甸子乡为例，1981 年实行生产责任制后，农民在责任田里基本都种植了高产作物玉米。到当年秋天，农民发现自家责任田里玉米的产量是生产队时的 2 倍以上，于是他们在第二年开始扩大种植谷子、大豆、黍子等优质粮食作物，力求在吃饱的基础上吃得好一些。这样经过 2～3 年，农民既吃得饱，也吃得好了。这时，一些头脑灵活的农民开始尝试在责任田里种植蔬菜，然后拿到集市上去卖，结果发现，卖菜的收入是种粮收入的 5 倍以上。这极大地提高了农民种菜的积极性，农民日益重视，蔬菜种植面积不断扩大，从而开辟了我国蔬菜的产业化之路。据统计资料显示，1980 年全国蔬菜产量达到 8 062.6 万 t，人均占有量为 81.7 kg。

（二）区域优势对变迁影响明显

自改革开放以来，我国蔬菜种植区域呈现出 3 个方面明显的变化：第一，在空间布局上由全国各省市同步发展调整为六大重点蔬菜种植区域；第二，在种植区域中间呈现出“互相补充”的特点；第三，蔬菜出口量不断提升，使区域内部蔬菜种植面积不断扩大。

蔬菜生产大省山东、河南、四川、河北等地都是拥有丰富耕地资源的地区，丰富的耕地资源使它们在有效满足粮食生产的同时能够整合出更多的蔬菜种植面积。耕地资源丰富而形成的高效农作物生产方式，使蔬菜种植区域的劳动生产率提高，单位产量提高，优势明显。这些区域的资源优势，使我国的蔬菜种植从发展之初就开始在这些区域率先高速增长并集中。而在其他省份，蔬菜种植面积一直以来保持相对稳定。山东（由 1992 年的 44.6 万 hm^2 增加到 1999 年的 147.74 万 hm^2）、河南（由 1992 年的 41.85 万 hm^2 上升到 1999 年的 104.92 万 hm^2）、河北（由 1992 年的 30.6 万 hm^2 上升为 1999 年的 73.56 万 hm^2）三省的蔬菜种植面积在这期间增长较快（图 4-2）。

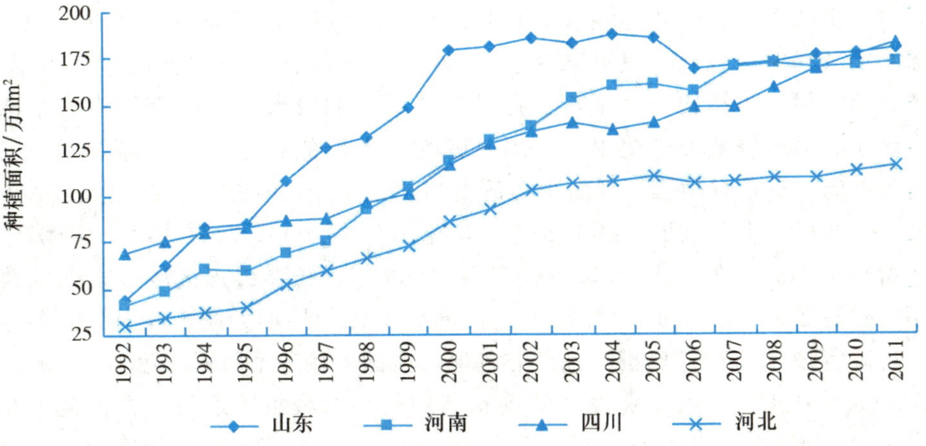

图 4-2　四大蔬菜种植省份面积变化趋势

（三）蔬菜种植区域集中的趋势基本达到稳定

改革开放以后，我国蔬菜生产开始快速发展并集中，20 世纪 80 年代后期到 90 年代末，九大蔬菜种植省份的蔬菜种植面积在全国蔬菜种植面积中的占比从 56% 上升到 64%。但是，蔬菜生产快速发展并在几大省份集中的情况在 2002 年以后并没有得到持续，占比基本保持在 63.5%。蔬菜种植面积较大的 12 个省份占全国蔬菜种植面积的比例也是如此，由 1992 年的 78%上升到 2004 年的 84%，其后基本保持在 84%。这说明我国蔬菜种植已经基本满足了国内民众的生活需要。

（四）蔬菜种植技术不断进步，单位产量不断提高

1. 初步建立蔬菜生产基地，农业基础设施日益完善

由于种植蔬菜较大地提高了农民收入，一些地区的农民在政府引导下或自发地搞起了蔬菜的集约种植，他们在一家一户一块土地的基础上统一种植一种或几种蔬菜，逐渐形成了蔬菜生产基地。所产的蔬菜，一小部分供应当地农贸市场，

大部分产品则集中供应外地，由此初步开拓了蔬菜流通渠道。

由于种植蔬菜对土地、水、肥等条件要求较高，初步形成的蔬菜生产基地的农业基础设施日益完善。农民们平整土地、增施农肥以培肥地力，按要求打机电井、修防渗渠、架设通电线路，并按规划设计修筑田间道路，基本上实现了“田成方，路成网，渠成系”。

2. 引进、推广先进技术

随着高分子聚合物——聚氯乙烯、聚乙烯的产生，塑料薄膜被广泛应用于农业。日本及欧美国家于20世纪50年代初期应用薄膜覆盖温床获得成功，随后又覆盖小棚及温室，也获得良好效果。我国于1955年秋引进聚氯乙烯农用薄膜，首先在北京用于小棚覆盖蔬菜，获得了早熟增产的效果。1957年，由北京向天津、辽宁、太原等地推广使用，农用薄膜受到各地的欢迎。1958年，我国已能自行生产农用聚乙烯薄膜，因而小棚覆盖的蔬菜生产已很广泛。20世纪60年代中期，小棚已定形为拱形，高1 m左右，宽1.5～2.0 m，故称为“小拱棚”。由于棚型矮小不适合在东北冷凉地区应用，1966年，长春市郊区经过多次的改建试用，建造了高2 m左右，宽15 m，占地为1亩的拱形大棚，并向北方各地推广。1978年，大棚生产已推广到南方各地，全国大棚蔬菜面积已达10万亩。

20世纪中叶，一些工业发达的国家利用塑料薄膜覆盖地面，进行蔬菜和其他作物的生产，均获得良好效果。我国于20世纪70年代初期利用废旧薄膜进行小面积的平畦覆盖，种植蔬菜、棉花等作物。1978年进行试验，1979年开始在华北、东北、西北及长江流域一些地区进行试验、示范、推广。随即生产出厚度为0.015～0.020 mm的聚乙烯薄膜，为发展地面薄膜创造了条件。到20世纪80年代初期，地膜覆盖蔬菜栽培在全国大面积推广，对提高蔬菜产量以及促进春提前和秋延后栽培起到了一定的作用。

3. 蔬菜新品种不断增加

这个时期，我国蔬菜生产基本上是露地生产，品种单一。以北方为例，蔬菜种类主要包括大白菜、萝卜、芥菜、甘蓝、马铃薯、甘薯等。受市场需求和价格的影响，蔬菜品种不断增加，农民相继开始种植韭菜、大葱、胡萝卜、黄瓜、茄子、辣椒、番茄、南瓜、油菜等，在具体品种上也不断更新换代。在当地农业技术推广部门的指导下，天津黄瓜、山东密刺黄瓜、“心里美”大萝卜、平顶山韭菜、山东大葱、熊岳圆葱、上海油菜、七叶茄、九叶茄、中甘号系列甘蓝等一大批蔬菜新品种为广大菜农所认识、接受，并大面积推广应用。

4. 蔬菜单位产量不断提高

由于推广了高产（当时尚无“优质”这一概念）品种，增加了化肥施用量，增加了浇水次数，加强了管理，蔬菜单位产量不断提高。据统计资料显示，1990年我国蔬菜总产量上升到1.5亿t，1997年上升到3.45亿t，2000年上升到4.4亿t。蔬菜总产量的上升与种植面积扩大直接相关，但蔬菜种植品种平均单产不尽相同，且种类间产量相差悬殊，因此无法统计蔬菜的平均产量。从上述总产量不断提高的数据分析，这个时期我国蔬菜的单位产量是在不断提高的。

到1999年，全国蔬菜种植面积达到1 334.7万hm^2，比1985年增长181%。其中，种植面积最大的省份是山东省，达到147.7万hm^2，其次是河南省，为104.9万hm^2。1999年全国蔬菜总产量达到4.05亿t，比1985年增长224%。其中，产量最高的是山东省，为6 407.2万t，其次是河北省，为3 815.4万t。在蔬菜种类上，种植面积超过百万公顷的有大白菜（202.1万hm^2）、辣椒（125.1万hm^2）、萝卜（112.8万hm^2）、黄瓜（106.5万hm^2）。

四、主要成就

（一）蔬菜播种面积增长，产量迅速提高

1980年，我国蔬菜的播种面积只有316.3万hm^2，2000年，已经达到1 523.7万hm^2，20年时间增长了381.7%。同时，我国的蔬菜总产量迅速提高，2000年蔬菜产量为4.20亿t，比1990年的1.95亿t增长了115.4%，比1980年的0.81亿t增长了418.5%。这个时期，我国蔬菜播种面积和总产量均显著超过当初制定的2000年的发展目标，我国已成为世界蔬菜生产第一大国。除少量结构性或地区性的过剩外，均衡供应水平有了较大幅度的提高，蔬菜的买方市场已基本形成。从人均占有量来看，2000年全国人均蔬菜占有量已达到332 kg，比1990年的171 kg有了明显的增长，与1980年的82 kg相比，增长了3倍多，人均占有量已经大大超过国际上人均105 kg的平均水平。另外，改革开放以来，我国的园艺工程事业得到了迅速发展，改革开放初期的1981年，我国以蔬菜栽培为主体的设施园艺面积仅为0.72万hm^2，至1998年年底，这一面积已达86.7万hm^2，增长了近120倍。

（二）蔬菜产值大幅度上升

蔬菜产业的产值是衡量一个国家或地区的蔬菜产业发展的重要指标。蔬菜的产量大，并不能说明蔬菜产业很发达；只有当一个国家或地区的蔬菜产业的产值和产量都较大时，才能说明其蔬菜产业是比较发达的。随着我国蔬菜种植面积不断扩大，蔬菜产业的产值也不断增加，而且蔬菜产值的增长率比蔬菜种植面积的

增长率要高得多。从表 4-1 可以看出，2000 年与 1990 年相比，我国蔬菜播种面积增长了 1.4 倍，而相比之下，我国蔬菜产业的产值增长了 9 倍。虽然蔬菜的种植面积只占农作物播种面积的 10%左右，但是却创造了种植业总产值的 30%以上的产值。

（三）蔬菜出口增加

我国蔬菜的出口主要以日本、韩国以及东南亚国家为主。改革开放以前，我国蔬菜的出口量很小，改革开放以后，我国的蔬菜出口有了较大的发展。从全国蔬菜产业情况（表 4-1）可以看出，我国蔬菜总播种面积、总产量、总成交额、出口总量和人均占有量不断增加。其中，1980 年我国蔬菜出口总量仅 34 万 t，10 年后的 1990 年也才达到 98 万 t，增长较缓慢。20 世纪 90 年代以后，我国加快了蔬菜出口的步伐，1995 年我国的蔬菜出口量达到 158 万 t，1998 年达到 201 万 t，1999 年达到 217 万 t，2000 年达到 245 万 t，表现出了强劲的增长势头。蔬菜出口量的增加不但促进了我国蔬菜产业的发展，而且促进了我国出口创汇的增长。2000 年，我国蔬菜出口创汇额为 20.3 亿美元，进出口顺差为 19.6 亿多美元，两项指标均居出口农产品之首。可见，蔬菜产业已经成为我国农业和农村经济的支柱产业。蔬菜产业的可持续发展对迎接加入 WTO 的挑战，扩大农产品出口，以及促进农民增收、农村稳定和现代化建设都具有重要意义。

表 4-1　全国蔬菜产业情况

年份	总播种面积 /万 hm^2	总产量 /万 t	总成交额 /亿元	出口总量 /万 t	人均占有量 /kg
1980	316.3	8 062.6	—	34	81.7
1990	633.8	19 550.5	264.2	98	171.0
1995	1 061.6	25 722.7	1 202.8	158	212.4
1996	1 169.3	30 861.6	1 590.0	167	252.2
1997	1 128.8	34 472.6	1 944.6	167	278.9
1998	1 229.3	38 483.0	2 207.0	201	308.3
1999	1 334.7	40 513.5	2 425.5	217	321.8
2000	1 523.7	41 971.2	2 661.8	245	331.6

资料来源：《中国农业发展报告 2001》、中国农业年鉴（历年）。

五、存在的主要问题

（一）滥施农药、化肥

我国这个时期生产的蔬菜，尚无“无公害”“绿色”的概念，片面追求高产以增加收入的现象，不仅存在大田生产之中，在蔬菜生产中更加突出。当时没有测土设备，农民只有靠自己多年的肥料使用经验，对所种植的作物进行施肥。据当时调查，一些大白菜生产区为了获得高产，每亩追施碳酸氢铵 100 kg 或尿素 50 kg，使大白菜亩产达到 8 000 kg 以上。更有甚者，在茄果类蔬菜和瓜类蔬菜生产中，也以施用化肥为主，使这些蔬菜失去了原有口味。由于滥施化肥，蔬菜生长出现多种缺陷，如生理性缺钙、烧蚀根系、烧蚀叶片、营养生长与生殖生长不平衡等。

随着蔬菜种植面积的扩大，人们发现的蔬菜病虫害种类也越来越多。一些地区的菜农缺乏综合防治、安全用药的意识，一旦发现病虫害，不管是否达到防治指标，一概采用化学方法防治，以求快速防治。因此，一些剧毒农药，如 3911、甲胺磷、马拉硫磷、乐果等，普遍被应用于蔬菜生产中，造成蔬菜中有害物质严重超标。

农药不但污染土壤，还污染水体。农药利用率低，农田管理方式落后，农药施用到田间之后大量流失，是当前我国水域、水面污染最主要的原因之一。农药对人体健康的危害主要源自农药在农产品中的残留，残留量超过一定的限度，则会通过富集作用危害人体健康。

（二）经营分散，制约了蔬菜生产水平和产品质量安全水平的提高

这个时期，我国蔬菜生产农户多，品种多，产业环节多。小生产难以适应社会化大生产的发展，主要表现在：生产管理、技术推广、质量监管难度大，制约了蔬菜生产水平和产品质量安全水平的提高；小生产与大市场的矛盾越来越突出，极易出现农产品滞销；小农户抵御风险能力弱，难以自我积累、自我发展。

小规模化对蔬菜产业的良性发展有制约性，其主要原因有以下 3 点。

(1) 小规模化单位弱小、身单力薄

蔬菜生产属于资金、技术密集型产业，资金投入大，技术要求高。单户农民身处农村，在资金的争取和技术、品种的引进及使用方面有很大的局限性。即使资金问题解决后温室建起来了，技术及品种也难以占领前沿制高点。

(2) 小规模对应大市场的不利

近年来，蔬菜的价格起起伏伏，蔬菜种植户有时候赚钱、有时候赔钱，其主要原因是小规模和大市场相矛盾。现在，蔬菜市场需求很大，而生产单位特别小，农民单家独户的分散经营与大市场的矛盾日益突出。种植户对市场的捕捉能力、预测能力、判断能力和把握能力不够。多了砍、少了赶、一哄而上、一哄而下、大贵大贱、大起大落的情况反复出现。同时，小规模面对的需求是本地的需求。蔬菜产品不好卖，不是因为产量太大了，而是因为产量太小了；卖不出好价钱，不是因为品种太少了，而是因为品种太多太杂，难以形成拳头产品，知名度不足以吸引远方客商。因为生产规模小，远方的商户认为不值得来，菜农认为不值得跑出去。蔬菜生产规模小，批量小，质量差，履约率低，产品很难进入大市场、大流通。

(3) 小规模造成蔬菜种植成本的增加

由于种植规模小，几家几户不可能去请专家来指导生产，难以接触新技术和引进新品种。几家几户吸引不到经济人，建不成良好的销售渠道，最后影响经济效益。加之品种更新，技术也跟不上，供货时段变化快，小规模的蔬菜产业很容易夭折。不少地方几起几落，足以说明小规模对蔬菜产业的制约性和小规模的脆弱性。

(三) 蔬菜安全生产意识不强，质量安全管理难度大

一是管理分散，标准化程度低，安全监管难度大。生产布局缺乏统一规划，生产结构也不尽合理，千家万户分散经营，标准化程度低，生产随意性大，对蔬菜质量安全监管难度大。二是思想认识不足，质量安全意识淡薄。由于受传统观念束缚，一些农民认为蔬菜生产“靠天吃饭”，不可能按什么标准作业，不习惯于标准化的操作规程；一些经营者对蔬菜质量安全认识不到位，对开展蔬菜质量安全市场准入工作不够积极；一些消费者质量安全意识不强，对蔬菜中农药残留的危险性认识不够，在购买蔬菜产品时首先考虑的是价格因素。

(四) 设施设备落后

据统计，到1999年，我国设施蔬菜面积为139.5万hm^2，其中塑料大、中棚46.0万hm^2，塑料小棚56.8万hm^2，塑料薄膜温室36.7万hm^2，此外，还有遮阳网和防虫网覆盖栽培面积约7万hm^2。1979—2000年的20年间，我国先后从国外十几个国家和地区引进大型玻璃和塑料温室205 hm^2，1985—1986年，温室引进出现高潮。设施蔬菜的发展，对促进我国“菜篮子”工程建设起到了重要作用。但与发达国家相比，设施设备相对落后，同时，设施蔬菜标准研究、无污染蔬菜生产和设施环境自动化控制等方面的研究和研发仍处于世界较低水平。

第三节 稳定发展阶段(2000年至今)

1999年以来，随着我国农村产业结构的调整和“菜篮子”工程的实施，蔬菜生产在新品种选育、育种技术、设施栽培技术、无公害生产新技术、应用现代生物技术对蔬菜品种改良及其产业化方面都得到迅猛发展，并取得了长足进步。

近年来，我国蔬菜生产持续发展，种植面积稳定在2 000万hm^2（3亿亩）以上，年产量在7亿t以上，年销售量达到世界总量的50%。

到2015年，我国北方设施蔬菜面积达到125万多hm^2（1 880多万亩），总产量达到1.17亿t，分别比2012年增加了6.6万多hm^2（100多万亩）和1 200多万t，有效保障了北方城市冬春淡季蔬菜供应。生产开发高价值的绿色食品必然调动企业和农户的生产积极性，从而提高农业、企业和农民的经济效益。2016年，设施蔬菜面积达到391.5万hm^2（5 872万亩），2020年，预计达到410.0万hm^2（6 150万亩），发展面积在不断扩大。其次，设施蔬菜的产值继续保持高占比。2015年，全国蔬菜（含西甜瓜，下同）总播种面积达到2 454.9万hm^2（36 824万亩），产量达88 421.6万t，总产值达到17 991.9亿元。其中设施蔬菜的播种面积、产量、产值分别占23.4%、33.6%和63.1%。2016年，全国蔬菜播种面积达到2 548.8万hm^2（38 232万亩），产量为91 834.9万t，总产值首次突破2万亿元大关，其中设施蔬菜的播种面积、产量、产值分别占21.5%、30.5%和62.7%。

蔬菜产业发展迅速，蔬菜已经成为我国种植业中仅次于粮食的第二大农作物，其产、供、销是全国从业人员最多的产业，对全国农村居民人均可支配收入增长贡献率最大。据专家测算，2016年蔬菜生产对农民收入的贡献率约占10%。我国是世界蔬菜生产和销售的第一大国，确保蔬菜产业持续稳定发展是保民生、惠民生、保稳定和促和谐的重大民生工程。近年来，我国蔬菜产业发展速度总体上满足了城乡居民对蔬菜数量、质量、品种日益增长的需要。

一、国家方针、政策的指引

自2002年中国共产党第十六次全国代表大会以来，我国开始进入全面建设小康社会与加快推进社会主义现代化的新发展阶段。在此期间，与之对应的农业政策改革也拉开了序幕。

2004 年中央一号文件，即《中共中央　国务院关于促进农民增加收入若干政策的意见》，是改革开放以来的第一个一号文件，文件翔实地指出促进粮食主产区农民增收的紧迫性和重要性，并提出了增加农民收入的总体思路和具体要求。

2005 年，为进一步促进粮食稳定增产、农民持续增收和进一步解决“三农”问题，颁布实施了《中共中央　国务院关于进一步加强农村工作提高农业综合生产能力若干政策的意见》。按照文件，这一年农业和农村工作的总体要求是：认真贯彻党的十六大和十六届三中、四中全会精神，全面落实科学发展观，坚持统筹城乡发展的方略，坚持“多予少取放活”的方针，稳定、完善和强化各项支农政策，切实加强农业综合生产能力建设，继续调整农业和农村经济结构，进一步深化农村改革，努力实现粮食稳定增产、农民持续增收，促进农村经济社会全面发展。

2006 年中央一号文件，即《中共中央　国务院关于推进社会主义新农村建设的若干意见》，提出了加强和推进新农村建设的“八项举措”，进一步加大了“三农”工作的力度。

2007 年中央一号文件，即《中共中央　国务院关于积极发展现代农业扎实推进社会主义新农村建设的若干意见》，指出社会主义新农村建设的首要任务是发展现代农业，并提出要用现代物质条件装备农业，用现代科学技术改造农业，用现代产业体系提升农业，用现代经营形式推进农业，用现代发展理念引领农业，用培养新型农民发展农业，提升农业水利化、机械化和信息化水平，提高土地产出效率、资源利用效率和农业劳动生产率。

2008 年中央一号文件，即《中共中央　国务院关于切实加强农业基础建设进一步促进农业发展农民增收的若干意见》，要求加快构建强化农业基础的长效机制，切实保障主要农产品基本供给，突出抓好农业基础设施建设，着力强化农业科技和服务体系基本支撑，逐步提高农村基本公共服务水平，稳定完善农村基本经营制度和深化农村改革，扎实推进农村基层组织建设，加强和改善党对“三农”工作的领导。

2009 年中央一号文件，即《中共中央　国务院关于 2009 年促进农业稳定发展农民持续增收的若干意见》，要求把保持农业农村经济平稳较快发展作为首要任务，围绕稳粮、增收、强基础、重民生，进一步强化惠农政策，增强科技支撑，加大投入力度，优化产业结构，推进改革创新，千方百计保证国家粮食安全和主要农产品的有效供给，千方百计促进农民收入持续增长，为经济社会又好又快发展继续提供有力保障。

2010 年的中央一号文件，即《中共中央　国务院关于加大统筹城乡发展力度进一步夯实农业农村发展基础的若干意见》，提出了统筹城乡发展、改善农村民生、扩大农村需求、发展现代农业、建设社会主义新农村和推进城镇化等重大工作任务，使“三农”工作在我国经济社会发展中具有全局性的重大意义。这一文件的提出和实施，促进了我国农业的稳定发展、农民的持续增收、农村的和谐稳定，推动了经济发展方式的转变和结构的调整。

2012 年党的十八大以来，面对错综复杂的国内外经济形势和自然灾害多发、频发的不利影响，党中央始终坚持把解决好“三农”问题作为全党工作的重中之重，提出了关于“三农”发展的新理念、新思想、新战略，出台了一系列强农、惠农、富农政策。农业稳定增长，为经济社会持续、稳定、健康发展奠定了坚实的基础，提供了强大支撑。2012 年中央一号文件《中共中央　国务院关于加快推进农业科技创新持续增强农产品供给保障能力的若干意见》明确指出，要狠抓“菜篮子”产品供给。抓好“菜篮子”，必须建好菜园子、管好菜摊子。要加快推进区域化布局、标准化生产、规模化种养，提升“菜篮子”产品整体供给保障能力和质量安全水平。大力发展设施农业，继续开展园艺作物标准园、畜禽水产示范场创建，启动农业标准化整体推进示范县建设。实施全国蔬菜产业发展规划，支持优势区域加强菜地基础设施建设。落实“菜篮子”市长负责制，充分发挥都市农业应急保障功能，大中城市要坚持保有一定的蔬菜等生鲜食品自给能力。

2013 年中央一号文件《中共中央　国务院关于加快发展现代农业进一步增强农村发展活力的若干意见》以 14 个字概括了 2013 年农业农村的工作目标：“保供增收惠民生、改革创新添活力”。综观一号文件的要求，涵盖农产品供给保障机制、农业支持保护制度、农业生产经营体制、农业社会化服务新机制、农村集体产权制度、农村公共服务等方面，从农民的关切点到社会热点，文件一一回应。

2014 年中央一号文件《中共中央　国务院关于全面深化农村改革加快推进农业现代化的若干意见》确定，必须进一步解放思想，稳中求进，改革创新，坚持农业基础地位不动摇，加快推进农业现代化。这是连续第 11 年中央一号文件聚焦“三农”问题。文件指出，要强化农产品质量和食品安全监管，推进农业科技创新，加快发展现代种业和农业机械化，加强农产品市场体系建设。

2015 年中央一号文件《中共中央　国务院关于加大改革创新力度加快农业现代化建设的若干意见》指出：围绕建设现代农业，加快转变农业发展方式；围绕促进农民增收，加大惠农政策力度；围绕城乡发展一体化，深入推进新农村建设；围绕增添农村发展活力，全面深化农村改革；围绕做好“三农”工作，加强农村法治建设。

2016年中央一号文件《中共中央 国务院关于落实发展新理念加快农业现代化实现全面小康目标的若干意见》的主要内容是：持续夯实现代农业基础，提高农业质量效益和竞争力；加强资源保护和生态修复，推动农业绿色发展；推进农村产业融合，促进农民收入持续较快增长；推动城乡协调发展，提高新农村建设水平；深入推进农村改革，增强农村发展内生动力；加强和改善党对“三农”工作的指导。

2017年中央一号文件《中共中央 国务院关于深入推进农业供给侧结构性改革加快培育农业农村发展新动能的若干意见》的内容包括：优化产品产业结构，着力推进农业提质增效；推行绿色生产方式，增强农业可持续发展能力；壮大新产业新业态，拓展农业产业链价值链；强化科技创新驱动，引领现代农业加快发展；补齐农业农村短板，夯实农村共享发展基础；加大农村改革力度，激活农业农村内生发展动力。2017年，党的十九大报告明确提出实施乡村振兴战略，构建现代农业产业体系、生产体系、经营体系，完善农业支持保护制度，发展多种形式适度规模经营，培育新型农业经营主体，健全农业社会化服务体系，实现小农户和现代农业发展有机衔接。

2018年中央一号文件《中共中央 国务院关于实施乡村振兴战略的意见》的内容包括：提升农业发展质量，培育乡村发展新动能；推进乡村绿色发展，打造人与自然和谐共生发展新格局；繁荣兴盛农村文化，焕发乡风文明新气象；加强农村基层基础工作，构建乡村治理新体系；提高农村民生保障水平，塑造美丽乡村新风貌；打好精准脱贫攻坚战，增强贫困群众获得感；推进体制机制创新，强化乡村振兴制度性供给；汇聚全社会力量，强化乡村振兴人才支撑；开拓投融资渠道，强化乡村振兴投入保障；坚持和完善党对“三农”工作的领导等。

2019年中央一号文件《中共中央 国务院关于坚持农业农村优先发展做好“三农”工作的若干意见》指出：加快突破农业关键核心技术，强化创新驱动发展，培育一批农业战略科技创新力量，推动生物种业、重型农机、智慧农业、绿色投入品等领域自主创新；强化企业技术创新主体地位，培育农业科技创新型企业，支持符合条件的企业牵头实施技术创新项目；建立健全农业科研成果产权制度，赋予科研人员科技成果所有权，完善人才评价和流动保障机制，落实兼职兼薪、成果权益分配政策。

2020年中央一号文件《中共中央 国务院关于抓好“三农”领域重点工作确保如期实现全面小康的意见》指出：支持各地立足资源优势打造各具特色的农业全产业链，建立健全农民分享产业链增值收益机制，形成有竞争力的产业集群，推动农村一二三产业融合发展；继续调整优化农业结构，加强绿色食品、有机农产品、地理标志农产品认证和管理，打造地方知名农产品品牌，增加优质绿色农产品供给；强化科技支撑作用，加强农业关键核心技术攻关，抢占科技制高点；加强农业生物技术研发，实施国家农业种质资源保护利用工程；加强农业产业科技创新中心建设。

2021年中央一号文件《中共中央　国务院关于全面推进乡村振兴加快农业农村现代化的意见》指出：坚持农业农村优先发展，坚持农业现代化与农村现代化一体设计、一并推进，坚持创新驱动发展；深入推进农业供给侧结构性改革，充分发挥农业产品供给、生态屏障、文化传承等功能；加强农业种质资源保护开发利用，对育种基础性研究以及重点育种项目给予长期稳定支持；加强育种领域知识产权保护；支持种业龙头企业建立健全商业化育种体系，加强制种基地和良种繁育体系建设，促进育繁推一体化发展。

二、“菜篮子”工程的实施

（一）“菜篮子”工程的提出

为缓解我国副食品供应偏紧的矛盾，农业部于1988年提出建设“菜篮子”工程。一期工程建立了中央和地方的肉、蛋、奶、水产和蔬菜生产基地及良种繁育、饲料加工等服务体系，以保证居民一年四季都有新鲜蔬菜吃。到20世纪90年代中期，“菜篮子”工程重点解决了市场供应短缺问题。“菜篮子”产品持续快速增长，从根本上扭转了我国副食品供应长期短缺的局面。除奶类和水果外，其余“菜篮子”产品的人均占有量均已达到或超过世界人均水平。

（二）“菜篮子”工程的发展历程

到1993年年底，全国农副产品批发市场已达2 080个，城乡集贸市场已达8.3万个，其中农副产品专业市场达8 220个，初步形成了全国大市场大流通的新格局。

1994年，“菜篮子”工程已处在由过去以生产基地建设为主转入生产基地与市场体系建设并举的新阶段。同年年底，全国肉类总产量达4 499.3万t，禽蛋总产量达1 479万t，水产品总产量达2 146.4万t，水果总产量达3 499.1万t，蔬菜种植面积达893万hm^2（1.34亿亩）。全国有27个省市初步建立了主要副食品的地方储备。

从1995年起开始实施的新一轮“菜篮子”工程，主要有四大特点：加大基地建设，向区域化、规模化、设施化和高档化发展；城乡携手共建“菜篮子”工程，城郊发展“菜篮子”，广大农区也积极发展“菜篮子”，一批全国性的农区基地正在形成和发展；提高科技含量，优化结构，增加花色品种，为了适应城镇居民对“菜篮子”产品“鲜活、优质、营养、方便、无虫害”的消费要求，各地在生产中广泛采用良种、良法，以提高产品的产量和质量；探索新的流通方式，积极推进产供销、贸工农一体化经营。

1996年，“菜篮子”工程批发市场体系建设试点工作开始启动。武汉、广州、沈阳、西安4个城市入选为首批试点城市。试点工作由农业部和国家经济体制改革委员会联合成立的领导小组组织实施，试点的总体安排时间为2～3年。

1997年年底，全国农副产品批发市场发展到约4 000家，全国已初步形成以中心批发市场为核心，连接生产基地和零售市场的稳定的“菜篮子”市场体系。这一年，全国蔬菜播种面积达到1 128.8万hm^2，蔬菜总产量达35 692万t。

1998年，中共十五届三中全会通过的《关于农业和农村工作若干重大问题的决定》指出，“菜篮子”产品生产要推广优新品种，降低成本，提高效益，实现均衡供给，努力创造名牌农产品。

1999年9月，全国十大城市第十二次“菜篮子”产销体制改革经验交流会透露出这样一个事实：国内“菜篮子”供求形势已经从长期短缺转变为供求基本平衡、丰年有余，这标志着我国“菜篮子”工程正进入一个新的发展阶段。

2000年11月17日，全国十大城市“菜篮子”产销体制改革经验交流会提出21世纪初“菜篮子”工程的主要目标任务：以优化结构、提高“菜篮子”产品质量和增加农民收入为中心，以深化改革、扩大开放和加快推进农业现代化为动力，实现“菜篮子”工程与生态环境协调发展，努力提高城乡居民的生活质量。

2001年4月，一项重在提高农产品质量和保证农产品消费安全的“无公害食品行动计划”由农业部组织实施。这项工作以“菜篮子”产品为突破口，以市场准入为切入点，从产地和市场两个环节入手，通过对农产品实行“从农田到餐桌”全过程质量安全控制，计划用8～10年的时间，基本实现主要农产品生产和消费无公害。

2002年7月，国家经济贸易改革委员会有关负责人宣布，“三绿工程”进展顺利并取得阶段性成果。“三绿工程”是指提倡绿色消费，培育绿色市场，开辟绿色通道，以提高食品质量，维护消费者利益。随着“三绿工程”的实施，全国“菜篮子”卫生质量安全检测体系进一步加强，筑起一道道食品安全防线，有效防止有害食品流入市场。

实施“菜篮子”工程十多年来，我国各地根据不同历史时期的不同情况确定不同的发展重点，先后经历了“兴建生产基地，增加副食品供应；完善市场体系，搞活农副产品流通；发展产加销一体化经营，提高基地企业综合效益；发挥基地龙头示范作用，推进农村产业结构调整”四个发展阶段，从而结束了我国蔬菜副食品供应长期短缺的历史，大体上完成了“菜篮子”产销由计划经济向市场经济的过渡，新型的流通体系已具雏形，初步探索了一些新形势下政府有效调控市场的经验和办法。一个适应市场需求、着眼于规模经济、追求良性发展的“菜篮子”产销发展新格局基本形成，由最初的力求满足市场供应逐步发展成为一种大规模、多品种、高质量、新科技含量的产业。

（三）新一轮“菜篮子”工程建设

2010年3月9日，国务院办公厅下发了《关于统筹推进新一轮“菜篮子”工程建设的意见》。文件指出：自1988年实施“菜篮子”工程以来，“菜篮子”产品产量大幅度增长，品种日益丰富，质量不断提高，市场体系逐步完善，“菜篮子”建设发展总体保持了平稳较快的良好势头。为适应形势变化、满足城乡居民对“菜篮子”产品日益提高的要求，经国务院同意，国务院办公厅制定关于统筹推进新一轮“菜篮子”工程建设的意见。

在国务院办公厅下发《关于统筹推进新一轮“菜篮子”工程建设的意见》之后，各省（自治区、直辖市）对这一文件进行了转发，并根据实际，制定了本省（自治区、直辖市）发展“菜篮子”工程的具体实施意见，从而在全国范围内掀起新一轮建设“菜篮子”工程的热潮。

（四）“菜篮子”工程的历史阶段

中国人民大学农业与农村发展学院副院长孔祥智指出，“菜篮子”工程经历了四个阶段。

第一个阶段是从1988年到1993年年底。这个阶段首先提出“菜篮子”市长负责制，其特点是城市的副食品基本得到解决。建立了2 000多个集贸市场，初步形成了以蔬菜、水果、肉、蛋、奶为主的大市场大流通格局。食品数量得到饱和，但质量还存在问题，主要是农药用量过多。

第二个阶段是从1995年起到1999年年底。这个阶段的特点是将“菜篮子”工程扩展到城乡结合地区甚至城市郊区，扩大了范围，如山东寿光的蔬菜主要供应北京，山东临沂主要供应上海和南京一带。同时，大力实施“设施化、多产化和规模化”三化政策。“设施化”就是大棚化，“多产化”就是种植多种新品种蔬菜，“规模化”就是大批量地种植。

第三个阶段是从1999年到2009年底。这一时期是“菜篮子”工程快速发展和提高农产品安全性的阶段。1999年9月，全国十大城市第十二次“菜篮子”产销体制改革经验交流会正式提出，国内“菜篮子”的供求形势从长期短缺转向供求基本平衡，这标志着“菜篮子”工程全面向质量层面发展。在这个阶段发生了一个很重要的事情，2001年4月，农业部开始实施无公害农产品行动计划，强行推广至全国，在农村建立了大规模无公害建设基地。在这十年里，农业部认为我国基本进入无公害产品时期，如北京早在2005年就宣布96%的肉类、蔬菜类和水果类农副产品无公害。

第四个阶段从2010年初中央一号文件开始。中央一号文件着重提出体制与机制建设问题，体制就是管理，机制就是公司加农户或是合作社加农户。

(五) 实施“菜篮子”工程取得的主要成果

实施“菜篮子”工程主要取得了以下四个方面的成果：

(1) 蔬菜、肉类、禽蛋、奶类、水产品和水果六大类鲜活农产品的产量，以年均7%～13%的速度增长，品种日趋丰富，质量不断改善，中国城镇副食品供应长期短缺局面已经结束。

(2) 各大中城市相继进行以“自主生产、自由购销、市场定价、多渠道流通”为主要内容的产销体制改革，经过反复和艰难的探索，成功地建立起了市场化的产销运行制度。

(3) “菜篮子”产品规模化、专业化生产基地的发展，使“菜篮子”生产逐步成为大中城市郊区和部分农区农业发展的支柱产业，成为增加农民收入的重要来源。

(4) “菜篮子”产品供给状况的改观，特别是“菜篮子”产品价格涨幅的明显回落，有效地缓解了国民经济运行中的通货膨胀压力。

上述变化是改革开放以来经济体制改革和国民经济发展取得的最显著的成绩之一。

(六) “菜篮子”工程的重要影响

1. 促进了农业结构的调整，带出了一个大产业

“菜篮子”产品的生产供应从以城市郊区为主转变为城郊与农区并举，农区发展“菜篮子”产销势头持续高涨，日益成为大中城市“菜篮子”产品的主要供应者。我国蔬菜生产已基本摆脱了“农家菜园”的布局结构，形成区域化大规模生产基地格局，并与日益成熟的全国蔬菜大市场相衔接。

在市场无形之手的调节下，蔬菜生产的投资主体、经营形式也由单一转向多元化，越来越多的生产者、经营者、企业集团甚至外资参与到“菜篮子”产销中来，使“菜篮子”发展成为一个重要的产业。

2. 蔬菜生产的技术含量快速提高

寿光人率先试验成功了冬暖式大棚种植技术，使蔬菜冬季生产成为现实。在广大北方菜区，节能型日光温室大范围推广；在南方菜区，遮阳网设备的应用量日益扩大；在城市郊区，标准化菜田面积占总菜田面积的50%左右。智能化连栋温室蔬菜的高效栽培已在全国大面积示范。蔬菜杂交优势品种的应用率已达95%。无土栽培、气体肥料、水肥一体化、病虫害的绿色防控等蔬菜种植的最新技术得到广泛运用。太空椒、水果黄瓜、樱桃番茄、番茄、彩椒、西芹等瓜菜品种应有尽有。

3. 蔬菜产业的“链条”不断延伸

随着基地建设的科技含量和规模化、区域化、设施化程度越来越高，蔬菜产业的“链条”也不断向前后延伸：一头向农民的田间地头延伸，促使农民生产高附加值的品种；一头向分选、包装、初级加工、贮藏保鲜等产后环节扩展，增加了农民增收的环节。

4. 增强了蔬菜抵御市场风险的能力

“菜篮子”产业纵向发展，增强了蔬菜产业抵御市场风险的能力。在不少地区，“菜篮子”产业成为农村经济支柱产业和农民增收的主要来源。“菜篮子”产品的收入占农民总收入的1/3，很多农民靠发展“菜篮子”脱贫致富。

三、设施蔬菜产业迅速发展

（一）设施蔬菜产业的概念

设施栽培生产是指依靠一定的设施，在局部范围改善或创造出适宜的气象环境因素，为蔬菜生长发育提供良好的环境条件而进行的有效生产。设施栽培通常又被称为反季节栽培、保护地栽培等。采用设施栽培可以避免低温、高温、暴雨、强光照射等逆境对蔬菜生产的危害，设施栽培已经被广泛应用于蔬菜育苗、春提前和秋延迟栽培。设施蔬菜产业属于高投入，高产出，资金、技术、劳动力密集型的产业。设施蔬菜的科技含量高，设施蔬菜产业发展的速度和程度，是一个地区农业现代化水平的重要标志之一。

（二）我国设施蔬菜产业的概况

作为蔬菜产业的重要板块，我国设施蔬菜面积在不断扩大，产量和产值一直都在不断提升。其中，设施蔬菜种植面积从 2000 年的 183.3 万 hm^2（2 749.0 万亩）增长到 2018 年的 391.5 万 hm^2（5 872.1 万亩），平均年增长率为 4.31%（图 4-3）。2018 年我国设施蔬菜产量达到 2.52 亿 t，占蔬菜总产量的 30.5%，全国设施蔬菜产业净产值为 5 700 多亿元。

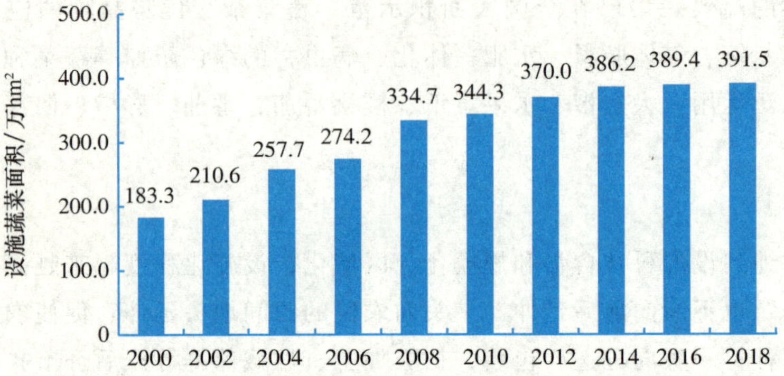

图 4-3　2000—2018 年我国设施蔬菜面积

（数据来源：中投顾问产业研究中心。）

目前，我国设施蔬菜产业主要集中在环渤海和黄淮海地区，约占全国总面积的 60%；其次是长江中下游地区和西北地区，占比分别是 20%、7%；主要集中分布在山东、辽宁、河北、江苏、浙江、宁夏、内蒙古、上海等省（自治区、直辖市）。随着蔬菜产业结构的调整和优化，区域化布局基本形成，产业化经营进一步发展，流通体系建设进一步加强。从全国范围看，山东、河北、辽宁等省形成蔬菜产业集中地，蔬菜产品销往国内各大市场。近年来，全国各地都在积极发展设施蔬菜产业，一是集中在大中城市周边，以满足城市在蔬菜淡季的自给率；二是集中在全国蔬菜产业规划的重点县。现阶段发展比较突出的有吉林、山西、陕西、四川、甘肃、湖北等省。

在品类方面，我国设施蔬菜主要有辣椒、番茄、黄瓜、茄子等蔬菜，其中番茄设施栽培面积达 77.8 万 hm^2，占番茄总种植面积的 57.2%，居我国设施栽培播种面积的首位（图 4-4）。

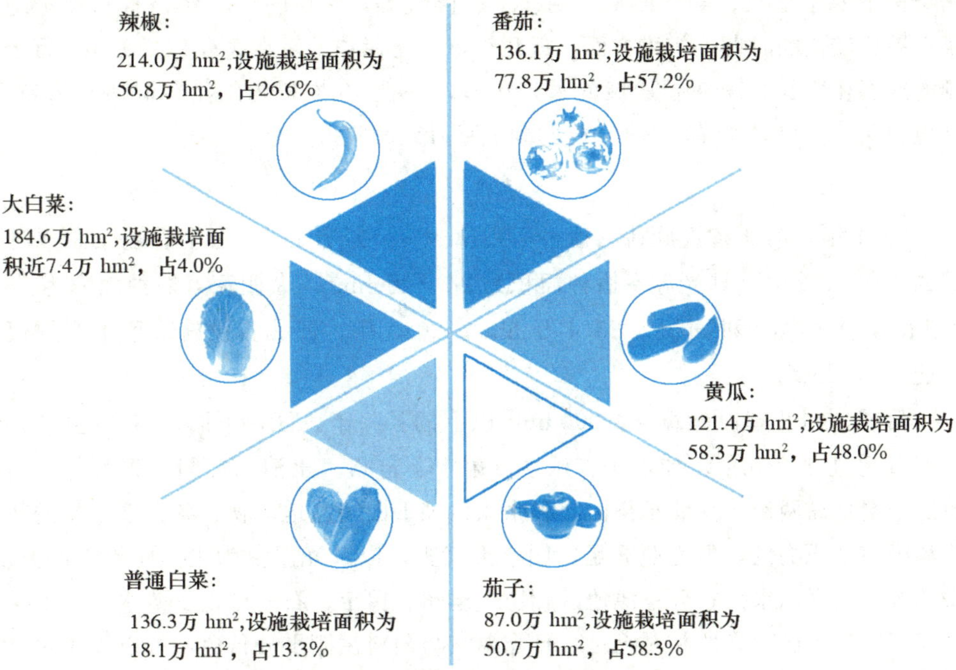

图 4-4 几种蔬菜种植面积以及设施栽培面积

（三）设施蔬菜重点省份简介

1. 山东

据统计，2015 年山东省蔬菜（含西甜瓜）播种面积为 217.5 万 hm^2，约占全国的 10%。总产量达 1.18 亿 t，约占全国的 14%。同年，山东省蔬菜产值（含西甜瓜）达到 2 142.27 亿元，约占全省农业产值的 43.45%。据了解，目前山东保护地蔬菜面积在 13.3 万 hm^2 左右。按照这个面积，农资市场容量超过 100 亿元（包括肥料、农药）。青岛、寿光、莘县、青州、泰安、烟威、沂南等地是山东保护地蔬菜的主要分布地区。寿光、莘县是山东传统蔬菜区，其他地区如济阳、高河、济南以北、平度、苍山、临沂（沂南）等地近几年也发展较快。

从山东省农业厅获悉，到 2020 年，全省蔬菜播种面积要稳定在 213.3 万 hm^2 左右，其中设施蔬菜面积力争扩大到 100 万 hm^2 左右；蔬菜总产量达到 1.25 亿 t 以上，总产值达到 2 300 亿元。

山东省共生产十几大类 150 多种蔬菜，品种极为丰富，有 2 500 多个品种。寿光以黄瓜、番茄、辣椒为主，寿光区域种植技术高，且用药水平稍高。青州地区作物结构主要是蔬菜、姜、西瓜、胡萝卜、樱桃等，2014—2016 年是青州保护地蔬菜发展比较快的时期。扩增方面，近几年，寿光保护地蔬菜每年以 2 万～3 万个大棚的速度在增长。现在新发展的大户居多，并且 40 岁以内的年轻群体越来越多。种植户层面，10 人中有 2～3 人能达到上百万元的收入。

2. 河北

2014 年，河北省设施蔬菜播种面积达到 68.5 万 hm^2，占全省蔬菜总播种面积的 50%。其中，日光温室播种面积为 24.3 万 hm^2，大棚蔬菜播种面积为 18.9 万 hm^2，中小棚播种面积为 25.4 万 hm^2。2020 年，河北省设施蔬菜生产规模预计达 80 万 hm^2。

目前，河北省设施蔬菜 2 000 hm^2 以上的县（市、区，下同）有 80 多个，还有一批超过 2 万 hm^2，如永年、乐亭、肃宁、定州、永清、饶阳、青县等。冀东唐山、秦皇岛两市，冀北承德山区和张家口坝下山间盆地，秋、冬、春三季的热量比冀中南平原的低，但光照充足，阴雾天气少，以日光温室为主，周年生产黄瓜、番茄等各类喜温果菜；环京津地区廊坊、沧州、保定、石家庄以及衡水等，冬季温度高于北部地区，光照相对充足，日光温室与塑料拱棚平分秋色，可以周年生产各类果菜和叶菜；南部邢台和邯郸地区冬季温度条件较好，但阴雾天气多，以塑料拱棚居多，冬季可生产新鲜叶菜和耐寡照的西葫芦等果菜。此外，坝上地区近年开始发展日光温室和塑料拱棚。全省已形成以日光温室和大中塑料拱棚为主，小拱棚、网棚和钢骨架玻璃连栋智能温室为辅的生产格局。目前，河北省日光温室蔬菜面积已占全省蔬菜播种面积的 18%，产量约占 36%，产值约占 40%。

3. 河南

近年来，河南省蔬菜产业发展迅速，2016 年蔬菜种植面积达到 177.3 万 hm^2，占全国种植总面积的 8.09%，产量达到 7 807.61 万 t，占全国的 9.71%。河南省设施栽培面积占蔬菜种植总面积的 20%。每亩露地蔬菜的收益一般在 1 000～2 000 元，每亩设施蔬菜的效益一般可达 5 000～10 000 元，最高可达 3 万元，是一般大田作物的 15～20 倍。

在蔬菜品种多样化发展的同时，蔬菜的种植群体也在慢慢发生变化，从以前的小农户、一家一户转向家庭农场、企业投资农业、农业企业、合作社经营。

在蔬菜流通环节中，80%的终端销售依靠个体商贩实现，发展先进的地区采用农超对接、电商对接、订单销售、市场销售等多元化销售的格局，依托“互联网＋蔬菜”，实现生产方式、流通渠道、服务身份的转变。目前，河南省还有多家现代化农业生产公司。

4. 云南

云南省的蔬菜生产依托其特殊的气候优势，以反季节露地生产为主体。云南省是全国重要的南菜北运基地、西菜东调基地，也是享誉全国乃至世界的“菜园子”。近年来，随着人们生活水平的提升，云南省蔬菜总面积略有增长，种植越来越朝着集约化、多元化、精细化方向发展。据了解，2019 年云南省蔬菜面积达到 116.5 万 hm^2，总产量达到 2 304.1 万 t，2020 年蔬菜产量达到 2 507.0 万 t，同比增长 8.9%。云南省的蔬菜销售以外销为主，60%的云南蔬菜销往省外市场，还有 3.6%出口国外，本省市场只占 36.4%。其中，2016 年出口量达到 90.5 万 t，占全国出口总量的 8.7%。2020 年云南省出口蔬菜 135.6 万 t，出口额达到 106.8 亿元，同比分别增长 15.3%和 5.4%。

云南省的设施蔬菜发展起步比其他省份晚，目前面积为 26.7 万 hm^2 左右，主要集中在昆明和玉溪两地。其中，昆明市 2019 年蔬菜种植面积达到 10.98 万 hm^2（图 4-5），工厂化育苗场达 160 多家，供苗率达播种面积的 41%；总产量为 308.48 万 t，75%以上销往全国 70 个大中城市。

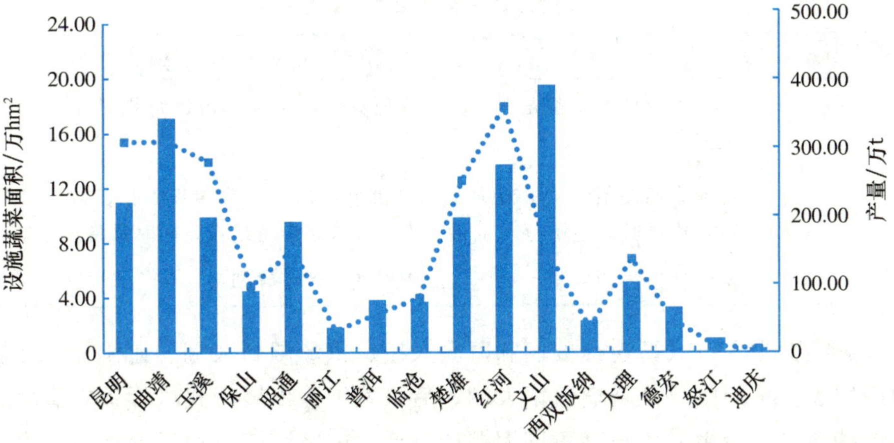

图 4-5　2019 年云南各州市蔬菜种植面积及产量

（数据来源：云南省统计局。）

5. 广东

近年来，广东省的蔬菜播种面积变化不大，蔬菜产量变动幅度相对剧烈。2019 年广东蔬菜播种面积和产量分别为 132.1 万 hm^2 和 3 527.96 万 t，播种面积与 2014 年相差不多，产量相较 2014 年增加了 253.21 万 t（图 4-6）。

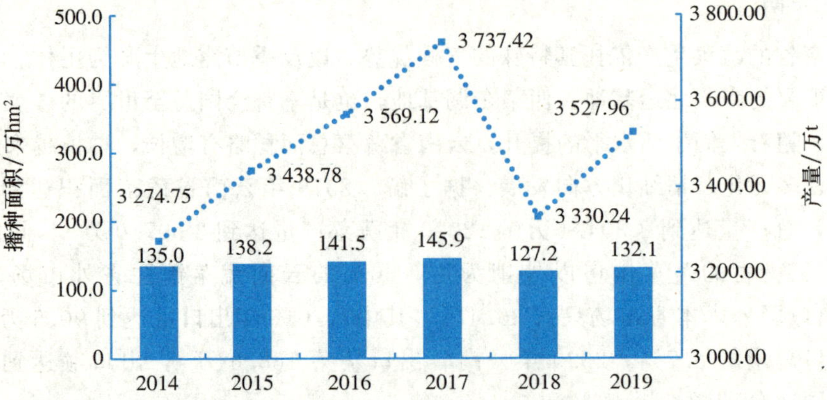

图 4-6　2014—2019 年广东设施蔬菜播种面积及产量
（数据来源：广东省统计局。）

广东省的设施蔬菜栽培有 3 种模式发展较快，它们是广东省设施蔬菜生产发展的主要力量（表 4-2）。

表 4-2　广东省设施蔬菜主要栽培模式

栽培模式	特点
旅游观光	投资大，技术设备先进，蔬菜品种新奇，能吸引市民特别是城市居民来观光
生产与观光兼用	生产高档蔬菜或反季节蔬菜供应市场或出口，采用投入低、效果好的技术，边试验、边示范，主要靠生产收入来维持运作，同时具备观光效果
生产	不重视设施的外观，主要考虑成本低，效果好即可

设施类型主要有大型连栋玻璃和薄膜大棚、拱形塑料大棚、遮阳棚、小拱棚和地膜覆盖。早期主要是玻璃角钢大棚，后来发展为以装配式拱形镀锌管大棚为主。连栋薄膜大棚由于比玻璃角钢大棚造价低，较坚固，且通风性能好，利用面积大，因而近期发展很快。遮阳棚是广东夏季蔬菜种植的有效设施。叶菜类播种面积和产量占比较大，其次为茄果菜（图 4-7）。种植蔬菜产值达 86 025 元/hm^2，成为农业经济的主要增长点，同时，蔬菜生产逐步向欠发达地区转移，珠三角地区的逐步减少。

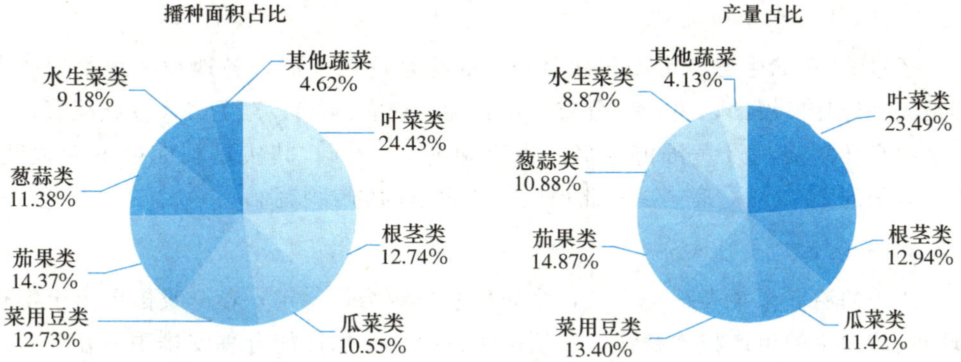

图 4-7　2019 年广东省各类蔬菜播种面积（左）和产量（右）占比

广东省设施蔬菜以后的发展将朝着发展高级保护设施，完善简易设施；高度重视改土培肥，防治土壤连作障碍；完善蔬菜流通体系，促进蔬菜产销对接；加强设施蔬菜专用品种的选育及配套栽培技术研究等方向进行。

（四）我国设施蔬菜的主要特点

1. 低碳节能国际领先

鉴于经济基础弱、消费水平低、能源短缺，我国选择了一条低碳节能的中国特色设施蔬菜发展道路。我国独创的日光温室高效节能栽培，能在－20～－10℃的严寒条件下不加温生产喜温蔬菜，在冬春日照百分率不低于 50％的地区迅速推广应用。大量调研结果表明，与传统加温温室相比，节能日光温室平均每年每公顷节省标准煤 375 t，全国仅 61.8 万 hm^2 节能日光温室，每年即可节省 23 175 万 t 标准煤，相当于减少了 60 718.5 万 t 二氧化碳、197 万 t 二氧化硫、171.5 万 t 氮氧化物的排放量。若与现代化温室相比，其节能减排贡献额还要提高 3～5 倍。在全球携手应对气候变化挑战的今天，此项国际领先的温室节能技术，已经引起了国际有识之士的高度关注和浓厚兴趣。

2. 保护设施经济实用

由于我国的设施蔬菜价位偏低且波动大，广大农民的投资能力弱，发展设施蔬菜产业多采用造价低廉的简易设施。如目前用于蔬菜生产的 127.9 万 hm^2 塑料小拱棚，几乎都是竹木结构的；130.2 万 hm^2 塑料大中棚，竹木骨架结构的棚型占 60％以上；61.8 万 hm^2 节能日光温室，竹木土墙架构的简易温室约占 80％。只有各级政府和企业投资建设的现代化农业园区，才有能力发展现代化连栋温室、装配式热镀锌钢管大棚和永久性节能日光温室。

3. 集中发展分布趋优

经过30年的生态、市场和社会经济的综合选择发展，各地设施蔬菜生产大都是集中连片发展的，主产区分布明显趋优。现有的334.7万hm^2设施蔬菜，主要集中在环渤海湾及黄淮海地区，占全国的57.2%；其次是长江中下游地区，约占全国的19.8%；第三是西北地区，约占全国的7.4%。

4. 果菜茬口类型较多

欧美的温室果菜类蔬菜生产，多为长季节栽培，一年一茬。我国则由于实行节能栽培为主的生产技术路线，必须按照设施的结构性能合理安排季节茬口。北方节能日光温室的采光保温性能优越，能够保证喜温果菜安全越冬生产，多采取长季节栽培，一年一茬。普通日光温室的光温性能不能满足喜温果菜冬季安全生产要求，多采取早春和秋冬两茬栽培。塑料大中棚除在华南和江南的部分地区通过集成内保温多层覆盖进行喜温果菜长季节栽培外，其他多推行春提前和秋延后两茬栽培。

（五）我国设施蔬菜发展的主要成就

设施园艺业发展方兴未艾，10多年前，蔬菜的设施栽培掀起了我国农业的白色革命。经过10多年的发展，取得了巨大的成就。目前的设施蔬菜栽培正在更新换代，不仅是品种的更新换代，园艺设施也逐渐向智能化和中高档方向发展。

1. 保证了园艺产品周年供应

近30年来，设施蔬菜产业的持续高速发展，基本保证了蔬菜的周年均衡供应。20世纪80年代，塑料棚的迅猛发展，实现了早春和晚秋蔬菜供应的基本好转；20世纪90年代，节能日光温室和遮阳网覆盖栽培的迅速推广，形成了周年系列化设施生产体系，破解了冬春和夏秋两个淡季的供需矛盾，满足了人民冬吃夏菜、夏吃冬菜、中吃西菜、北吃南菜的需求。据调查分析，目前设施栽培的蔬菜作物包括茄果、瓜、豆、甘蓝、白菜、葱蒜、绿叶菜、多年生蔬菜、特菜、野生蔬菜等十几类上百种，冬春和夏秋两个淡季也能确保市场有十余类数十个品种的蔬菜供应。2008年，设施蔬菜瓜类产量达到2.47亿t，占当年蔬菜瓜类总产量的36.84%，设施蔬菜瓜类人均占有量达到185.66 kg，相当于露地蔬菜瓜类人均占有量的58.34%。设施栽培已成为蔬菜周年均衡供应的基本保障。

2. 促进了城乡就业农民增收

据调查，在农户间实行互换帮工的情况下，每个劳动者可经营1 000～1 333 m^2

设施蔬菜生产，全国 334.7 万 hm^2 设施蔬菜至少可解决 2 500 多万人就业，并可带动相关产业发展，创造 1 300 多万个就业岗位，为各地在金融危机影响下，妥善安置返乡农民工和缓解城乡就业压力做出了重要贡献。据此测算，2008 年，设施蔬菜产业的总产值为 6 769.71 亿元，净产值为 5 248.98 亿元，使全国农民人均增收 727.66 元，占农民人均纯收入的 15.3%。重点地区设施蔬菜产业对农民人均收入的贡献额都在 2 000 元以上。设施蔬菜已成为缓解就业压力、保证农民持续增收的主导产业。

3. 提升了设施蔬菜产业地位

设施蔬菜产业的技术装备水平高、集约化程度高、科技含量高、比较效益高。抽样调查分析显示，设施蔬菜生产每亩综合平均产值13 485.47 元，每亩净产值 10 456.12 元，比露地生产高 3～5 倍，投入产出比达到 1∶4.45。2008 年，全国设施蔬菜播种面积为 444.5 万 hm^2，产量达到 2.47 亿 t，产值为 6 769.71 亿元，净产值为 5 248.98 亿元，即用 22%的播种面积，创造了 36.84%的产量、63.1%的产值、61.54%的净产值。设施蔬菜的产值相当于种植业的 24.14%、牧业的 32.89%，是渔业的 1.3 倍、林业的 3.14 倍。

4. 增强了质量安全保障措施

防虫网、诱虫板、棚室专用杀虫灯、棚室消毒灯、消雾膜、遮阳网、滴灌等配套器材及其应用技术的开发推广，为棚室增添了物理封闭阻隔、诱杀和遮阳、降温、避雨、降湿等绿色防控手段。这些技术的应用能够有效地控制病虫害的发生和蔓延，实现不用或少用农药，显著提高设施蔬菜产品的质量安全水平。如南方夏秋季节采用防虫网全封闭覆盖生产鸡毛菜，一般不用喷洒农药；若能采用防虫网帐全封闭覆盖栽培，或用防虫网封闭棚室放风口和门窗，配合播（植）前对土壤、棚室消毒，张挂诱虫板，则基本不发生虫害。冬春季节设施栽培若能采用消雾膜扣棚、膜下滴灌，配合适宜高温管理，可使棚室内的光照增加 20%～30%、灌溉用水节约 66%～75%，空气湿度大幅度降低，能够有效抑制病害的发生。因地制宜综合应用上述绿色防控技术，可基本不用施药防治病虫害。

5. 推进了设施蔬菜科技创新

自 20 世纪 80 年代以来，我国设施蔬菜产业的迅猛发展，有力地推进了设施蔬菜科技创新。日光温室蔬菜高效节能栽培技术的研发，创新了日光温室采光保温设计原理，据此设计建造的第二代日光温室，室内外最低温差比第一代提高了 5℃以上，使我国的温室节能技术跃居到世界领先地位。塑料棚蔬菜生产配套技术的集成创新，推出了 13 种优化棚室构型，15 种综合利用和立体种植模式，黄瓜、番茄、辣椒、韭菜、芹菜等主要设施蔬菜作物栽培技术规范，以及以嫁接育苗、设施环境调控为主的蔬菜病虫害综合防治等9项新技术。新型设施蔬菜资源与材料的研发，使我国的薄型耐候功能膜［流滴防老化膜、多功能复合膜、消（减）雾膜］、遮阳网、防虫网、穴盘等研制技术达到了国际先进水平。现代化温室的引进、消化、吸收，催生了我国的温室制造业。上述创新成果的大面积推广应用，已成为我国设施蔬菜产业持续发展的重要支撑，得到了广大农民群众和社会的高度认可，“塑料棚蔬菜生产配套技术推广”“日光温室蔬菜高效节能栽培技术开发”“山东新型日光温室蔬菜系统技术工程研究与开发”“工厂化农业（园艺）关键技术研究与示范”等成果还获得了国家科技进步奖。此外，设施蔬菜产业的迅速发展，还带动了支农工业、建材工业、温室制造业和商业物流的大发展。

6. 推动了我国新型现代农业的发展

我国人多地少，资源短缺，发展设施农业尤为必要。而发展以设施蔬菜为代表的设施农业是实现传统农业向现代农业生产方式转变，建设新型现代农业的重要内容，同时是提高土地利用率，建设资源节约型、环境友好型农业的重要途径。在自主知识产权设施装备与环境控制系统研究与开发、设施蔬菜生物学与基因功能基础研究、设施专用种质种苗选育和应用、优质高产高效栽培技术体系、资源高效利用与连作障碍克服、设施农产品安全保障、采后加工与配套设施技术研究等方面取得的创新成果，已经大面积推广应用。其中日光温室蔬菜高效节能栽培技术的研发，使我国的温室节能技术跃居世界领先地位。

四、世界贸易组织（WTO）与我国蔬菜产业

蔬菜是我国一项重要的出口创汇农产品。蔬菜生产为劳动密集型产业，我国人多地少，农民有精耕细作的好传统，因此相对成本低。国外蔬菜价格一般为国内的5～8倍，加入WTO后，我国蔬菜产品在国外市场竞争中居于有利地位，也面临着一系列机遇和挑战。

（一）关于世界贸易组织

世界贸易组织，1994年4月15日取代成立于1947年的关贸总协定，成为当代最重要的国际经济组织之一。截至2020年5月，WTO拥有164个成员，成员之间的贸易总额占世界的绝大多数，故有“经济联合国”之称。

从2001年12月11日开始，我国正式加入WTO（我国成为其第143个成员），标志着我国的产业对外开放进入了一个全新的阶段。

(二) 加入 WTO 后我国蔬菜产业面临的机遇和挑战

1984 年以来，我国蔬菜购销体制改革及农业产业结构调整，使蔬菜产业得到巨大发展，为走向市场奠定了良好的基础。加入 WTO，虽然对我国农产品市场特别是种植业有较大影响，但由于我国蔬菜生产主要以家庭分散经营模式为主，具有较强的稳定性，而且我国作为农产品生产与消费大国，具有典型的“大国效应”，加之蔬菜商品具有季节性、地域性、易腐性和商品性的特点，所以受到的冲击和影响较小。

1. 国际资源配置发生变化，国内消费市场发生变化

按照 WTO 的有关规则，各成员国须在非关税贸易壁垒的基础上以低关税甚至零关税进行农产品贸易，这迫使各成员国将按比较利益原则进行资源配置，进而引起全球产业布局的重新调整。

蔬菜生产是劳动密集型产业，劳动强度大，工业国家由于土地资源价格、劳动力成本等机会成本的上升而不得不放弃一部分市场。我国的自然条件优越，劳动力资源丰富，劳动力成本相对其他国家的要低得多，我国劳动力价格是发达国家的 1/20～1/6，生产成本低，使得我国蔬菜的价格也低，一般是发达国家蔬菜价格的 1/8～1/5。据测算，1993—2000 年，我国蔬菜平均出口价为 756 美元/t，远远低于国际市场上的价格，蔬菜出口具有明显的价格优势。这些都是我国显著的资源优势，表明争取适销对路的种类和品种出口是完全可能的。从国内消费市场来看，一方面，随着农村城市化进程的加快，商品蔬菜消费者将增加，市场仍然看多看好；另一方面，发达国家正处在由保健型向环保型过渡的阶段，正形成一股“绿色消费”“绿色需求”的热潮，我国许多大中城市居民消费也是如此。所以，以“绿色食品”为对象的蔬菜业酝酿着巨大的商机。

加入 WTO 后，我国蔬菜出口环境得到优化，农产品贸易自由化的进程逐渐加快，蔬菜的价格优势更加显现。价格成为影响我国蔬菜走向国际市场的一个重要因素。这为我国蔬菜产业发展，特别是蔬菜产品出口带来难得的发展机遇。

2. 蔬菜生产组织形式发生变化，发展蔬菜产业为大势所趋

蔬菜在城镇居民消费中占有重要地位，因此，政府的宏观调控措施将会长期起作用，并使企业的所有制形式和经营形式呈多元化，投资主体不断增加，联营方式更多，以家庭为基本生产单位、自产自销的经营方式将被土地转包、合作连片开发、公司加农户等形式所取代。

随着我国社会主义市场经济体制的建立，市场农业初具雏形。股份化、外向化、转变政府职能正健康发展。而发展龙头企业是农业产业化的关键，龙头企业

具有开拓市场、引导生产、深化改革、提供服务和促进发展的综合功能，可把现代企业制度引入蔬菜产业，提高蔬菜产业经营的组织化程度、管理水平和经济效益。根据现有基础，通过改造、联合、兼并等途径组建加工型、营销型、科技型、服务型和综合型的企业或企业集团，通过龙头企业的运作，才能把外销蔬菜产品的开发落到实处。

建立新的良性运行机制，以市场牵龙头，龙头带基地，基地连农户，形成一种良性循环的运行机制，形成一种利益共享的新关系和生产要素优化组合的新格局，是加快蔬菜产业化进程的根本。

蔬菜产业化受多种因素的制约，必须充分理顺内部关系，改善外部环境，构成强大的科技支撑体系、完善的信息支撑体系、健全的金融支撑体系和科学的政策法制保障体系，方能确保蔬菜产业化的顺利实现，进而推动我国蔬菜产业不断发展。

3. 借鉴国际经验，进军国际大市场

发达国家农业产业化的链条非常长，其中合作社起了非常重要的作用，通过合作社将产、加、销连接在一起，从而实现了一体化。因此，我们必须借鉴国外成功的经验，积极推进我国的蔬菜产业化。实现产销一体化或产加销一体化，由龙头企业来带动分散生产的农户，形成利益共享、风险共担的经营共同体。这是产业化的保证，实质问题是把农产品变为商品，实现农业生产与市场的顺利对接。产业化成功的关键是研究市场、把握市场、培育市场、占领市场，最重要的是开拓国内、国际市场，尤其应瞄准国际市场。

4. 蔬菜生产以市场为导向

加入 WTO 以后，蔬菜生产以市场为导向，选择能最大限度地发挥本地资源优势的品种或品种组合，实行专业化生产，发挥规模效益，实现更大范围的分工和协作，形成大生产、大市场和大流通的格局。

同时，蔬菜深加工也得到快速发展，消费者对商品菜的预处理、提高净菜率、分级、包装和市售方便性等的要求提高。蔬菜质量关系发生变化，逐步从数量型向质量型转化，无公害蔬菜、绿色食品成为人们新的追求。在效益关系上，生产者更多地在提高单产、节约成本和规模经营上下功夫。

5. 加快科技进步，提高劳动者素质，广泛应用新技术、新品种

实施科教兴国战略，树立以人为本的思想，抓好新品种和新技术的推广应用和普及，使劳动者的科技文化素质得到提高，使新技术、新成果尽快得到大面积转化和渗透到产前、产中、产后的各个环节，提高全产业的科技含量。

品种结构由单调化、趋同化向多元化演变。随着现代农业技术、生物技术、工程技术的发展及其应用速度的加快，名优新特品种不断涌现并形成规模生产，品种结构大为改善。随着国内外对蔬菜品种和质量要求的不断提高，蔬菜生产广泛应用新技术、新农药、新肥料、新设施、新品种，如使用生物农药、有机肥，实行精量播种、工厂化育苗、立体无土栽培等。蔬菜生产设施和条件也大为改善，可以为植物生长创造良好的生态条件，降低自然风险，逐步改变“靠天吃饭”的局面。生产者的素质和技能不断提高，蔬菜业的科技贡献率大大提高。

6. 流通格局发生变化

随着交通运输条件和通信条件的改善以及大规模的区域种植和专业化生产的形成，流通半径总体扩大，但依种类和季节不同呈现多样化格局。国际贸易较快增长，产地批发市场和消费区批发市场逐步实现网络化、信息化。

应该指出，我国加入世贸组织后，蔬菜产品成为农产品中最具世界竞争力的优势产品之一。据专家分析，发达国家的蔬菜价格一般比我国的高出5～10倍。以2003年9月16—20日的马铃薯、胡萝卜、结球甘蓝、芹菜、茄子、番茄、黄瓜和大蒜等大众菜种批发价格计算，日本东京、美国洛杉矶和加拿大多伦多等地的蔬菜价格与我国北京蔬菜价格相比，高2～87倍。故蔬菜出口优势很大，利润空间可观。

加入WTO，是新形势下蔬菜产业发展的内在动力，是消费结构的提升。发展的机遇是农业结构的调整，发展的外部环境是农产品贸易自由化。加入WTO意味着按照WTO的基本法律原则与国际惯例接轨，在与别国互补互惠的基础上，参与更大范围的、公平有序的竞争。世界各国都有自己的优势和劣势，扬长避短是各国发展的共同经验，也是商品社会实践的产物。

（三）WTO框架下我国蔬菜产业的发展对策

加入WTO后，我国经济与国际经济实现全面接轨，国外资金、产品、技术和管理方式进入我国农业领域，引起农业经济结构和生产经营方式全方位的变革。作为劳动密集型的蔬菜产业，在经济全球一体化和农产品贸易自由化的国际环境下，只有加快改革和发展，才能适应全新的国际环境。

1. 大力发展蔬菜产业

我国是世界蔬菜生产和消费的第一大国，蔬菜是我国种植业中仅次于粮食的第二大农作物，是对全国农村居民人均可支配收入增长贡献最大的种植业，蔬菜产供销是全国从业人员最多的行业。确保蔬菜产业持续稳定发展，是保民生、惠民生、保稳定和促和谐的重大民生工程。近年来，我国蔬菜产业发展迅速，总体上满足了城乡居民对蔬菜数量、质量、品种日益增长的需要。种植面积稳定在2 000万hm^2（3亿亩）以上，年产量在7亿t以上，年销售量达到世界总量的50%。

改革开放以来，特别是加入WTO以来，我国蔬菜产业总体保持平稳较快发展，由供不应求到供求总量基本平衡，品种日益丰富，质量不断提高，市场体系逐步完善，总体上呈现良好的发展局面。

(1) 生产持续发展

自20世纪80年代中期蔬菜产销体制改革以来，随着种植业结构调整步伐的加快，全国蔬菜生产快速发展，产量大幅度增长，上市基本均衡，供应状况发生了根本性改变。播种面积由1990年的近666.7万hm^2（近1亿亩）增加到2010年的1 533.3万hm^2（2.3亿亩左右），产量由2亿t提高到5亿t，人均占有量由170 kg左右增加到370 kg左右，常年生产的蔬菜达14大类150多个品种，逐步满足了人们多样化的消费需求。

(2) 布局逐步优化

随着工业化、城镇化的推进，以及交通运输状况的改善和全国鲜活农产品“绿色通道”的开通，在农业部编制的《全国蔬菜重点区域发展规划（2009—2015年）》的指导下，生产基地逐步向优势区域集中，形成华南与西南热区冬春蔬菜、长江流域冬春蔬菜、黄土高原夏秋蔬菜、云贵高原夏秋蔬菜、北部高纬度夏秋蔬菜、黄淮海与环渤海设施蔬菜六大优势区域，呈现栽培品种互补、上市档期不同、区域协调发展的格局，有效缓解了淡季蔬菜供求矛盾，为保障全国蔬菜均衡供应发挥了重要作用。

(3) 质量显著提高

自2001年“全国无公害食品行动计划”实施以来，农产品质量安全工作得到全面加强，蔬菜质量安全水平明显提高。在蔬菜质量安全水平提高的同时，商品质量也明显提高，净菜整理、分级、包装、预冷等商品化处理数量逐年增加，商品化处理率由“十五”末的25%提高到40%，提升了15百分点。

(4) 加工业快速发展

我国蔬菜加工业发展迅速，特色优势明显，促进了出口贸易。据农业部不完全统计，2009年全国蔬菜加工规模企业达到10 000多家，年产量达到4 500万t，消耗鲜菜原料9 200万t，加工率达到14.9%。另据统计，2010年，我国番茄酱产量达到150多万t，占世界总产量的近40%；脱水食用菌产量达到57万t，占世界总产量的95%，均居世界第一位。

(5) 科技水平不断提高

我国蔬菜品种、生产技术不断创新与转化，显著提高了产业科技含量和生产技术水平。全国选育各类蔬菜优良品种 3 000 多个，主要蔬菜良种更新 5～6 次，良种覆盖率达 90%以上。设施蔬菜达到 333.3 万多 hm^2（5 000 多万亩），特别是日光温室蔬菜高效节能栽培技术研发成功，实现了在室外－20℃严寒条件下不用加温生产黄瓜、番茄等喜温蔬菜，其节能效果居世界领先水平。蔬菜集约化育苗技术快速发展，年产商品苗达 800 多亿株。此外，蔬菜病虫害综合防治、无土栽培、节水灌溉等技术也取得明显的进步。

(6) 市场流通体系不断完善

自 1984 年山东寿光建立全国第一家蔬菜批发市场以来，蔬菜市场建设得到快速发展，覆盖全国城乡的市场体系已基本形成，在保障市场供应、促进农民增收、引导生产发展等方面发挥了积极作用。据不完全统计，70%的蔬菜经批发市场销售，在零售环节经农贸市场销售的占 80%，在大中城市经超市销售的占 15%。

近十几年来，我国蔬菜出口的数量增幅很大。从 2001 年到 2019 年，我国蔬菜出口量增长了 729.37 万 t，进口量增长了 238.17 万 t，表观消费量增长了 23 189.05 万t（表 4-3）。

表 4-3　2001—2019 年我国蔬菜供需平衡分析　　万 t

年份	蔬菜出口量	蔬菜进口量	蔬菜产量	表观消费量
2001	456.23	25.80	48 422.36	47 991.92
2002	544.66	20.81	52 860.56	52 336.71
2003	647.37	14.90	54 032.32	53 399.85
2004	672.33	19.13	55 064.66	54 411.45
2005	757.64	35.14	56 451.49	55 728.99
2006	806.44	45.99	53 953.05	53 192.60
2007	900.33	38.46	57 537.82	56 675.95
2008	920.50	39.16	58 669.21	57 787.86
2009	911.41	46.88	59 139.48	58 274.95
2010	936.80	79.19	57 264.86	56 407.25
2011	1 060.06	92.64	59 766.63	58 799.21
2012	1 021.48	91.89	61 624.46	60 694.87
2013	1 024.87	125.10	63 197.98	62 298.21

续表 4-3

年份	蔬菜出口量	蔬菜进口量	蔬菜产量	表观消费量
2014	1 010.58	101.64	64 948.65	64 039.70
2015	1 044.95	117.65	66 425.10	65 497.80
2016	1 051.87	126.85	67 434.16	66 509.14
2017	1 120.56	155.98	69 192.68	68 228.10
2018	1 142.36	266.29	70 346.72	69 470.65
2019	1 185.60	263.97	72 102.60	71 180.97

数据来源：联合国粮食及农业组织。

2. 加快蔬菜产业科技支撑体系建设

改革开放初期，我国国家、省、市级蔬菜研究所只有 50 多个，从事蔬菜科学研究的专业科技人员很少，与我国蔬菜产业的发展很不适应。蔬菜产业的竞争，说到底，还是科学技术的竞争。没有健全的蔬菜产业技术服务体系，就没有科技人才的集成和生产者素质的提高，就不会有最新科技成果和科学管理，因而也就无力参与市场竞争。针对这一情况，我国下大力气建设蔬菜推广服务体系和经营管理体系。大力组织和实施面向基层农技推广人员的知识更新培训工程和发展农民职业教育，全面提高广大基层农技推广人员和菜农的科技意识和技术水平。

2007 年，中央为全面贯彻落实党的十七大精神，加快现代农业产业技术体系建设步伐，提升国家、区域创新能力和农业科技自主创新能力，为现代农业和社会主义新农村建设提供强大的科技支撑，在实施优势农产品区域布局规划的基础上，由农业部、财政部依托现有中央和地方科研优势力量和资源，启动建设了以 50 个主要农产品为单元，以产业链为主线，从产地到餐桌、从生产到消费、从研发到市场各环节紧密衔接、服务国家目标的现代农业产业技术体系。到 2008 年底，启动建设的 50 个现代农业产业技术体系共设 50 个产业技术研发中心，聘用 50 位首席科学家。针对每一个大宗农产品设立一个国家产业技术研发中心（由若干功能研究室组成），并在主产区建立若干个国家产业技术综合试验站。主要职能是：围绕产业发展需求，进行共性技术和关键技术研究、集成和示范；收集、分析农产品的产业及其技术发展动态与信息，为政府决策提供咨询，向社会提供信息服务，为用户开展技术示范和技术服务，为产业发展提供全面系统的技术支撑；推进产学研结合，提升农业区域创新能力，增强我国农业竞争力。在管理机制上，通过设立管理咨询委员会、执行专家组和监督评估委员会等，确保决策、执行和监督三个层面权责明晰、相互制约、相互协作；调整和完善优势农产品区域布局规划，明确以产业需求为导向的建设现代农业产业技术体系的基本思路。

在此基础上，各省、市、县也加强了蔬菜技术推广、服务体系建设，各省、市、县农业部门均设立了以蔬菜技术服务为中心的经济作物机构，有的县（如内蒙古宁城县）根据本县蔬菜生产的实际需要，成立了“蔬菜局”，和涉农的农、林、牧、水局处于相同的重要位置。

蔬菜技术推广、服务体系建立健全后，全方位地为当地蔬菜生产服务。大规模地开展蔬菜技术培训，极大地提高了广大菜农的科技水平，从而保证了我国蔬菜高产优质的科技支撑。

对于蔬菜生产的科技培训，我国各地根据生产实际，采取了灵活多样的形式，以期取得较好的效果。

(1) 层层培训师资，直接服务农民

多年来，各省、市、县级蔬菜技术推广、服务部门通过召开会议、举办蔬菜技术培训班等方式，层层培训师资，为服务农民奠定基础。在培训方面，邀请高等农业院校教授、蔬菜科研单位科技人员、蔬菜专业学会专家、技术推广部门的骨干，从蔬菜产业发展现状、发展前景到蔬菜种植技术（包括选地整地、品种选择、施肥灌水、农药安全使用及病虫害绿色防控）等方面进行全面讲解。一些蔬菜产区，一年中多次对农民进行技术培训，他们或以乡为单位，或以村为单位，或以生产范围为单位，或以生产季节为单位，直接为农民讲课、发放技术资料。实践证明，这种方法行之有效，立竿见影。

(2) 参观学习，召开现场会议

一些地区，根据本地区蔬菜生产实际和发展需要，组织基层干部、技术人员、农民，到一些蔬菜生产先进单位参观、考察、学习。其目的有三方面：一是解决认识不足问题，帮助参观者认识到发展蔬菜产业对调整种植业内部结构、提高农民收入的重要性和必要性；二是学习这些蔬菜生产先进单位的经验、做法；三是学习这些地方的蔬菜生产的先进技术，尤其是设施蔬菜的先进技术。据一些报道，近十几年来，从全国各地到蔬菜生产先进单位如山东省寿光市、辽宁省北宁市等地参观学习的人络绎不绝。也有一些地区，在自己的管辖范围内召开现场会，召集本地区的干部、技术人员和对发展蔬菜生产持有积极态度的农民参加，充分发挥本地区蔬菜生产典型的示范效果。这些做法，均显示出良好效果。

3. 加速蔬菜科技成果转化

科学技术是第一生产力。科技成果转化是科技与经济紧密结合的关键环节，是产业结构调整和经济发展方式转变的重要途径。只有将科技成果转化为现实的生产力，才能更好地实现科技成果的使用价值，发挥科技创新对经济社会发展的支撑与引领作用。随着农业和农村经济的快速发展，农业作为国民经济的基础面临着严峻的挑战，农业科技成果转化显得越来越重要。未来农业的出路在于现代化，现代化的关键在于科技进步，而农业科技成果的形成、推广和转化是科技进步的重要支撑力和推动力。

改革开放以来，我国加速了出版蔬菜专业书籍和发行蔬菜学术期刊的工作。近十几年来，我国出版了十几万种有关蔬菜生产和技术的专业书籍。为适应全国蔬菜产业发展的需求，蔬菜学术期刊应运而生，发展势头如雨后春笋。蔬菜专业书籍和蔬菜学术期刊是反映我国蔬菜领域的先进技术和研究水平、报道蔬菜科研成果、开展学术理论争鸣的重要信息载体，是推动我国农业由传统农业向现代农业转化的重要媒介。蔬菜专业书籍和蔬菜学术期刊信息量大，传播面广，在广大农业科技工作者之间架起了一座桥梁，成为蔬菜科技成果转化的一条重要途径。

2007 年 3 月，为深入贯彻落实《中共中央　国务院关于推进社会主义新农村建设的若干意见》和《中共中央办公厅　国务院办公厅关于进一步加强农村文化建设的意见》，新闻出版总署会同中央文明办、国家发展和改革委员会、科技部、民政部、财政部、农业部、国家人口和计划生育委员会联合发出了关于印发《“农家书屋”工程实施意见》的通知，开始在全国范围内实施“农家书屋”工程。“农家书屋”是为满足农民文化需要，在行政村建立的、农民自己管理的、能提供农民实用的书报刊和音像电子产品阅读视听条件的公益性文化服务设施。“农家书屋”的建设，也成为蔬菜科技成果转化的一条重要途径。

为全面实施《中华人民共和国科学技术普及法》和《全民科学素质行动计划纲要》，全国普遍建立了农业科技示范户。农业科技示范户是先进农业技术推广的样板户，国家在物资、技术力量上给予一定的扶持，帮助示范户率先掌握先进的农业科技技术。科技示范户运用科学技术从事蔬菜种植、加工和销售，提高了农民科学素质，培育了有文化、懂技术、会经营的新型农民，促进了农业科技成果的转化和农民增收。

4. 加快蔬菜市场信息体系建设

蔬菜是鲜嫩商品，不仅保鲜期短，而且市场价格多变，供求矛盾转化快。因此，通畅和准确的信息网络成为蔬菜生产、加工和销售有序进行的前提条件。为此，我国蔬菜产区建立了统一完整、信息灵敏、覆盖面广的蔬菜信息采集、发布系统，如中国蔬菜网、中国蔬菜供求信息网、蔬菜商情网、菜灵通蔬菜网等 10 余家网站，并且做好有关蔬菜信息的收集整理、分析预测、反馈等工作，将产前、产中、产后环节紧密联系起来。该蔬菜信息系统不仅提供当前各地主要批发市场的蔬菜价格和主要蔬菜生产地的生产、供应状况，还提供当前国际市场上主要蔬菜品种的价格和主要蔬菜品种的供求状况。这样，有关部门可以随时了解到国内市场与国际市场有关蔬菜的准确信息，从而指导区域间市场、国内市场与国际市场的产销衔接，引导农业产业结构调整。

如中国寿光蔬菜网，成立于2008年，是一家面向全球提供蔬菜产品的大型B2B贸易平台，涵盖了蔬菜产品供求、行业资讯、技术服务、专业会展等网络信息。该网站以"引领农业信息化、服务农业产业"为己任，全力打造蔬菜行业门户网站。这个网站包括蔬菜行业市场分析、蔬菜行业的产品供求信息、蔬菜价格、热门蔬菜行业会展、政策法规等信息资源，另外，该网站还提供会员注册服务，全力为会员提供免费的信息发布平台，为各类蔬菜种植、加工企业的宣传推广和农民朋友的信息咨询提供高品质、便捷的服务。

5. 加快蔬菜产品质量体系建设

随着我国经济的发展，我国蔬菜的产量越来越高，并且随着人们生活水平的提高，各种反季节蔬菜的需求量也越来越大，但是与国际市场相比，目前我国蔬菜产品质量不高，加入WTO以后，这一问题日益突出，这与我国缺乏科学统一的蔬菜产品质量标准体系有关。因此，我国尽快地完善了有关蔬菜的质量安全标准和生产技术规范，十几年来，先后制定了多种无公害及绿色蔬菜生产、加工等方面的标准和法规，使蔬菜质量有标准可依，同时，加强了蔬菜产品质量检测，以全面提高蔬菜产品质量。在外观质量上，对蔬菜品种、品质、生产技术，蔬菜产品分级、包装和储运等方面进行了全方位的改进；在内在质量上，对营养、安全性和适应性等方面进行了改进。

我国依靠科技进步，不断提高蔬菜产量和品质，为适应加入WTO后对蔬菜质量的要求，在要求增产的同时，更加注重依靠科技进步提高蔬菜的品质。多年来，我国选育和引进了一大批丰产、抗病、优质的新品种，实现蔬菜生产良种化，并研究、推广配套高产栽培技术。狠抓无公害蔬菜的生产，积极发展绿色、有机蔬菜。进行蔬菜贮藏保鲜和加工技术的研究和开发利用，进一步提高产品质量，降低损耗，提高蔬菜产品的附加值。

6. 调整产业结构，积极发展蔬菜产品深加工

新鲜蔬菜在抵达销售点时都要经过各种清理、准备和包装程序，加入WTO以后，发展蔬菜产品加工业日益成为蔬菜产业化的重要环节。在美国，农产品深加工的产值已占农业总产值的74%，在日本和法国也均在70%以上，而我国尚不足30%。同时，由于我国的蔬菜供求关系已由卖方市场转变为买方市场，为

实现蔬菜产品的多次增值，我国提高了蔬菜产品的加工水平和加工深度，以增加蔬菜产品的附加值。这样既有利于增值增效，又有利于开拓市场。随着科学技术的发展，蔬菜产品的深加工将成为有前途的产业。因此，我国根据市场需要，积极发展蔬菜产品的深加工，提高产品深加工的质量，提高产品附加值和市场竞争力，使之成为农业经济的新增长点。

随着国内对速冻蔬菜的逐步重视以及国际间技术交流的日益增加，我国的速冻果蔬生产加工及贮运技术得到进一步发展。蔬菜罐头是我国加工蔬菜的主导产品，也是我国蔬菜产业在国际市场上最具竞争力的产品。2016 年，我国的蔬菜罐头出口量超过 140 万 t，其中番茄酱罐头的出口量突破 80 万 t。浓缩蔬汁（浆）以出口为主，主要有番茄酱，产量位居世界第三，生产能力居世界第二。我国蔬菜加工产品市场经过多年的发展已逐步建立起稳定的销售网络，在国内、国际两大消费市场占据重要位置。蔬菜的综合利用已成为我国蔬菜加工业的新热点。

7. 大力发展绿色蔬菜

加入 WTO 后，我国农业产业面临着来自国外农产品的巨大冲击，蔬菜产业也不能例外。

我国绿色蔬菜食品发展一直受到国家及有关部门的高度重视，“十五”期间，国家把发展绿色食品作为未来相当长一段时间内农业发展的方向。农业部决定从 2001 年起在全国范围内实施“无公害食品行动计划”，用 8～10 年的时间基本实现主要农产品生产和消费无公害。国家经贸济贸易委员会、财政部、卫生部、交通部、铁道部等部委提出了“提倡绿色消费、培育绿色市场、开辟绿色通道”的“三绿工程”实施计划。这些政策方案的出台，为推动绿色蔬菜食品产业的发展起了重要作用。

从 1990—1998 年，我国共有 95 家企业的 144 个蔬菜产品注册绿色食品标志，占全国绿色食品产品总量的 14.2%，绿色蔬菜食品实物产量达 328.8 亿 kg，种植面积达 19 万 hm^2。但总体上，绿色蔬菜的种植面积仅占全国蔬菜种植面积的 1%。2001 年 4 月，一项以提高农产品质量安全为核心的无公害食品行动在全国范围内实施，以“菜篮子”为突破口，对农产品实行从农田到餐桌的全过程质量控制。

目前，我国绿色蔬菜食品发展还处于起步阶段，各地仅仅建立了一批示范性基地，还未能在市场中占主导地位。随着经济的不断发展，人们将不会满足于现在的蔬菜产品质量和数量。从绿色食品产业性质来看，绿色食品符合现代农业和食品工业发展的方向，符合我国的宏观产业政策，符合人民生活要求，符合市场需求，符合经济发展规律。因此，大力发展绿色蔬菜产业，可以产生巨大的滚动增值效益，带动地域经济的全面发展。

从我国有机蔬菜消费量的走势看，消费者对于有机蔬菜的需求量越来越大，尤其是近几年，随着经济水平的增长以及对食品安全的关注，人们对蔬菜品质要求越来越高，给有机、绿色、无公害蔬菜的发展带来了较大的增长空间。由图4-8可以看出，2014年，全国有机蔬菜种植面积达到95.5万亩（6.4万 hm^2），比2007年增加了21.5%；有机蔬菜产量为205万t，比2007年增加了109.2%；有机蔬菜的消费量达到了97万t，比2007年增加了86.5%。

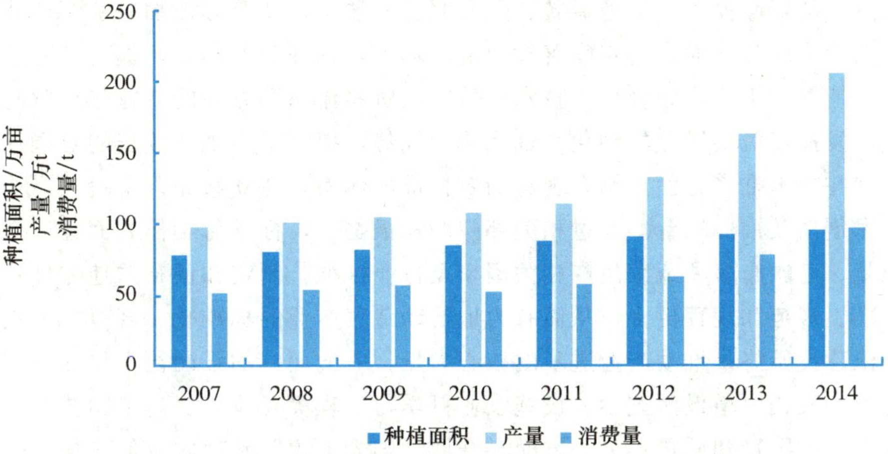

图 4-8 **2007—2014年我国有机蔬菜种植面积、产量以及消费量**

五、我国蔬菜产业取得的主要成绩

我国蔬菜产业是伴随着农业现代化进程不断发展起来的可持续农业生产方式，具有集约化程度高，能够大幅度提高资源利用率和劳动生产率的特点，能够创造出较高的社会效益、经济效益和生态效益，因而成为现代农业的重要标志。

蔬菜是我国种植业中仅次于粮食的第二大农作物。近年来，我国蔬菜生产持续发展。2015年，我国北方设施蔬菜面积达125.3万多 hm^2，总产量为1.17亿t，分别比2012年增加了6.6万多 hm^2 和1 200多万t，有效保障了北方城市冬春淡季蔬菜供应。2019年，我国蔬菜种植面积达到3 879.8万 hm^2，产量约为7.21亿t，国内蔬菜市场成交额为2 086.3亿元，蔬菜出口较2001年大幅度增加。2019年蔬菜出口量达到1 185.6万t，出口金额达到近137.81亿美元。

《全国种植业结构调整规划（2016—2020年）》提出，统筹蔬菜优势产区和大中城市“菜园子”生产，巩固提升北方设施蔬菜生产，稳定蔬菜种植面积。到2020年，蔬菜种植面积稳定在2 133.3万 hm^2（3.2亿亩左右），其中设施蔬菜达到 420 万 hm^2（6 300 万亩）。

（一）蔬菜产业支撑体系逐步完善

国家发展蔬菜产业的宏观政策、社会服务、技术推广、人才供应和标准体系等，是蔬菜产业健康发展的主要支撑，也是产业发展环节的重要内容。

在宏观政策方面，国家明确了发展蔬菜产业的各项方针政策，为建立完善的蔬菜产业政策管理和保障机制打下坚实基础。全国各地也纷纷出台了蔬菜产业促进政策，从资金投入、土地流转、金融服务和技术扶持等方面加快蔬菜产业的发展。在社会服务方面，逐步完善产业链前端及末端环节的建设，提高了专业化育苗、产地深加工、设施维护、技术支持以及贸易流通等方面的专业化程度与服务水平，发挥了蔬菜产业集约化和现代化的优势，提高了整个产业链的协调性和竞争力。在技术推广方面，结合现有的农技推广体系，建立和完善了蔬菜产业区域性技术创新及推广平台。经过相关部门的积极努力，标准化工作方面也取得了很大成就，已颁布多项蔬菜生产相关国家及行业标准，制定和颁布的地方性栽培技术标准、规范和规程更多，从而有力地推动蔬菜产业的标准化、规范化发展。人才队伍建设始终是推动产业进步的核心力量。一方面，加强园艺学科建设，我国农业类高校相继增设园艺学、设施农业科学与工程等专业，提高了园艺专业高等教育人才的数量和质量；另一方面，开展“阳光工程”和“农业信息化”等农村农技培训推广活动，提高了蔬菜生产一线经营者的技能，构建和完善了蔬菜产业的人才保障支撑机制。

（二）设施蔬菜成为发展新型现代农业的重要推手

设施园艺作为一种对设施装备要求较高的生产方式，其设施的规模与结构、装备的种类与数量反映了一个国家或地区的总体生产能力和保障水平。经过 30 多年的发展，我国设施园艺面积已位居世界首位。据统计，2017 年设施蔬菜面积达到 393.3 万 hm^2（5 900 万亩），预计 2017—2021 年平均复合增长率为 1.25%，2021 年将达到 413.3 万 hm^2（6 200 万亩）。

在设施类型方面，通过吸收国外先进技术，并结合我国气候资源特征，研发、设计出具有我国鲜明特色的节能型日光温室和各种类型的现代温室，温室整体性能基本达到发达国家同类产品的水平，初步形成包括塑料大棚、日光温室和连栋温室等在内的我国现代设施类型体系。

在设施装备方面，随着设施园艺产业的发展，逐步形成了以人工气候室、组配用具为代表的设施品种繁育设备类，以专家系统软件、设施水处理设备为代表的设施栽培管理产品类，以 CO_2 施肥设备、土壤消毒设备为代表的栽培营养及植保设备类，以温室覆盖材料、灌溉装置为代表的温室设施装备与产品类，以小型拖拉机、果蔬清洗分级机为代表的设施农机类等多种装备。这些装备的研发和推广，有力地提高了设施园艺的机械化生产水平，推动了设施园艺产业的健康发展。

（三）蔬菜品种多元化

随着蔬菜消费市场的多元化发展，适应不同消费群体、不同季节、不同熟性的蔬菜新品种不断涌现，越来越多的质优味美型蔬菜、营养保健型蔬菜、天然野味型蔬菜、奇形异彩型蔬菜、绿色安全型蔬菜进入千家万户。

1. 茄果类蔬菜

茄果类蔬菜是人们需求最多的蔬菜种类之一。多年来，我国各级蔬菜育种单位，根据生产实际需要，培（选）育出大量的优质、高产、抗病品种，如中国农业科学院、国家蔬菜工程技术中心培育的系列番茄品种、青椒品种、辣椒品种、茄子品种，已在全国各地大面积推广；各省、市育种单位培育的新品种，也已在本地区有较大面积的种植。近 10 年来，我国从荷兰、以色列等蔬菜育种技术比较先进的国家引进并推广了一大批优良茄果类蔬菜品种，如樱桃番茄、大果耐贮运番茄、彩色甜椒、线椒、长茄、白茄等。这些引进品种深受市场欢迎，极大地丰富了茄果类蔬菜品种。

2. 瓜类蔬菜

我国种植面积最大的瓜类蔬菜——黄瓜，其推广品种多年来以天津培育的“津研”系列和“密刺”系列为主。近年来，我国从国外引进了一批水果黄瓜品种，国内一些育种单位也培育了一批水果黄瓜品种。由于其品质优良，深受人们喜爱，迅速在全国推广。同时，一些丝瓜、苦瓜、冬瓜、南瓜新品种，充满了全国各地蔬菜市场。

3. 山野菜

随着人们生活水平的不断提高，不少居民对天然野生型蔬菜的需求量不断增加。荠菜、山芋、竹笋等在菜市上成为固定“角色”。山野菜长期生长在山坡、草原等自然环境中，生命力强，受污染少。山野菜具有质地新鲜、风味独特、营养丰富的特点，而且具有很高的营养价值，含有人体需要的多种矿物质和微量元素。因此，山野菜的人工种植和加工成为蔬菜新兴产业。

4. 芳香蔬菜

近年来，人们对香料型蔬菜的消费也日益增多，如荷兰芹、姜芹、牛至、留兰香、茴香等。芳香蔬菜大多数是唇形科植物，因为它们都含有芳香类物质，有清脑提神的作用，所以受人欢迎。芳香蔬菜可做成酱或调味料，因此成为蔬菜家族中的新成员。

5. 保健蔬菜

目前，在菜源扩大、品种增加的情况下，挑好选优、注重营养已成为消费者的基本要求。保健型蔬菜日趋流行，爱吃“补药菜”的消费者越来越多。例如，芦笋能养心安神，百合可消肿，南瓜能消毒止痛等。

（四）技术进步获得了全面突破

我国自“六五”和“七五”期间开始以塑料大棚结构优化、人工气候室设计为主的设施园艺科研攻关。“八五”和“九五”期间，我国将日光温室结构性能优化和工厂化育苗列入重点攻关课题，并且组织实施了工厂化高效农业示范工程项目。“十五”以后，我国进入园艺科研的高峰期，国家继续实施工厂化农业科技攻关课题，在品种选育、新型温室设计、环境控制和病虫害综合防治等方面取得了较大的进展。

经过多年的发展，我国的蔬菜生产在新品种选育、育种技术、设施栽培技术、无公害生产技术、应用现代生物技术对蔬菜品种改良及其产业化等方面发展迅速，并取得了长足的进步。此外，蔬菜病虫害综合防治、无土栽培、节水灌溉等技术也取得明显进步。科技含量的提升促进了蔬菜产量大幅度增长，品种日益丰富，质量不断提高，市场体系逐步完善，总体上呈现良好的发展局面。

1. 工厂化育苗技术

我国工厂化育苗始于20世纪80年代前后的国外技术装备引进。1979年江苏省从日本引进成套工厂化水稻育秧设备。80年代中期，我国正式引进穴盘苗技术，并在京郊花乡建起了中国第一座穴盘育苗生产场，随后又引入穴盘育苗精量播种生产线和种子丸粒化加工设备，初步具备了工厂化生产的人工环境和集约化特征。随着设施园艺技术的不断进步，目前国内进行工厂化育苗生产的作物不仅有蔬菜、花卉、水稻、林木，烟草、药材等植物的育苗也在尝试工厂化生产。

根据辽宁、河北、山东、湖北等25个省统计，2011—2013年，采用蔬菜工厂化育苗技术育苗累计686.87亿株，栽培面积达到152.9万 hm^2（2 292.85万亩）。据2012年统计，山东省建成规模育苗场300家，年育苗量为40.2亿株；河北省建成117家育苗场，年育苗量达到20亿株，包括54家小型（年育苗

1 000 万株以下）、53 家中型（年育苗 1 000 万～3 000 万株）和 10 家大型（年育苗 3 000 万株及以上）育苗场，遍布全省 11 个地级市。

2. 水肥一体化栽培技术

水肥一体化技术是将施肥和灌溉相结合的一项新技术，是精确施肥与精确灌溉相结合的产物。近年来，国家出台多项政策，鼓励和支持水肥一体化技术的应用推广。如今这项“高大上”的新技术，已经普遍推广应用。

水肥一体化技术具有节水、节肥、省工等特点，采用水肥一体化技术，节水 30%～60%，节肥 30%～50%，每季蔬菜节省施肥打药劳力 10～15 个。采用水肥一体化技术，能降低大棚湿度，减轻病虫害，从而减少农药的使用，保证蔬菜质量的安全。采用水肥一体化技术后，水肥供应均匀，蔬菜生长一致，产量和商品率都有较大提高，进而促进菜农增收。

目前，蔬菜上推广的水肥一体化主要有微喷和滴灌两种。微喷技术成本相对较低，设备可连续使用 6～8 年，安装操作简单，对水源和肥料要求不高，管道不易堵塞。滴喷技术相对微喷技术成本较高，对水源和肥料要求严格，但该技术节水、节肥效果更好。

3. 无公害蔬菜栽培技术

无公害蔬菜是严格按照无公害蔬菜生产安全标准和栽培技术生产的无污染、安全、优质、营养型蔬菜。无公害蔬菜中农药残留、重金属、硝酸盐、亚硝酸盐及其他对人体有毒、有害的物质的含量在法定允许限量之内，符合有关标准规定。近年来，我国大力发展无公害蔬菜生产，重点把好生产基地选择与改善、种植过程无害化、蔬菜残留毒物检测“三关”，抓好产地环境、品种选用、培育壮苗、健身栽培、病虫防治、质量检测六大环节，采取无公害蔬菜生产技术措施，使基地环境、生产过程和产品质量达到无公害标准要求。无公害蔬菜已经成为我国蔬菜产品的主体。

4. 无土栽培技术

无土栽培是近几十年来发展起来的一种作物栽培的新技术。我国无土栽培的研究和生产应用始于 20 世纪 70 年代，主要是水稻无土育秧和蔬菜作物无土育苗。1980 年，全国成立了蔬菜工厂化育苗协作组，除研究无土育苗外，还进行了保护地无土栽培技术研究。2016 年，中国农业科学院植物研究所和福建三安集团建立起世界最大面积的全人工光植物工厂——中科三安植物工厂，实现了无土栽培蔬菜生产的大规模产业化应用。

无土栽培虽是一门年轻的科学，但它已经发展应用到许多领域，这与它具有许多优点是分不开的。其主要优点有：节水、省肥、高产；清洁卫生无污染；省工省力、易于管理；避免连作障碍；不受地区限制、充分利用空间；有利于实现农业现代化。

无土栽培在我国应用范围很广泛，主要应用于蔬菜栽培，以培养无污染的绿色食品。此外，还用于无土育苗。无土栽培的幼苗生长迅速、苗龄短、根系发育好、健壮整齐，定植后缓苗时间短、易成活。还可避免土壤育苗带来的土传病害和虫害，同时还便于科学、规范管理。

无土栽培的类型和方法很多，只能按照其固定方式，大至分为无基质栽培和基质栽培两大类。无基质栽培的方式为水培，这种方式在我国仍处于示范时期，主要应用于现代农业科技园区、农业观光园区。基质培养的特点是栽培作物的根系固定在有机或无机基质中。有机基质有泥炭、稻壳、树皮等，无机基质有蛭石、珍珠岩、岩棉、陶粒、沙砾、海绵土等。基质栽培在大多数情况下，水、肥、气三者协调，供应充分，所需设备的成本较低，便于就地取材，生产性能优良而稳定。目前，基质栽培的应用范围已经比较广泛，一是普遍应用于育苗，二是用于蔬菜的高效栽培。

随着农业科学技术的不断进步，我国无土栽培技术的应用，必将获得更大的推广空间。

(五) 蔬菜的深加工得以长足发展

蔬菜是不同于粮食的鲜活产品，在加工能力薄弱的情况下，只能使产品以鲜菜形式销售，产品附加值难以提高。根据国内外消费习惯的发展变化，我国大幅度提高蔬菜贮藏和加工能力，拉长蔬菜产业链条，使蔬菜产品附加值明显增加。

我国蔬菜加工趋向方便型。净菜上市适应了居民生活快节奏、高效率的要求，目前正向净菜小包装方面发展，即在产地整理、消毒灭菌、分级和包装密封，然后上市。速冻菜、真空保鲜菜便于贮藏和运输，主要用于出口创汇，市场非常广阔。

目前，我国蔬菜加工产业已具备一定的技术水平和生产规模。在加工技术及装备方面，我国的蔬菜产业技术与装备水平正在逐步提升，部分先进技术与装备已达到发达国家20世纪90年代末的水平；在脱水蔬菜领域，我国研制的真空冻干技术设备水平已达到国际20世纪90年代同类产品的先进水平。另外，微波干燥和远红外干燥技术也在一些企业中得到应用。在加工规模上，我国已形成一批具有较强市场竞争力的产业集团，如新疆屯河、山东九发、山东龙大、浙江海通、北京牵手等蔬菜深加工企业，这些龙头企业的快速发展对带动我国蔬菜加工产业的发展发挥了积极的作用。

外向型蔬菜加工产业布局已基本形成。目前，我国蔬菜加工产业逐步向布局集中、产业集聚的方向发展。我国蔬菜加工产业已形成西北番茄酱加工基地，东部及东南沿海干制、罐头、速冻和腌制蔬菜加工基地。山东、福建、浙江、新疆、江苏、广东是我国蔬菜出口的主要省区。

1. 速冻蔬菜加工

我国速冻蔬菜加工已形成适宜四季生产蔬菜的东部及东南沿海产业带，如福建、山东、浙江、广东、江苏、上海等。主要出口豆类、笋类、蘑菇、菠菜、山芋、马蹄、马铃薯、花椰菜、青花菜、甘蓝、青椒等速冻蔬菜品种。

2. 脱水蔬菜加工

我国脱水蔬菜加工已形成东南沿海省份及宁夏、甘肃、内蒙古等西北地区产业带，例如，青椒、红椒主要集中在内蒙古及宁夏、甘肃一带加工。我国干辣椒出口量已占世界干辣椒出口量的20%以上，其中贵州是我国著名的辣椒产区。

3. 蔬菜汁加工

目前，我国已形成蔬菜浓缩汁、蔬菜汁饮料加工产业带，建立了以环渤海地区（山东、河北）和西北（新疆）两大浓缩蔬菜汁加工基地，而直饮型蔬菜汁饮料生产则形成了以大城市为主的加工基地。

4. 腌制蔬菜加工

在我国腌制蔬菜产业中，榨菜产业主要集中在重庆、浙江、贵州，酱菜产业主要集中在大城市如北京等，山野菜如蕨菜加工主要集中在东北，泡菜主要集中在山东的青岛、东北的沈阳、四川的成都等地。

5. 蔬菜罐头加工

我国已形成蔬菜罐头的加工产业带，主要分布在东部及东南沿海地区及西北地区。福建、山东、云南、陕西等省份集中了蘑菇、芦笋等罐头生产，其中福建出口的蘑菇罐头占全国蘑菇出口额的70%左右。番茄酱加工主要集中在西北地区新疆、甘肃等省。竹笋罐头以浙江、福建、江西为主产区。

作为蔬菜产业的重要组成部分，蔬菜加工业已经成为我国蔬菜产业实现可持续发展的重要保障力量。我国蔬菜及其加工制品出口主要集中在东盟、日本、韩国、俄罗斯、美国、欧盟等国家和地区。蔬菜及其加工出口产业在我国农产品出口贸易中占有重要的席位，据中国海关年鉴统计数据（2001—2019 年），自我国加入 WTO 以来，我国蔬菜及其加工制品出口量及出口额稳定增长，形成了以沿海冷冻、脱水、罐头，西北浓缩浆、脱水蔬菜及西南腌制蔬菜加工为主的产业发展格局。在出口额方面，2001—2019 年年平均增长率达到 9.95%，其中 2019 年我国蔬菜及其加工制品出口额达到 137.81 亿美元，占我国农产品出口贸易总额的 24.97%。在出口量方面，2019 年我国蔬菜及其加工制品出口量达到 1 185.6 万 t，占我国农产品出口贸易总额的 29.31%，年均增长率为 5.45%。

加入 WTO 以来，我国加工蔬菜平均出口额占蔬菜总出口额的 69%，新鲜蔬菜平均出口额占比为 31%，前者是后者的 2.2 倍，即加工增值平均为 2.2 倍。我国加工蔬菜出口主要种类为腌制蔬菜，2019 年在整个加工蔬菜出口量中占比为 14.84%；其次为冷冻蔬菜，占比为 8.18%；蘑菇罐头位居第 3 位，占比为 6.96%。

（六）设施园艺提升了农业现代化整体水平

我国不断加大蔬菜产业建设投入力度、优化结构和提升科技水平，推动蔬菜产业向规模化、标准化和产业化发展。在加大蔬菜产业规模化发展的同时，我国全力将蔬菜产业发展方式和经营方式向标准化发展。目前，已基本形成以错季菜、设施菜、订单菜为主要形式的生产基地。与此同时，还兴办了多种形式的蔬菜专业合作社，实行“公司＋基地＋农户”“龙头企业＋合作组织＋农户”等多种产销合作运行模式，开展集中连片的专业化蔬菜种植生产，集中力量培育基础好、规模大、特色鲜明、产业化水平高的蔬菜产业核心区。

在整个蔬菜产业中，作为现代农业的典型，设施园艺肩负着产业辐射、技术引领和示范带动的社会功能。提升农业现代化水平既是蔬菜产业发展的目的之一，又是衡量其产业影响力的标志。生产技术科学化是农业现代化的动力源泉，设施园艺是一种技术密集型的农业产业，正是不断将先进的栽培、环境控制与加工等技术应用于生产过程，才提高了产品产量和品质。

农业机械化是农业现代化的基础，设施园艺在产前、产中和产后各环节综合应用了现代化装备，从而提高了劳动效率。农业产业化是农业现代化的重要内容，设施园艺逐步形成了土地流转集中管理、订单生产、产供销一体化经营和社会化生产服务等一整套生产经营流程，提高了农业生产的产业化水平。

发展可持续化是农业现代化的必由之路，较高的资源和能源利用效率，有利于提高农业生产的可持续性。因此，设施园艺的快速发展，促进了农业生产的技术科学化、生产机械化、经营产业化与发展可持续化，蔬菜产业的高水平发展提升了整个农业产业的现代化水平。

六、涌现出一大批发展蔬菜产业、振兴乡村经济的典型

（一）山东寿光设施蔬菜产业

山东寿光地处山东半岛中部，有悠久的蔬菜种植历史，是我国著名的“蔬菜之乡”。寿光地处平原，属暖温带半湿润气候，土地肥沃，地下水丰富，拥有良好的自然条件，年平均气温为12.7℃，年平均降水量为593.8 mm，年平均日照总时数为2 548.8 h。自20世纪80年代中期，寿光设施蔬菜的种植规模不断扩大，经过近20余年的发展，寿光的设施蔬菜产业已经形成集群。目前，寿光设施蔬菜作为我国乃至国际的知名品牌，影响力极为深远。

1978年，寿光市蔬菜种植面积大约为0.5万hm^2，产量不足1亿kg，而且品种十分单一，主要是大白菜、萝卜和大葱等，以地产地销为主，效益比较低下。1989年，寿光市孙家寨镇三元朱村率先建起了17个冬暖式蔬菜大棚，掀起了一场蔬菜反季节种植的技术革命，从而结束了北方寒冷冬天不能生产蔬菜的历史。此后，冬暖式蔬菜大棚在寿光得到了迅速推广和发展。

目前，全市蔬菜种植面积为5.7万hm^2，其中设施蔬菜常年播种面积为4.0万hm^2，年产量为450万t，总产值约为110亿元，年交易蔬菜约900万t，出口蔬菜以番茄、彩椒、胡萝卜为主。“乐义”蔬菜等23种农产品注册了商标，20类100个蔬菜品种获得国家绿色食品发展中心颁发的“绿色证书”。有机食品基地有3处，面积达到153 hm^2，共有62个产品。现在全市农贸批发市场有26处，集贸市场有186处。建设的农产品超市、连锁店已超过100家，发展蔬菜经营公司逾400家，蔬菜运销专业户、经纪公司等中介组织约有1.7万个。与全国逾200个大中城市农产品市场及国家机关、大型企业开展了直供直销、连锁经营和配送业务，产品销往逾10个国家和地区。到目前为止，寿光已连续成功举办22届中国（寿光）国际蔬菜科技博览会，举办了设施蔬菜国际品种展、全国蔬菜质量标准高峰论坛等。为加快由家庭分散生产向适度规模经营转变，寿光市成立了超过3 110家合作社，以利于抵御市场风险，其中果蔬类合作社达到2 128家。寿光设施蔬菜已发展成为我国为数不多的农业产业集群之一。

1. 科技振兴蔬菜产业

20多年来，寿光市与中国农业科学院、山东农业大学等多所省级以上科研单位和院校合作，成立了山东省蔬菜工程研究中心。潍坊科技学院立足寿光蔬菜

产业发展需求，积极服务寿光经济社会发展、服务寿光菜农。寿光先后从世界范围内引进蔬菜良种 2 000 多个，经过试验，成功推广 400 多个。目前，全市共推广应用蔬菜生产新技术 24 类，先后推广 300 多项国内外的新技术、1 000 多个新品种和 30 多种新的种植模式，使科技对农业的贡献率达到 67%。

中国农业科学院、山东农业大学等在寿光设立科研机构，进行新品种和新技术的研发试验，建立高标准大棚。2006 年 3 月，寿光市农业局成立了农业信息服务中心，开通了远程的视频咨询服务系统，在寿光 350 个农资经营点建立了服务站，配置了计算机、网络摄像头、电话等设备，每天有 2 名专业的"蔬菜医生"在网上为农户提供作物病虫害的诊断和农业技术的指导服务。该农业信息服务中心的服务范围覆盖了全市 600 多个村，并延伸到周边 10 余个市（区、县），被当地农民形象地称为"科技眼"。

从 1989 年到 1997 年是科技创新及寿光蔬菜产业集群的发展、扩张阶段。1990 年，全市冬暖式大棚发展到 5 000 个，1992 年发展到 7 万个。到了 1995 年，全市蔬菜种植面积发展到 50 多万亩，其中冬暖式大棚将近 20 万个，年总产量达到 20 亿 kg，总收入超过 17 亿元。寿光市有 4 000 多名蔬菜种植技术员，他们常年奔赴于全国各地指导蔬菜种植技术，使蔬菜大棚发展到周围县市以及青海、新疆、甘肃等全国 20 多个省（自治区、直辖市）。同时，蔬菜品种的结构也不断实现优化升级，各种精细、稀有菜的种植面积不断扩大。

2. 形成蔬菜产业集群

1984 年 3 月 1 日，寿光市在九巷村正式成立寿光蔬菜批发市场。寿光市蔬菜批发市场的建立成功地解决了当地蔬菜的销售问题，并且进一步推动了寿光蔬菜产业的发展，由此形成了基地带农户、蔬菜市场带基地的发展模式。寿光市蔬菜产业的发展反过来又有效地促进了寿光市蔬菜批发市场规模的迅速扩大，此后市场带动型的蔬菜产业集群逐步形成。

蔬菜产业的快速发展，带动了良种产业、食品加工业、物流产业等多个产业的发展，带动了寿光农业生产资料生产企业、蔬菜加工企业和各种科研培训机构的发展。在这一阶段，寿光先后建立了各类大型专业市场 30 余个，农产品加工龙头企业 40 多家。农药、农膜、化肥、种子等农业生产资料企业也纷纷成立，山东寿光双星农药厂、山东福瑞化工集团、寿光市农友种苗公司等都是在这个时期发展起来的。

随着农业产业集群中的各微观主体的不断增加和扩张，寿光蔬菜产业集群的大体轮廓已经基本形成，并不断发展壮大。

3. 努力开拓市场

目前，寿光市与10多个国家以及国内300多个城市建立了产销网络，仅北京市对寿光蔬菜的年需求量就达到了20亿kg，占北京市民年蔬菜需求量的1/4。寿光还建有全国最大的蔬菜集散、配送中心和蔬菜生产基地，而且还先后开通了从寿光到北京、上海、南京、新疆、内蒙古、海南等地的多条"绿色通道"。寿光蔬菜产量的不断增加，既满足了国内市场和国外市场对蔬菜的需求，也满足了当地蔬菜加工企业的需求。

4. 蔬菜加工企业逐步发展

伴随着蔬菜种植面积的不断扩大和蔬菜产量的不断增加，蔬菜深加工企业应运而生，从无到有，由小到大，逐步发展并且实力不断增强。尤其是以山东寿光蔬菜产业集团和山东赛维绿色科技有限公司为首的蔬菜深加工企业，在国际上取得越来越大的影响力，使寿光蔬菜走出国门，远销美国、东南亚、日本等国家和地区，使寿光蔬菜在国际上占领了一定的市场份额。

山东寿光蔬菜产业集团成立于1998年，是一家以蔬菜产业为主，多业并举，集蔬菜品牌营销、种苗研发推广、基地标准化与物流配送、加工出口、批发市场运营管理、新技术新产品研发推广、科技培训与信息服务于一体的企业集团。此外，全市陆续培植了40多家农产品加工龙头企业，促进了与农业相关的主导产业的发展。

5. 确保蔬菜产品质量

寿光市投资1 500多万元建立了一处大型的农副产品质量检测中心，每周定期对上市的蔬菜进行抽检。先进的市场检测手段保证了交易蔬菜的安全。

（二）内蒙古赤峰市宁城设施农业发展概况

内蒙古赤峰市宁城县是北方设施蔬菜产业发展的一个缩影。从1996年开始，宁城县便把设施蔬菜作为农民增收致富的首选产业进行强力推进。

内蒙古赤峰市宁城县位于东经118°26′～119°25′、北纬41°17′～41°53′，属温带半干旱大陆性季风气候，地处内蒙古东南部、蒙冀辽三省（自治区）交界处，是辽代五京——中京所在地。全年光照时间充足，昼夜温差大，土壤有机质丰富，道路交通极为便利。宁城县为全国蔬菜种植重点县，曾获全国无公害蔬菜生产示范县国家级荣誉称号。截至目前，全县设施农业总面积达到2.9万hm^2，位居全区首位，覆盖16个镇乡街、199个行政村，年产各类优质蔬菜106万t，产值达到41亿元，实现农民人均增收4 400元，带动贫困人口3 570户1.1万人稳定脱贫。宁城县已成为我国北方高原寒地反季节优质蔬菜供应基地。

宁城县日光温室栽培以黄瓜、辣椒、番茄、紫圆茄及韭菜为主，全县形成了南部黄瓜、中东部辣椒和圆茄、北部番茄和韭菜、西部山区食用菌（滑子菇）为主的设施农业产业发展格局。宁城县有“宁城黄瓜”“宁城尖椒”“宁城番茄”“宁城滑子菇”4个国家地理标志证明商标。宁城县优质的蔬菜备受北京、上海等高端市场的青睐。目前，宁城县已发展成为北京新发地、大洋路农产品批发市场蔬菜供应基地，是北京首农集团、海淀区蔬菜联采联盟及北京海尔云厨战略合作伙伴。

1. 大城子万亩番茄园区

该园区面积为1 273.3 hm^2，现有4 200栋日光温室，从业农户2 420户7 200人。园区栽植越冬、越夏两茬硬果番茄。越冬茬于9月中旬至10月上旬定植，翌年1月上旬上市；越夏茬于4月中旬至5月上旬定植，6月下旬上市。该园区的特点有：品种统一，均为硬果粉番茄；茬口适宜，产品销售顺畅，价格较高；种植技术成熟，机建厚墙体（土墙）、电动卷帘机、智能化放风系统、优良品种、大垄高台地膜覆盖、水肥一体化、工厂化育苗、病虫害绿色防控、生物菌肥、高透光防雾滴棚膜等技术普遍推广应用。

2. 一肯中万亩尖椒园区

该园区综合占地面积为800 hm^2，由4个村连片建成，现有日光温室2 870栋，棚户1 340户5 700人。园区主要种植尖椒，间套种豆角、甘蓝等蔬菜。种植模式是越冬一大茬种植，10月中旬左右定植，12月上旬开始采摘上市，翌年5月末罢园。在尖椒园区的带动下，一肯中乡成为远近闻名的反季节优质尖椒种植基地和日光温室蔬菜生产专业镇。

3. 一肯中万亩圆茄园区

一肯中圆茄园区由八肯中、石柱子洼、毛家窝铺、老西沟、八里铺5个村组成，总面积达706.7 hm^2，有菜农1 027户4 180人，是2016年年末建成的。园区特点是：依托七金山蔬菜专业合作社、云祥蔬菜专业合作社，按照“统一规划、统一模式、统一技术、统一服务、分户经营”的园区发展模式，全部栽植嫁接圆茄。园区为越冬一大茬生产，每年8月末至9月上旬定植，10月中旬开始采摘上市，翌年6月末罢园。

4. 中国甘蓝之乡

2007年11月，内蒙古赤峰市宁城县甸子镇被农业部、中国蔬菜协会及评选组委会评定为“中国甘蓝之乡”。

近年来，宁城县的蔬菜产业发展迅速，尤其是甸子镇的甘蓝种植，产量高、效益好，其产品味美、耐储运，作为远距离运输品种，填补了北方“春三缺”的蔬菜市场。目前，全县甘蓝种植95%都集中在甸子镇，种植面积每年保持在1 600 hm^2 左右，甸子镇也成为带动周边地区和辽宁、河北、内蒙古三省（自治区）重要的甘蓝种植基地。在宁城县甸子镇，仅甘蓝一项每年就为当地农民增收1 000 多万元。

5. 市场建设和市场检测体系

目前，全县建成一肯中尖椒、大双庙黄瓜等产地蔬菜批发市场6处，全年交易量超过80万t。宁城县还在北京设立了宁城农牧业办事处，成为新发地市场、大洋路市场无公害蔬菜种植基地。与10余家销售企业达成战略合作，成为大中超市精品蔬菜供应基地，产品销售辐射内蒙古大部以及东三省、京津冀、长三角、珠三角等地区，精品蔬菜销售价格提高30%以上。同时，把设施蔬菜质量安全监管作为重中之重，建立了县级、重点乡镇或重点产业园区、交易市场三级检测体系。

6. 宁城县立志果蔬专业合作社

该合作社位于八里罕镇八里罕村，主要种植蔬菜品种为日光温室黄瓜、番茄、辣椒和圆茄。合作社基础设施完备，建有保鲜地库、分包车间、办公及培训室，配备了农残检测室、农资超市、蔬菜市场和生态餐厅。2008年10月，合作社与家乐福超市北京区（共26家分店）签订直供协议；2009年9月被授予“自治区农牧民专业合作社示范社”；2011年通过了无公害蔬菜生产基地认证，同年注册自主品牌“立志农庄”；2013年被授予“北京家乐福最佳合作伙伴”称号；2014年被评为“国家级农牧民专业合作社示范社”。

2015年12月，宁城县蔬菜（食用菌）产业协会成立，合作社社长南立志被选为第一任会长，合作社成为“宁城县蔬菜（食用菌）产业协会会长单位”。

2016年3月，合作社与北京市海淀区蔬菜联采联盟及联盟大数据支持平台——龙信思源（北京）网络科技有限公司签订合作协议，成为该联盟大数据支持平台正式会员，实现了蔬菜直采直供和网上销售。2016年，合作社成功与自治区农产品质量安全可追溯监管平台联网，率先在全县实现了产品从生产到销售全程信息查询。

7. 把技术服务作为推动全县设施蔬菜健康发展的重要保障

通过引进新品种、新技术，当地设施蔬菜实现了优质高效发展。据统计，目前宁城县设施农业专业技术人员达到100余人，培育农民技术员2 000余人，每年举办各类培训班200期以上，培训农民1万余人次，实现了科技服务全覆盖。同时，宁城县与大专院校、科研院所进行深度合作。比如，引进中国工程院院士、沈阳农业大学教授李天来，在宁城县成立了内蒙古高原设施园艺院士团队教学科研工作站和扶贫工作站，组织开展了“双减一节”（减肥、减药、节水）集成技术和棚室结构升级换代科技攻关。在科技的支撑下，宁城县蔬菜市场得以进一步开拓。

2017年10月12日，中国园艺学会设施园艺分会2017年学术年会在宁城县隆重召开。

目前，宁城县已经形成“两河两路一区”设施农业发展格局，即以老哈河沿岸为主的日光温室黄瓜，坤头河沿岸的硬果番茄，306国道沿线日光温室茄子，大三线沿线日光温室辣椒，黑里河国家自然保护区食用菌。重点打造了大城子万亩番茄园区，一肯中万亩辣椒园区，一肯中万亩茄子园区，大双庙万亩黄瓜园区，汐子万亩韭菜园区。预计到2020年，全县设施农业面积达到4万 hm^2，年产蔬菜140万t，实现产值54亿元，农民人均收入6 000元。

（三）中国番茄之乡——嘉善县丁栅

嘉善县位于浙江省嘉兴市东北部，属于北亚热带南缘的东亚季风区，四季分明、温和湿润、光照充足、雨量充沛、无霜期长，适合作物生长。嘉善县地处沿海中纬度地带，具有春湿、夏热、秋燥、冬冷的特点。

丁栅镇于2009年撤销，现在归嘉善县姚庄镇管辖，地处江、浙、沪两省一市的交汇处，北邻上海市青浦区，西北与江苏省苏州市吴江区隔太浦河相望。丁栅有“水乡明珠”之美称，水网交织，地势平坦，土地肥沃，主要盛产大米、番茄、莲藕、玉米、鱼、虾、鳖、河蟹、禽畜等多种名特优农副产品。

丁栅是嘉善县大棚番茄种植的发源地，2014年被农业部命名为“中国番茄之乡”。番茄种植成为当地农民增加收入的主要来源。2002年，丁栅镇星火村组建了有8户农户参加的番茄产销专业合作社，在带动周边农户闯市场方面取得了良好的效果。镇政府抓住契机，牵头联合全镇32户番茄种植大户和8户营销大户成立了嘉善县丁栅镇蔬菜产销专业合作社，采取统一品种及标准技术，统一实施标准化生产，统一使用“东泉”品牌，统一包装销售，形成产销一体化的产业经营格局。

2003年，全镇实施了无公害标准化生产，以提高番茄的品质和档次。在具体操作中，一是充分发挥农业科技人员的作用。农技人员上门辅导，讲解实施无公害标准化生产的重要性和具体要求，帮助农户提高认识。二是充分发挥农业合作组织的作用。针对当地农户的番茄大多由本镇营销大户外销的实际情况，该镇组织营销大户把好收购关，对不符合无公害标准化生产要求的番茄不予收购，促使农户转变观念。三是充分发挥外地科技公司的作用。邀请上海及周边地区农技公司的技术人员到丁栅讲课并为超市定购产品，进一步调动农户实施无公害标准化生产的积极性。

第五章 中国蔬菜的现代丝绸之路

第一节 中国蔬菜的进出口

一、我国蔬菜的发展状况

（一）我国蔬菜播种面积数据的分析

由图 5-1 可以看出，我国蔬菜的播种面积整体呈增加趋势，但也小幅度波动。2004 和 2006 年均较前一年有小幅度下滑，2007—2019 年我国蔬菜播种面积平稳增加。2001 年我国蔬菜播种面积为 1 640.2 万 hm^2，2003 年为 1 795.4 万 hm^2，2004 年为 1 756.0 万 hm^2，2005 年为 1 772.1 万 hm^2，2006 年面积为

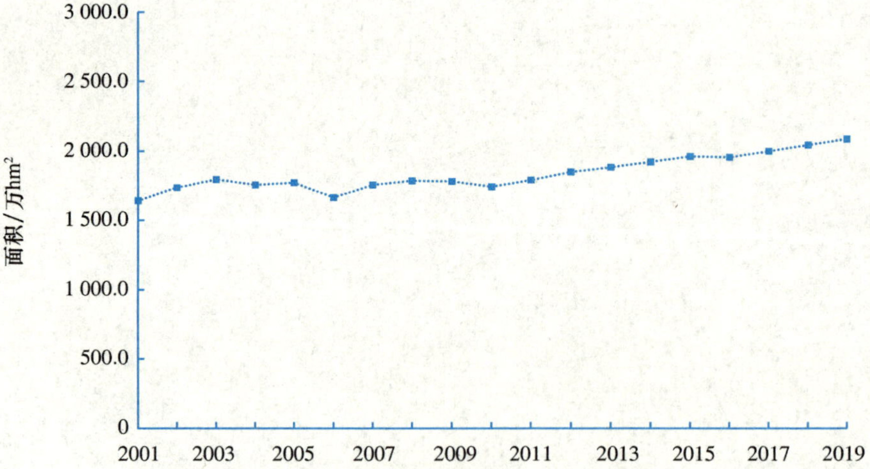

图 5-1　**2001—2019 年我国蔬菜的播种面积**

（注：如无特别说明，本节数据来源均采自国家统计局及联合国粮食及农业组织。）

1 663.9 万 hm^2，2019 年为 2 086.3 万 hm^2。2001—2019 年我国蔬菜的播种面积增长了 27.20%，平均每年增长 1.35%。2001—2003 年增幅较大，两年间增加了 9.46%，平均每年增长 4.62%，远高于平均增长水平。2004 年较 2003 年下降了 2.24%，有小幅度下滑。2005 年略有回升，增长了 0.92%。2006 年较 2005 年下降了 6.11%，下降幅度较大。2007—2019 年总计增长了 18.83%，平均每年增加了 1.45%，说明近年来我国蔬菜播种面积整体呈稳定增长趋势。

（二）我国蔬菜总产量数据分析

从图 5-2 可以看出，我国蔬菜产量整体呈增长的趋势，2001—2005 年增长速度较缓，2006 年较 2005 年有一定幅度下降，2006—2019 年增长速度较快。2001 年我国蔬菜产量为 4.84 亿 t，2005 年为 5.65 亿 t，2006 年为 5.40 亿 t，2019 年为 7.21 亿 t。2001—2019 年我国蔬菜产量增长 48.97%，平均每年增长 2.24%；2001—2005 年增长了 16.74%，平均每年增长 3.94%，稍高于平均增长速率。2006 年较 2005 年下降了 4.42%，有较大幅度的减少。2006—2019 年增长了 33.52%，平均每年增长 2.25%，略高于平均增长速率。

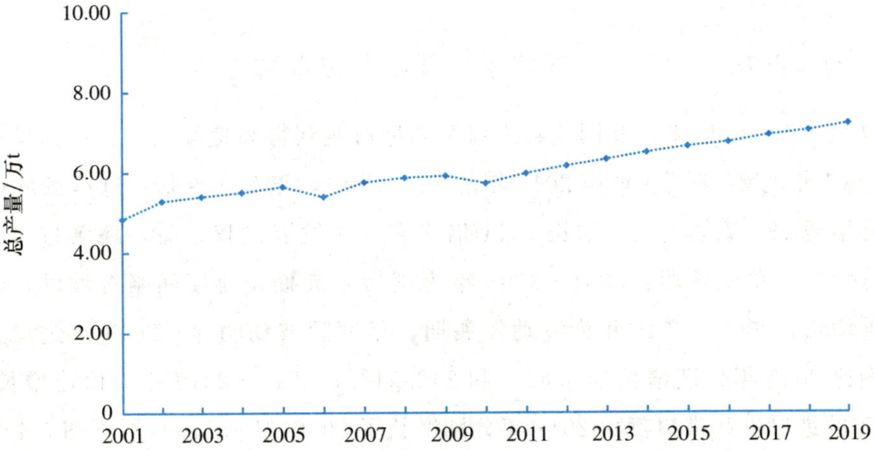

图 5-2　**2001—2019 年我国蔬菜总产量**

（三）我国蔬菜单位面积产量数据分析

由图 5-3 可以看出，我国蔬菜单位面积产量整体呈逐年递增的趋势，部分年份有小幅度波动。2001 年，我国蔬菜单位面积产量为 29.5 t/hm^2，2002 年为 30.5 t/hm^2，2003 年为 30.1 t/hm^2，2019 年为 34.6 t/hm^2。2001—2019 年，我国蔬菜单位面积产量增长了 17.29%，平均每年增长 0.89%。2002 年较 2001 年增长了 3.39%，2003 年较 2002 年降低了 1.31%，2003—2019 年增长了 14.95%，平均每年增长 0.87%，基本保持平均增长速度。

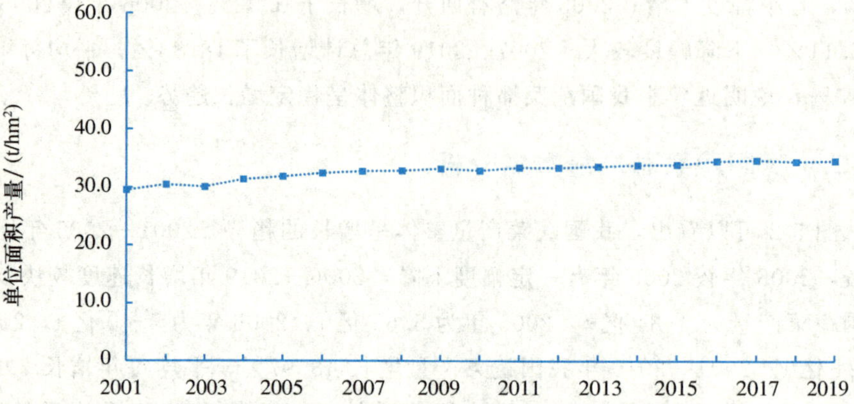

图 5-3 2001—2019 年我国蔬菜单位面积产量

二、我国蔬菜的进口状况

(一) 2001—2019 年我国蔬菜进口量和进口额

自加入 WTO 以来，我国蔬菜进口量和进口额获得高速增长，其中蔬菜进口量由 2001 年的 25.8 万 t 增至 2019 年的 264.0 万 t，增长了 9 倍；进口额从 1.14 亿美元增至 13.77 亿美元，增长了 11 倍之多。从发展过程来看，蔬菜进口贸易可以分为 3 个发展阶段：2001—2008 年为缓慢发展期，年度间略有波动，未出现显著增长；2009—2016 年为波动发展期，年度间波动明显，2013 年进口量和进口额比 2009 年分别增长 166.85%和 242.51%；2017—2019 年为稳速增长期，2019 年的进口量和进口额比 2017 年分别增长了 69.23%和 83.11%（图 5-4）。

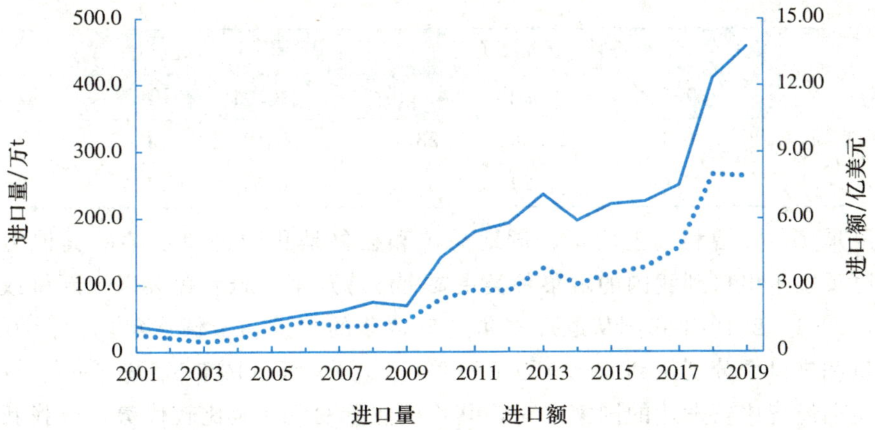

图 5-4　2001—2019 年我国蔬菜进口量和进口额

(二) 我国蔬菜进口的主要来源地

1. 北美洲是主要来源地

美国和加拿大是我国最主要的蔬菜进口来源地，2001 年进口额占比分别达到了 46.21% 和 23.06%，合计占比 69.27%；2019 年分别达到 9.39% 和 41.63%，合计占比 51.02%。其中加拿大 2001 年排在进口额的第二位和进口量的第一位，从 2001 年到 2019 年分别增长了 5.47 亿（546.97 百万美元）美元和 182.39 万 t，美国自 2005 年被加拿大进口额反超之后排在第二位，持续至今（表 5-1）。

表 5-1　我国进口蔬菜来源国排名前 10 名

国家	进口额/百万美元			进口量/万 t		
	2001 年	2019 年	增长量	2001 年	2019 年	增长量
美国	52.68	129.32	76.65	6.48	11.11	4.62
加拿大	26.29	573.26	546.97	15.10	197.49	182.39
新西兰	5.17	28.08	22.91	1.03	2.66	1.63
土耳其	2.21	27.94	25.74	0.19	2.52	2.33
泰国	1.53	18.02	16.48	0.21	1.70	1.49
越南	0.56	47.40	46.85	0.39	6.59	6.20
缅甸	0.52	77.52	77.00	0.17	9.54	9.37
印度尼西亚	0.20	43.77	43.57	0.08	2.77	2.70

续表 5-1

国家	进口额/百万美元			进口量/万 t		
	2001 年	2019 年	增长量	2001 年	2019 年	增长量
乌兹别克斯坦	0.12	23.36	23.24	0.01	3.47	3.46
印度	0.04	301.29	301.25	0.01	17.45	17.44

厄瓜多尔、智利、墨西哥、危地马拉和秘鲁是我国进口蔬菜的其他美洲国家。厄瓜多尔出口到我国的蔬菜种类主要有冷冻蔬菜、腌制蔬菜以及新鲜或脱水蔬菜，2001—2019 年我国从厄瓜多尔进口蔬菜的数量和金额逐年加大，2019 年进口量和进口额分别达到 891.0 万 t 和 220.70 万美元（图 5-5、图 5-6）。智利是拉丁美洲经济比较发达的国家之一，其长期注重发挥地域比较优势，寻找新的经济增长点，全国已经形成了北部矿业、中部水果、沿海渔业南方林牧的区域经济专业化生产新格局。在增加非传统产品出口方针指导下，智利由农产品净进口国变成了农产品净出口国。从 2004 年到 2019 年，智利蔬菜进口额增长了 406 倍，进口量增长了 61 倍。我国从墨西哥进口的蔬菜种类主要为醋渍蔬菜和腌制蔬菜，从 2002 年起，进口情况一直呈稳定增长态势。2008 年和 2009 年我国自危地马拉进口干豆，2015 年以后主要进口冷冻蔬菜、腌制蔬菜以及新鲜或脱水蔬菜，但进口量和进口额均较低，2019 年进口情况增长显著。我国自秘鲁进口蔬菜的数量和金额变化较大，进口量自 2011 年以来保持在 130～250 t 之间，而进口额除了 2014—2016 年（2015 年达到最高值，为 437.40 万美元）外，其他年份均低于 100 万美元（图 5-5、图 5-6）。

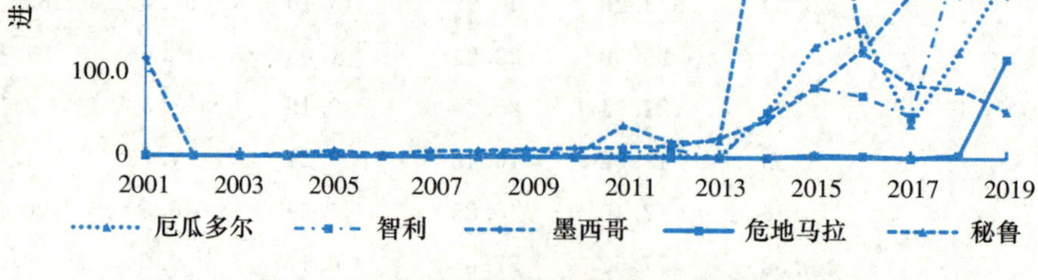

图 5-5 2001—2019 年我国蔬菜其他美洲国家和地区进口额

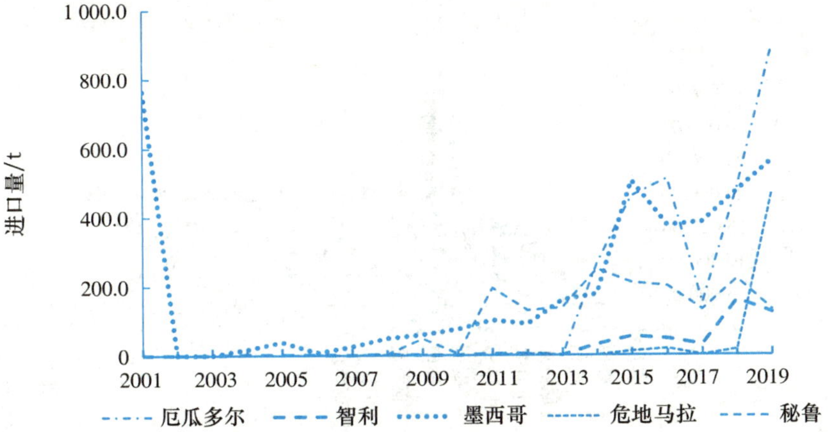

图 5-6 **2001—2019 年我国蔬菜其他美洲国家和地区进口量**

总的来看，加拿大和美国稳中有增，智利作为一个新兴国家，很有发展潜力。美洲作为进口蔬菜主要来源地，在可预见的时期内无可替代。

2. 亚洲进口量大幅度增加

印度、越南、缅甸、印度尼西亚、泰国和马来西亚都是海上丝绸之路的沿线国家，自然条件优越，劳动力丰富，有着较大的发展潜力。其中，缅甸进口额从 2001 年的 55.70 万美元增加至 2008 年的 4 102.70 万美元，2001 年进口量为 3 861 t，2008 年进口量达到 9.04 万 t，进口速度高度增长，达到历史峰值；2009 年后滑落至 420.50 万美元，2010 年达到峰值 7 044.50 万美元，之后呈波动变化趋势，2019 年进口额为 4 740.30 万美元，进口量为 6.59 万 t。马来西亚进口额从 2001 年的 44.00 万美元增加至 2019 年的 259.40 万美元，增加了 4.90 倍，而进口量从 2001 年的 704 t 下滑至 2019 年的 360 t，下降了 48.86%。印度尼西亚的进口额和进口量从 2001 年的 19.90 万美元和 757 t 分别增加至 2019 年的 4 377.00 万美元和 2.77 万 t，增加了 218.95 倍和 35.59 倍。印度是我国蔬菜进口来源地中在亚洲范围内进口额和进口量最大且增长最快的国家，其进口额和进口量从 2001 年的 4.40 万美元和 127 t 增加到 2019 年的 3.01 亿美元和 1.85 万 t，分别增长了 6 840.91 倍和 145.67 倍。日本则从 2001 年的 202.90 万美元和 707 t 减至 2019 年的 65.90 万美元和 38 t，减少了 67.52% 和 94.63%（图 5-7、图 5-8）。

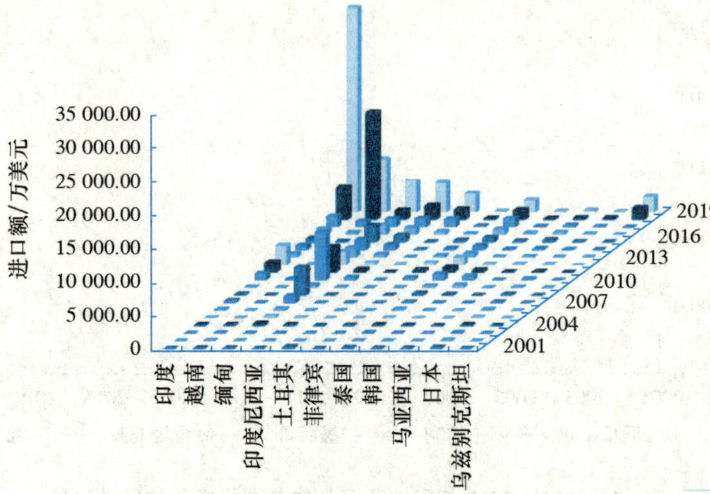

图 5-7　2001—2019 年我国蔬菜主要亚洲国家和地区进口额

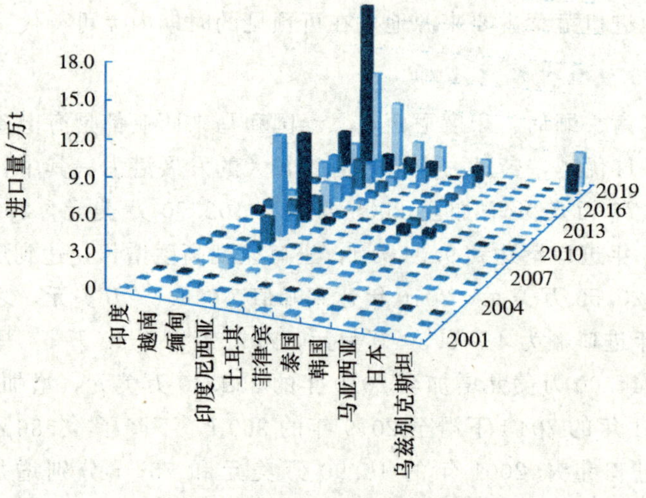

图 5-8　2001—2019 年我国蔬菜主要亚洲国家和地区进口量

3. 大洋洲虽有增长，但波动较大

澳大利亚进口额从 2001 年的 184.90 万美元增加到 2010 年的 706.20 万美元，增加了 281.94%；但是到了 2013 年降至 114.20 万美元，比 2001 年下滑了 38.24%；到 2015 年增加至 1 739.10 万美元，相比 2001 年增加了 840.56%；2016—2019 年进口波动较大，2018 年进口额达到 3 719.40 万美元，之后下滑至 2019 年的 917.20 万美元（图 5-9）。

2001—2009 年我国从澳大利亚进口蔬菜总量呈下滑趋势，2001 年进口量为

1 649 t，到 2009 年下滑至 447 t，下滑幅度达到 72.89%，年均下滑幅度为 17.72%；2010 年以后我国从澳大利亚进口蔬菜总量呈波动上涨趋势，特别是 2014 年以来进口增长速度涨幅极大，2018 年达到 5.0 万 t，2019 年受整体国际形势影响下滑至 1.0 万 t（图 5-9）。

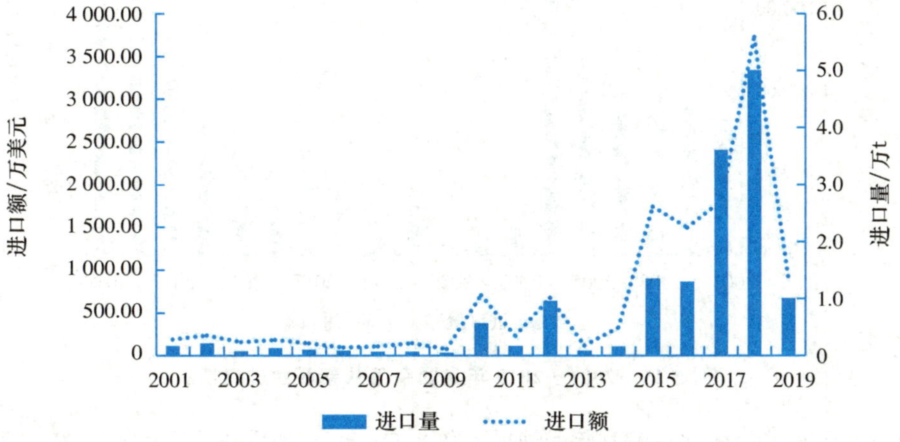

图 5-9　2001—2019 年我国蔬菜从澳大利亚进口情况

新西兰进口额同样波动较大，呈“W”形波动，从 2001 年的 517.30 万美元降至 2009 年的 41.00 万美元，下滑幅度达到 92.07%；2016 年进口额达到 1 101.50 万美元，相比 2009 年进口额增加了 2 586.59%。从进口量看，2001 年进口量为 1.03 万 t，2009 年下降至 430 t，而 2016 年进口量为 1.04 万 t，与 2001 年相差不大。2017—2019 年进口量增长较快，从 2017 年的 1.62 万 t 增至 2019 年的 2.66 万 t，增长幅度达到 64.20%。从整体来看，新西兰供应量不是很大，但起伏很大，属于不稳定的市场（图 5-10）。

4. 欧洲进口平稳增长

由图 5-11 可以看出，比利时进口额从 2001 年的 817.60 万美元降至 2003 年的 43.20 万美元，减少了 94.72%，到 2019 年又增至 1 678.20 万美元，相比 2003 年增加了 3 784.72%；德国进口额从 2001 年的 21.70 万美元增加至 2019 年的 1 059.80 万美元，增加了约 47.84 倍，整体呈增长态势，但有涨有跌；意大利进口额从 2001 年的 20.70 万美元增加至 2019 年的 974.40 万美元，增加了 46.07 倍；法国进口额从 2001 年的 10.80 万美元缓慢增加至 2016 年的 413.80 万美元，之后三年变化幅度较大，由 2017 年的 144.30 万美元快速增加至 2018 年的 1 482.00 万美元，2019 年又回归至 717.50 万美元；英国从 2001 年的 216.50 万美元减少至 2006 年的 67.20 万美元，减少了 68.96%，到了 2016 年又增至

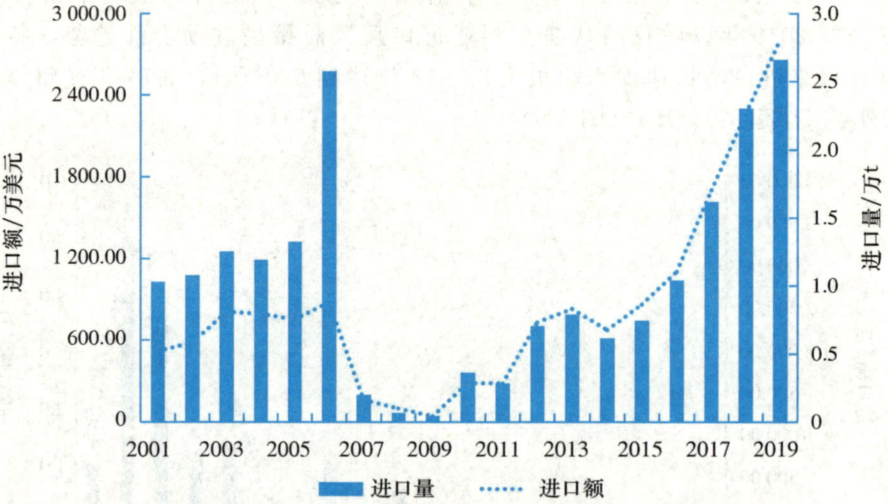

图 5-10 2001—2019 年我国蔬菜从新西兰进口情况

779.20 万美元，相比 2001 年增加了约 2.60 倍，之后逐年下滑至 2019 年的 362.10 万美元；其他欧洲国家蔬菜进口额基本缓慢增加。

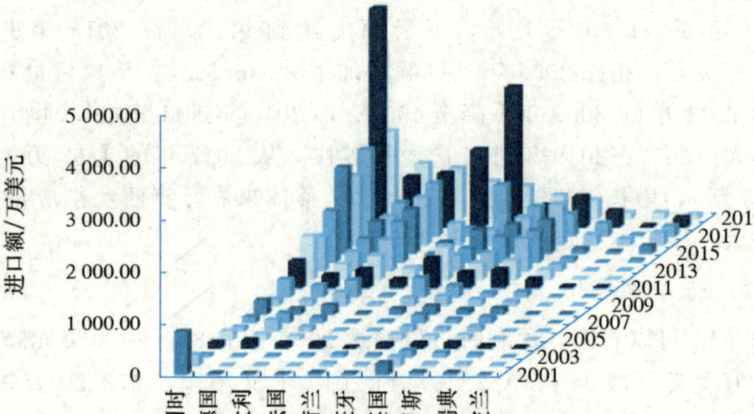

图 5-11 2001—2019 年我国蔬菜主要欧洲国家进口额

由图 5-12 可以看出，比利时进口量从 2001 年的 3 237 t 降至 2003 年的 662 t，减少了 79.55%，之后呈震荡波动上涨趋势，2018 年达到峰值 5.0 万 t，2019 年下滑至 1.7 万 t；德国进口量呈现稳步上涨走势，2001 年和 2019 年进口量分别为 214 t 和 8 327 t，年均增幅达到 22.56%；意大利进口量从 2001 年的 453 t 增加至2019年的9 900 t，年均增幅达到18.69%；法国2010年以前进口量较少，2011年之后变化幅度较大，由2011年的1 633 t快速增加至2018年的3.5万t，2019年又回归至1.3万t；英国除了2009年和2010年两年进口量跌至1 000 t以下、2016年涨至1.1万t、2004—2008年每年为1 000 t左右外，其他年份进口量均保持在4 000 t左右；其他欧洲国家蔬菜进口量变化不大。

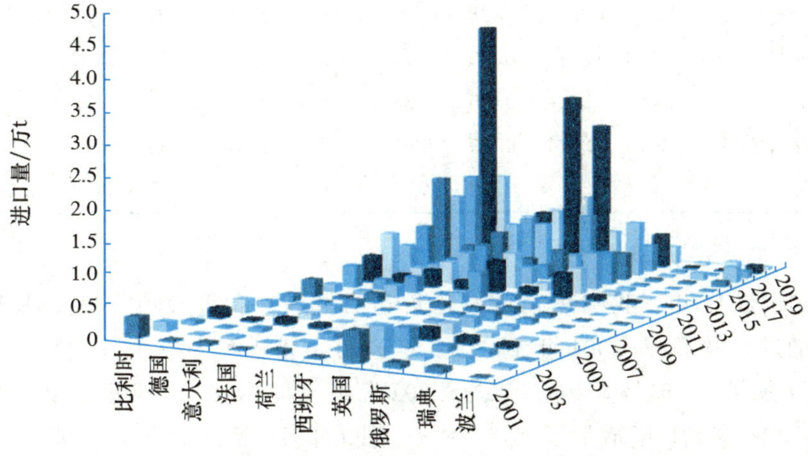

图5-12　2001—2019年我国蔬菜主要欧洲国家进口量

(三) 进口蔬菜贸易优化增长

1. 各类蔬菜产品进口比例变化明显

我国主要进口的蔬菜种类以冷冻蔬菜和脱水加工蔬菜为主，这主要是国内蔬菜加工技术比较落后导致的，无法满足国内的消费市场。干豌豆进口量较大的主要原因是进口品质比较优良，另外相比国内还有较大的价格优势。

从表5-2可以看到，我国进口干豌豆从2001的15.4万t增长到2019年的200.3万t，增长了12倍，进口额从0.28亿美元增长到5.82亿美元，增长了近20倍，而且干豌豆一直是进口量最大的蔬菜，占进口总量的比重由2001年的59.69%增至2019年的75.87%；冷冻马铃薯进口量则从2001年的5.1万t增长至2019年的12.9万t，增长了1.5倍，进口额从0.39亿美元增长到1.52亿美元，增长了近3倍。其他进口显著增长的还有干或鲜辣椒、扁豆、干豆、茴香等；显著降低的有花椰菜、鲜豌豆、韭菜等进口量并不是占主要比重的蔬菜。

表 5-2　我国进口量/额前 5 位蔬菜产品比较

产品	2001 年				2019 年					
	进口量/万 t	占进口总量的比重/%	进口额/亿美元	占进口总额的比重/%	进口量/万 t	占进口总量的比重/%	比 2001 年增长/%	进口额/亿美元	占进口总额的比重/%	比 2001 年增长/%
干豌豆	15.4	59.69	0.28	24.50	200.3	75.87	1 201	5.82	42.27	1 979
冷冻马铃薯	5.1	19.77	0.39	34.13	12.9	4.89	153	1.52	11.04	290
冷冻蔬菜	0.8	3.10	0.05	4.38	2.3	0.87	188	0.23	1.67	360
新鲜或脱水蔬菜	0.7	2.71	0.09	7.88	2.7	1.02	286	0.45	3.27	400
腌制蔬菜	0.6	2.33	0.02	1.75	0.5	0.19	−17	0.19	1.38	850

2. 进口产品价格分析

2001—2019 年，我国蔬菜进口均价虽有起伏，但是变化不大。具体来看，干豌豆的进口均价从 2001 年到 2019 年经历了多次涨跌。其中，2003 年相比 2001 年增加了 22.61%，2006 年跌至 201.7 美元/t，2008 年又迅速攀升至 376.4 美元/t，相比 2001 年增加了 106.59%；到了 2012 年达到 433.7 美元/t，相比 2001 年增加了 138.04%；到 2019 年降至 290.5 美元/t，相比 2012 年减少了 33.02%（图 5-13）。

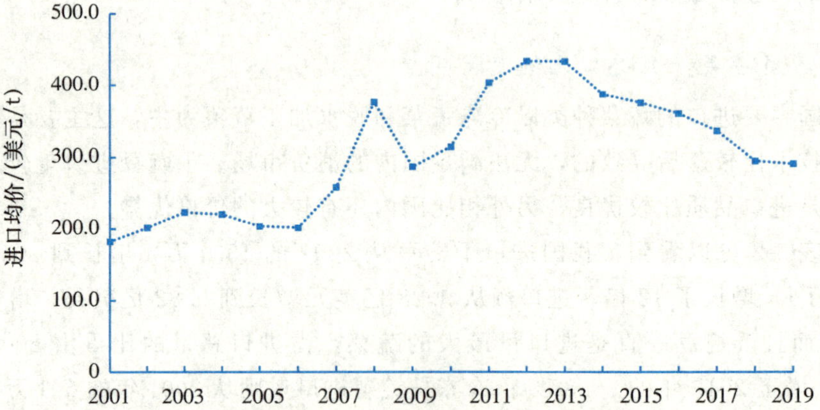

图 5-13　2001—2019 年我国干豌豆进口价格情况

进口量处于第二位的冷冻马铃薯总体来看均价波动较为平稳。从 2001 年到 2006 年上涨了 14.9 美元/t，年平均增长率只有 0.39%；到了 2007 年突增至 972.2 美元/t，相比 2006 年上涨了 26.42%；之后的 9 年价格平稳，2019 年相比

2007 年增加了 204.7 美元/t，年平均增长率为 1.61%（图 5-14）。

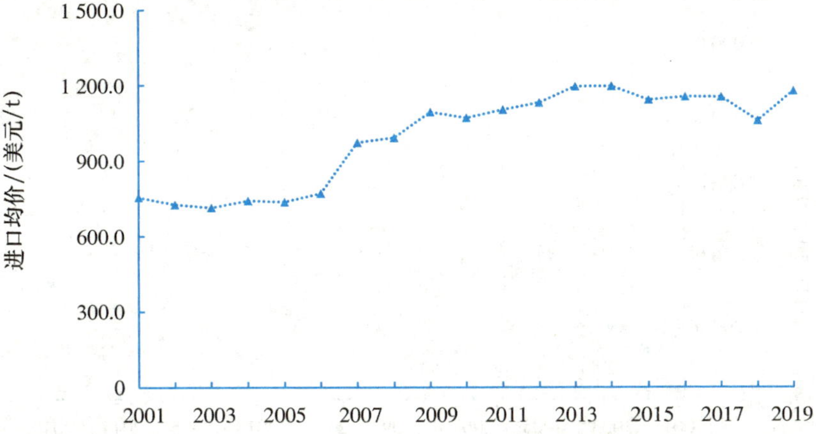

图 5-14　2001—2019 年我国冷冻马铃薯进口价格情况

冷冻蔬菜的进口均价波动较小，增加缓慢。从 2001 年的 670.0 美元/t 到 2002 年的 505.0 美元/t，减少了 24.63%；到 2006 年增至 857.4 美元/t，相比 2002 增加了 69.78%；2007 年下滑至 838.5 美元/t，2008 年涨至 1 122.6 美元/t，2010 年跌至 836.1 美元/t，之后均价平稳增长至 2012 年的 1 160.5 美元/t；2013 年之后进口均价变化呈下滑趋势，变化较为缓和；2019 年进口均价保持在 1 009.4 美元/t，与 2001 年相比增长了 50.66%（图 5-15）。

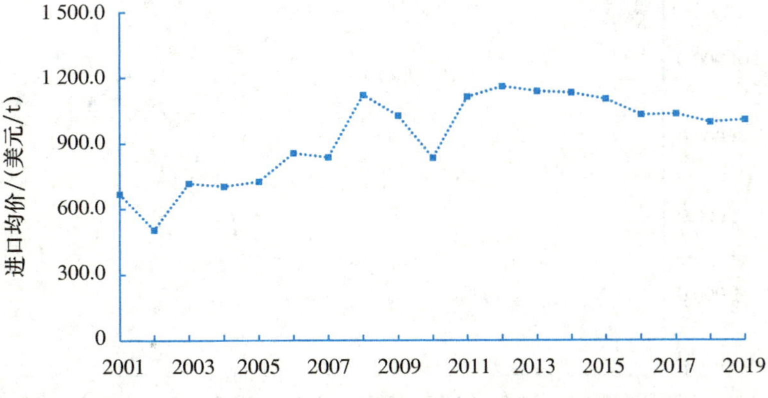

图 5-15　2001—2019 年我国冷冻蔬菜进口价格情况

新鲜或脱水蔬菜的进口均价从 2001 年的 1 226.8 美元/t 下滑至 2002 年的 697.9 美元/t，减少了 43.11%，之后呈递增趋势；2006 年达到 2 271.7 美元/t，相比 2002 年增长了 225.51%；之后从 2007 年到 2017 年波动上升，2018 年价格增至最高，为 2 748.6 美元/t，相比 2001 年增长了 124.05%；2019 年又下滑至 1 634.6 美元/t，与 2001 年相比增长了 33.24%（图 5-16）。

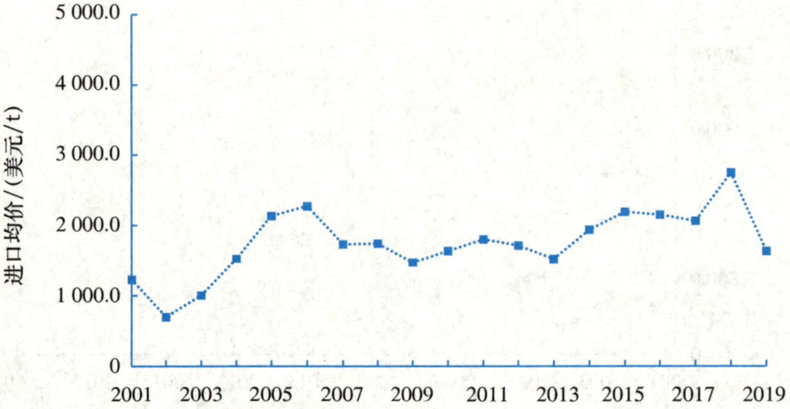

图 5-16　2001—2019 年我国新鲜或脱水蔬菜进口价格情况

腌制蔬菜的进口均价波动很大，从 2001 年的 2 421.5 美元/t 降至 2005 年的 780.9 美元/t，减少了 67.75%，之后连年增长；2016 年增长至 3 855.6 美元/t，较 2005 年增长了 3.94 倍；2017—2019 可以说经历了过山车，2018 年涨到 4 070.6 美元/t，相比 2001 年增长了 68.10%；2019 年下跌至 3 534.9 美元/t，较 2018 年减少了 13.16%（图 5-17）。

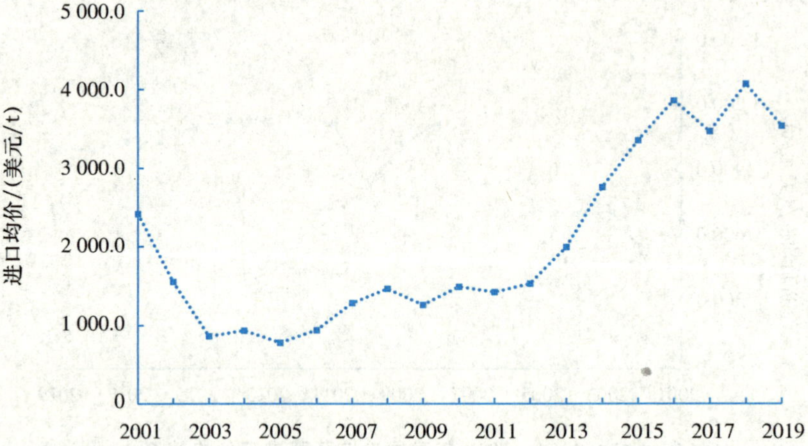

图 5-17　2001—2019 年我国腌制蔬菜进口价格情况

三、我国蔬菜的出口状况

（一）我国蔬菜出口总量数据分析

总体来看，2001—2019 年我国蔬菜出口量整体呈增长的趋势，部分年份略有波动。由图 5-18 可以看出，2001—2008 年我国蔬菜出口总量增长较快，2009 年我国蔬菜出口量较 2008 年有所下降，2010 年我国蔬菜出口量有小幅回升，出口量几乎与 2008 年持平，2011 年我国蔬菜出口量增长最快，2012 年较 2011 年又有小幅回调，2011—2019 年增长速率放缓。2001 年我国蔬菜出口总量为 456.2 万 t，2008 年我国蔬菜出口总量为 920.5 万 t，2009 年我国蔬菜出口总量为 911.4 万 t，2010 年我国蔬菜出口总量为 936.8 万 t，2011 年我国蔬菜出口总量为 1 060.1 万 t，2012 年我国蔬菜出口总量为 1 021.5 万 t，2019 年我国蔬菜出口总量为 1 185.6 万 t。

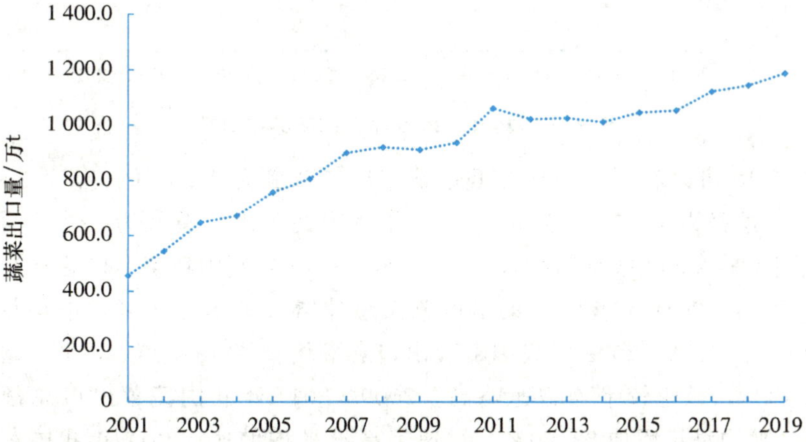

图 5-18　**2001—2019 年我国蔬菜出口总量**

2001—2019 年我国蔬菜出口量总体增长了 159.89%，总体翻了一番还多，平均每年增长率为 5.45%。2001—2008 年我国蔬菜出口量总体增长了 101.78%，平均每年增长率为 10.55%，远高于平均增长速率。2009 年我国蔬菜出口量较 2008 年下降了 1.00%。2010 年我国蔬菜出口量较 2009 年增长了 2.79%。2012 年我国蔬菜出口量较 2011 年下降了 3.64%。2012—2019 年我国蔬菜出口总量总体增加了 16.06%，平均每年增长率 2.15%，说明最近几年我国蔬菜出口总量增长态势有所放缓。

（二）我国蔬菜出口总额数据分析

总体来看，我国蔬菜出口总额呈波动上升的趋势，尤其 2009—2011 年我国蔬菜出口总额增加较多，只有 2012 年和 2018 年我国蔬菜出口总额较上一年低，其余每年都有不同程度的增长（图 5-19）。

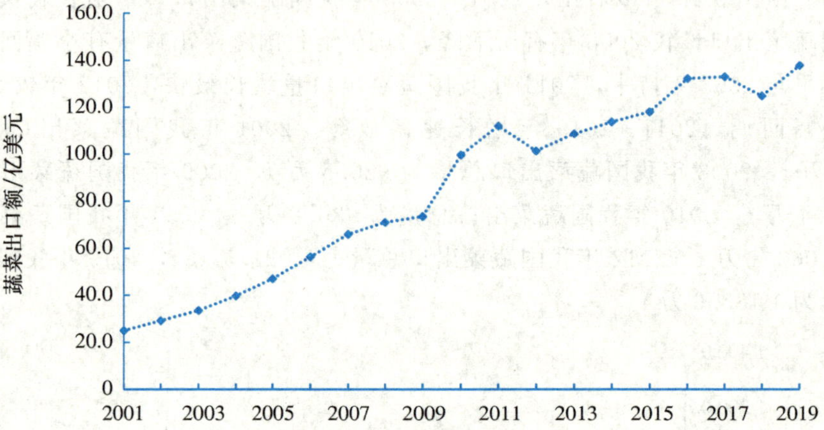

图 5-19　2001—2019 年我国蔬菜出口额

由图 5-19 可以看出，2001 年我国蔬菜出口总额为 24.97 亿美元，2009 年我国蔬菜出口总额为 73.50 亿美元，2011 年我国蔬菜出口总额为 112.09 亿美元，2012 年我国蔬菜出口总额为 101.33 亿美元，2016 年我国蔬菜出口总额为 132.30 亿美元。2001—2019 年我国蔬菜出口总额总计增长了 451.20%，平均每年增长率为 9.95%。2001—2009 年我国蔬菜出口总额增长了 194.00%，平均每年增长率为 14.43%，增速较平均增速略高。2009—2011 年我国蔬菜出口总额增长了 52.52%，平均每年增加 23.50%，增速远高于平均增速。2012 年我国蔬菜出口总额较 2011 年降低了 9.63%。2012—2019 年我国蔬菜出口总额增加了 36.03%，平均每年增加 4.49%，大大低于平均增速，说明近年来我国蔬菜出口额增速有所放缓。

（三）我国各类蔬菜出口量数据分析

2001—2019 年我国出口蔬菜种类大约有 60 种，主要包括大蒜、干豆、腌制蔬菜、番茄酱、冷冻蔬菜、新鲜蔬菜、生姜等，每年出口种类多少均有差异，但主要类别无大变化（图 5-20）。

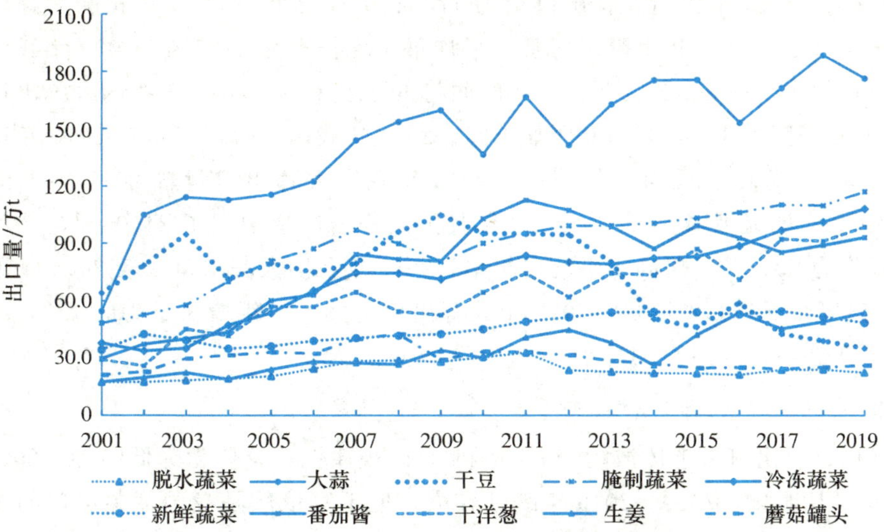

图 5-20　2001—2019 年我国主要蔬菜出口量

由图 5-20 可以看出，2002—2019 年我国大蒜的出口量在各类出口蔬菜中排名第一，仅 2001 排名第二，为我国主要出口蔬菜之一；2001 年我国干豆的出口量在各类出口蔬菜中排名第一，虽然此后干豆的出口量在各类出口蔬菜中排名逐渐降低，但依然是我国主要出口蔬菜之一；2001—2019 年虽然我国腌制蔬菜的出口量在各类出口蔬菜中的排名具有波动性，但是其出口量在各类出口蔬菜中的排名一直处于前五名；2001—2019 年我国番茄酱的出口量在各类出口蔬菜中的排名呈逐渐增加的趋势，个别年份出现较大波动；2001—2019 年我国冷冻蔬菜的出口量在各类出口蔬菜中的排名基本稳定，处于第四到第七之间。2001—2019 年我国新鲜蔬菜的出口量在各类出口蔬菜中的排名逐渐靠后。从我国蔬菜出口类别排名趋势来看，大蒜的出口一直占据着主要位置，加工类蔬菜的地位逐渐提升，新鲜蔬菜的出口地位逐渐降低。加工类蔬菜地位的提升有利于提高蔬菜的附加产值，从而提高我国蔬菜的出口额。

1. 大蒜出口数据分析

我国大蒜出口量整体呈增加趋势，但波动性较大，2002 年我国大蒜出口量较 2001 年有大幅增加，2010 年、2012 年、2016 年我国大蒜出口量较上一年份降幅较大。2001 年我国大蒜出口量为 54.6 万 t，2002 年我国大蒜出口量为 104.9 万 t，2009 年我国大蒜出口量 159.6 万 t，2010 年我国大蒜出口量为 136.5 万 t，2011 年我国大蒜出口量为 166.4 万 t，2012 年我国大蒜出口量为 141.4 万 t，2015 年我国大蒜出口量为 175.4 万 t，2016 年我国大蒜出口量为

153.1 万 t，2019 年我国大蒜出口量为 176.2 万 t。2001—2019 年我国大蒜出口量增长了 222.71%，将近翻了两番，平均每年增长率为 6.73%。2002 年我国大蒜出口量的增长率为 92.12%，一年时间将近翻了一番。2010 年我国大蒜出口量较 2009 年下降了 14.47%，有明显下降。2011 年我国大蒜出口量较 2010 年增长了 21.90%，远高于平均增长速率。2012 年我国大蒜出口量较 2011 年下降了 15.02%，有明显下降。2012—2015 年我国大蒜出口量增长了 24.05%，平均每年增长率为 7.45%，略高于平均增长率。2016 年我国大蒜出口量较 2015 年下降了 12.71%，下降幅度明显，2018 年大蒜出口量较上一年增长了 10.11%，2019 年回落了 6.48%（图 5-20）。

2. 干豆出口数据分析

我国干豆出口量整体波动较大，无明显的规律性，总体为降低趋势，2001—2003 年增长明显，2009—2019 年跌幅较大，但干豆依然是我国蔬菜出口的重要类别之一。2001 年我国干豆出口量为 64.0 万 t，2003 年我国干豆出口量为 94.6 万 t，2009 年我国干豆出口量为 104.6 万 t，2013 年我国干豆出口量为 80.0 万 t，2014 年我国干豆出口量为 50.6 万 t，2016 年我国干豆出口量为 59.0 万 t。2001—2019 年我国干豆出口量整体降低了 45.16%，平均每年降低 3.39%。其中，2009—2019 年干豆出口量降低了 66.44%，平均每年降低 11.54%，降幅较大（图 5-20）。

3. 腌制蔬菜出口数据分析

我国腌制蔬菜的出口量整体呈增加趋势，只有 2008 年、2009 年两年连续下降，2001—2007 年我国腌制蔬菜的出口量增长速度较快，2009—2019 年我国腌制蔬菜的出口量增长速度较慢。2001 年我国腌制蔬菜的出口量为 48.4 万 t，2007 年我国腌制蔬菜的出口量为 96.8 万 t，2009 年我国腌制蔬菜的出口量为 80.4 万 t，2016 年我国腌制蔬菜的出口量为 106.0 万 t。2001—2019 年我国腌制蔬菜的出口量增长 141.94%，平均每年增长 5.03%。2001—2007 年我国腌制蔬菜的出口量增长 100.00%，平均每年增长 12.25%，远高于平均增长水平。2007—2009 年我国腌制蔬菜的出口量降低 16.94%，平均每年降低 9.73%，降幅较大。2009—2019 年我国腌制蔬菜的出口量增长 45.65%，平均每年增长 3.83%，略低于平均增长水平（图 5-20）。

4. 番茄酱出口数据分析

我国番茄酱出口量整体波动较大，2001—2019 年我国番茄酱出口量整体呈增加趋势，2001—2011 年我国番茄酱出口量基本呈增长趋势，2011—2019 年我国番茄酱出口量基本呈波动下滑趋势，2007 年和 2010 年这两年我国番茄酱出口量增长较快。2001 年我国番茄酱出口量为 29.8 万 t，2006 年我国番茄酱出口量为 63.1 万 t，2007 年我国番茄酱出口量为 84.2 万 t，2009 年我国番茄酱出口量为 80.6 万 t，2010 年我国番茄酱出口量为 102.7 万 t，2011 年我国番茄酱出口量为 112.6 万 t，2016 年我国番茄酱出口量为 92.8 万 t，2019 年我国番茄酱出口量为 93.0 万 t。2001—2019 年我国番茄酱出口量整体增加了 212.08%，平均每年增加 6.53%；2001—2011 年我国番茄酱出口量整体增加了 277.85%，平均每年增加 14.22%，高于平均增长水平；2007 年和 2010 年我国番茄酱出口量分别比上年增加了 33.44%和 27.42%，远高于平均增长水平；2011—2019 年我国番茄酱出口量整体降低了 17.41%，平均每年降低 2.42%（图 5-20）。

5. 冷冻蔬菜出口数据分析

我国冷冻蔬菜出口量整体呈增长趋势，2002 年我国冷冻蔬菜出口量较 2001 年降低较多，2003—2007 年出口增长速率较快，2009—2019 年出口增长速度较慢。2001 年我国冷冻蔬菜出口量为 38.0 万 t，2002 年我国冷冻蔬菜出口量为 33.8 万 t，2003 年我国冷冻蔬菜出口量为 35.2 万 t，2007 年我国冷冻蔬菜出口量为 74.5 万 t，2009 年我国冷冻蔬菜出口量为 71.3 万 t，2016 年我国冷冻蔬菜出口量为 88.6 万 t，2019 年我国冷冻蔬菜出口量为 107.9 万 t。2001—2019 年我国冷冻蔬菜出口量整体增长了 183.95%，平均每年增长 5.97%。2002 年我国冷冻蔬菜出口量较 2001 年降低了 11.05%，降幅较大。2003—2007 年我国冷冻蔬菜出口量整体增长了 111.65%，平均每年增长 20.62%，远高于平均增长速率。2009—2019 年我国冷冻蔬菜出口量整体增长了 51.33%，平均每年增长 4.23%，略低于平均增长速率（图 5-20）。

（四）我国蔬菜出口国家分析

2001—2019 年我国蔬菜出口国家有 200 多个，主要出口国家有日本、韩国、马来西亚、美国、印度尼西亚、德国、俄罗斯等。2001—2019 年我国出口日本的蔬菜总量一直处于第一。我国出口韩国的蔬菜总量排名有小幅波动，2001—2003 年处于第三，2004—2018 年处于我国蔬菜出口的第二名，2019 年下滑至第三名（图 5-21）。

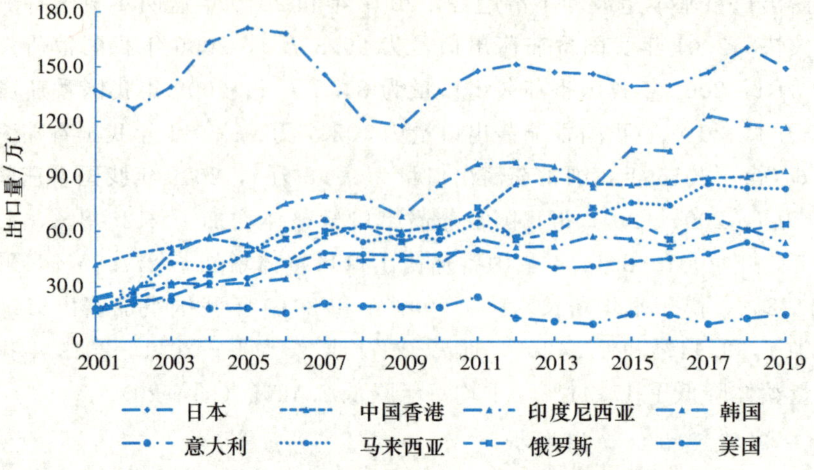

图 5-21　2001—2019 年我国蔬菜主要出口国家和地区

近年来，我国蔬菜出口马来西亚、印度尼西亚等国家的排名较为靠前，出口德国、荷兰等国家的排名有所下降。从我国蔬菜出口国家情况来看，虽然出口每个国家的蔬菜总量变化较大，但主要出口国家排名变化不大，这样有利于我国蔬菜的稳定出口。

1. 我国蔬菜出口日本数据分析

我国出口日本的蔬菜总量波动较大，整体看来增长的速度较快，降低的速度较慢，有两个高峰和两个低峰，2005 年和 2012 年各有一个高峰，2002 年和 2009 年各有一个低峰，2009—2012 年我国蔬菜出口日本增长最快。2001 年我国出口日本的蔬菜总量为 137.1 万 t，2002 年我国出口日本的蔬菜总量为 127.0 万 t，2005 年我国出口日本的蔬菜总量为 171.2 万 t，2009 年我国出口日本的蔬菜总量为 117.7 万 t，2012 年我国出口日本的蔬菜总量为 151.4 万 t，2016 年我国出口日本的蔬菜总量为 139.9 万 t。2001—2019 年我国出口日本的蔬菜总量增加了 8.83%，平均每年增加 0.47%，其中 2002—2005 年和 2009—2012 年我国出口日本的蔬菜总量呈现较明显的增长趋势，分别增加了 34.80% 和 28.63%，年均增长率分别达到 10.47% 和 8.76%，远高于平均增长速率（图 5-21）。

2. 我国蔬菜出口韩国数据分析

我国出口韩国的蔬菜总量整体呈增加趋势，2003 年我国出口韩国的蔬菜总量增长最多，2009 年我国出口韩国的蔬菜总量减少最多。2001 年我国出口韩国的蔬菜总量为 23.1 万 t，2003 年我国出口韩国的蔬菜总量为 48.4 万 t，2008 年我国出口韩国的蔬菜总量为 78.8 万 t，2009 年我国出口韩国的蔬菜总量为 68.4

万 t，2019 年我国出口韩国的蔬菜总量为 116.7 万 t。2001—2019 年我国出口韩国的蔬菜总量增加了 405.19%，平均每年增加 9.42%。2001—2008 年我国出口韩国的蔬菜总量增加了 241.13%，平均每年增加 19.16%，远高于平均增长水平。2003 年我国出口韩国的蔬菜总量较 2002 年增加 81.20%，为平均增长水平的 8.62 倍。2009 年我国出口韩国的蔬菜总量较 2008 年下降了 13.20%，降幅较大。2009—2019 年我国出口韩国的蔬菜总量增加了 70.61%，平均每年增加 5.49%，低于平均增长水平（图 5-21）。

3. 我国蔬菜出口马来西亚数据分析

我国出口马来西亚的蔬菜总量虽然整体波动较大，但呈增加趋势，2001—2007 年我国出口马来西亚的蔬菜总量增长速度较快，2008 年我国出口马来西亚的蔬菜总量较 2007 年有较大幅度的下降，2008—2019 年我国出口马来西亚的蔬菜总量呈增加趋势。2001 年我国出口马来西亚的蔬菜总量为 17.6 万 t，2007 年我国出口马来西亚的蔬菜总量为 66.3 万 t，2008 年我国出口马来西亚的蔬菜总量为 54.2 万 t，2016 年我国出口马来西亚的蔬菜总量为 74.6 万 t，2019 年我国出口马来西亚的蔬菜总量为 83.5 万 t。2001—2019 年我国出口马来西亚的蔬菜总量增长了 374.43%，平均每年增长 9.03%。2001—2007 年我国出口马来西亚的蔬菜总量增长了 276.70%，平均每年增长 24.74%，远高于平均增长速率。2008 年我国出口马来西亚的蔬菜总量较 2007 年减少 18.25%，降幅较大。2008—2019 年我国出口马来西亚的蔬菜总量增长了 54.06%，平均每年增长 4.01%，低于平均增长速率（图 5-21）。

4. 我国蔬菜出口美国数据分析

我国出口美国的蔬菜总量整体呈增加趋势，2001—2007 年我国出口美国的蔬菜总量增长速度较快，2007—2019 年我国出口美国的蔬菜总量增加极少，2013 年我国出口美国的蔬菜总量较 2012 年大幅减少。2001 年我国出口美国的蔬菜总量为 16.5 万 t，2007 年我国出口美国的蔬菜总量为 48.2 万 t，2012 年我国出口美国的蔬菜总量为 46.5 万 t，2013 年我国出口美国的蔬菜总量为 40.0 万 t，2016 年我国出口美国的蔬菜总量为 45.4 万 t，2019 年我国出口美国的蔬菜总量为 47.1 万 t。2001—2019 年我国出口美国的蔬菜总量增长了 185.45%，平均每年增长 6.00%。2001—2007 年我国出口美国的蔬菜总量增长了 192.12%，平均每年增长 19.56%，远高于平均增长速率。2007—2019 年我国出口美国的蔬菜总量下滑 2.28%，平均每年增长 −0.19%，远低于平均增长速率。2013 年我国出口美国的蔬菜总量较 2012 年减少 13.98%，降幅较大（图 5-21）。

5. 我国蔬菜出口印度尼西亚数据分析

我国出口印度尼西亚的蔬菜总量整体呈增加趋势，2001—2010 年我国出口印度尼西亚的蔬菜总量增长较为平稳，2010—2019 年出口印度尼西亚的蔬菜总量波动较大，2011 年出口印度尼西亚的蔬菜总量较 2010 年增加幅度较大，2016 年出口印度尼西亚的蔬菜总量较 2015 年有较大幅度的下降。2001 年我国出口印度尼西亚的蔬菜总量为 24.1 万 t，2010 年我国出口印度尼西亚的蔬菜总量为 42.2 万 t，2011 年我国出口印度尼西亚的蔬菜总量为 55.8 万 t，2015 年我国出口印度尼西亚的蔬菜总量为 55.9 万 t，2016 年我国出口印度尼西亚的蔬菜总量为 51.9 万 t，2019 年我国出口印度尼西亚的蔬菜总量为 54.0 万 t。2001—2019 年我国出口印度尼西亚的蔬菜总量增长了 124.07%，平均每年增长 4.58%。2001—2010 年我国出口印度尼西亚的蔬菜总量增长了 75.10%，平均每年增长 6.42%，略高于平均增长速率。2010—2019 年我国出口印度尼西亚的蔬菜总量增长了 27.96%，平均每年增长 2.78%，低于平均增长速率。2011 年我国出口印度尼西亚的蔬菜总量较 2010 年增长了 32.23%，远高于平均增长水平。2016 年我国出口印度尼西亚的蔬菜总量较 2015 年减少 7.16%，降幅较大（图 5-21）。

四、我国蔬菜外贸顺逆差分析

（一）我国蔬菜外贸顺逆差来源地分布

整体来看，我国蔬菜外贸在 2001 年顺差达到了 23.87 亿美元，共有 138 个国家作贡献，超过 1 000 万美元的国家或地区有 26 个（表 5-3）。其中对日本顺差最多，达到 114 215.8 万美元，占比为 51.92%；对韩国顺差为 12 765.9 万美元，占比为 5.80%；对德国顺差为 10 807.1 万美元，占比为 4.91%；排名前 14 的国家或地区贡献了 90.68%的贸易顺差（表 5-3）。

表 5-3　我国 2001 年对外蔬菜贸易顺差超过 1 000 万美元的国家或地区

国家或地区	对外贸易顺差/万美元	占比/%
日本	114 215.8	51.92
韩国	12 765.9	5.80
德国	10 807.1	4.91
中国香港	9 982.8	4.54
意大利	8 875.8	4.03
荷兰	8 785.7	3.99
印度尼西亚	6 871.9	3.12

续表 5-3

国家或地区	对外贸易顺差/万美元	占比/%
美国	6 653.9	3.02
马来西亚	4 881.6	2.22
俄罗斯	3 880.8	1.76
西班牙	3 492.5	1.59
法国	2 912.3	1.32
菲律宾	2 728.2	1.24
新加坡	2 691.3	1.22
阿拉伯联合酋长国	2 554.3	1.16
古巴	2 433.5	1.11
英国	2 119.9	0.96
巴基斯坦	2 008.9	0.91
土耳其	1 753.5	0.80
中国台湾	1 683.9	0.77
印度	1 530.2	0.70
埃及	1 430.7	0.65
也门	1 344.9	0.61
澳大利亚	1 275.5	0.58
沙特阿拉伯	1 267.9	0.58
伊拉克	1 023.5	0.47

另外，我国 2001 年对外贸易逆差的国家或地区共有 6 个。其中，对新西兰逆差最多，达到 352.2 万美元，占比达到 86.88%；我国出口转内销对 39.0 万美元，占比达到 9.62%；对乌兹别克斯坦逆差为 11.8 万美元，占比为 2.91%；对玻利维亚逆差为 0.4 万美元，对马拉维逆差为 0.1 万美元（表 5-4）。

表 5-4　我国 2001 年对外蔬菜贸易为逆差的国家或地区

国家或地区	对外贸易逆差/万美元	占比/%
新西兰	352.2	86.88
中国大陆	39.0	9.62
乌兹别克斯坦	11.8	2.91
吉尔吉斯斯坦	1.9	0.47
玻利维亚	0.4	0.10
马拉维	0.1	0.02

2019 年我国蔬菜外贸顺差达到了 131.12 亿美元，对外贸易顺差的国家或地区已经增加到 168 个，超过 1 000 万美元的国家或地区达到了 73 个。其中日本处于第一位，达到了 210 709.1 万美元，相当于 2001 年我国对外蔬菜贸易顺差总额。另外，贸易顺差超过 1 亿美元的国家或地区有 23 个（表 5-5）。

表 5-5　中国 2019 年对外蔬菜贸易顺差超过 1 亿美元的国家或地区

国家或地区	对外贸易顺差/万美元	占比/%
日本	210 709.1	18.35
中国香港	164 351.0	14.31
越南	145 881.6	12.70
韩国	112 270.6	9.78
美国	69 781.4	6.08
马来西亚	66 631.6	5.80
俄罗斯	59 464.8	5.18
印度尼西亚	53 593.6	4.67
泰国	43 750.6	3.81
荷兰	24 636.1	2.15
西班牙	21 443.0	1.87
德国	20 697.2	1.80
菲律宾	19 330.9	1.68
阿拉伯联合酋长国	17 776.6	1.55
意大利	17 240.5	1.50
英国	15 444.3	1.35
孟加拉国	13 575.3	1.18
巴西	13 122.7	1.14
巴基斯坦	12 675.0	1.10
沙特阿拉伯	12 518.4	1.09
中国台湾	12 425.2	1.08
澳大利亚	10 609.2	0.92
新加坡	10 303.8	0.90

我国 2019 年对外蔬菜贸易为逆差的国家或地区扩大到了 9 个，除加拿大外，其他国家多为美洲和非洲小国，或者属于低收入国家（表 5-6）。

表 5-6 我国 2019 年对外蔬菜贸易逆差的国家或地区

国家或地区	对外贸易逆差/万美元	占比/%
加拿大	40 667.5	57.52
印度	22 629.1	32.00
缅甸	4 045.1	5.72
乌兹别克斯坦	2 139.3	3.03
新西兰	554.5	0.78
赞比亚	306.7	0.43
未指定区域	214.6	0.30
东帝汶	147.1	0.21
汤加	3.0	0.004

我国 2001—2019 年对外蔬菜贸易顺差排名前十的国家或地区多次发生变动，但日本一直处于第一位；韩国除 2007 年、2009 年、2018 年、2019 年外一直处于第二位；德国的排名一直在下降，从 2001 年的第三名降至 2010 年的第九名，2014 年、2017 年、2018 年三年均排在第十位，2015 年、2016 年、2019 年则处于前十名之后；越南从 2009 年进入前十名，排名在第八，之后排名不断上升，2014—2019 年稳定在第三、四名；马来西亚、印度尼西亚、俄罗斯、中国香港的排名虽有变动，但是一直处于前十名（表 5-7）。

表 5-7 我国 2001—2019 年对外蔬菜贸易顺差排名前十的国家或地区

年份	排名									
	1	2	3	4	5	6	7	8	9	10
2001	日本	韩国	德国	中国香港	意大利	荷兰	美国	印度尼西亚	马来西亚	俄罗斯
2002	日本	韩国	中国香港	德国	意大利	美国	荷兰	印度尼西亚	马来西亚	俄罗斯
2003	日本	韩国	美国	中国香港	德国	意大利	马来西亚	荷兰	俄罗斯	印度尼西亚
2004	日本	韩国	美国	马来西亚	德国	中国香港	印度尼西亚	意大利	俄罗斯	荷兰
2005	日本	韩国	美国	马来西亚	俄罗斯	德国	印度尼西亚	意大利	中国香港	荷兰

续表 5-7

年份	排名									
	1	2	3	4	5	6	7	8	9	10
2006	日本	韩国	美国	马来西亚	印度尼西亚	俄罗斯	德国	荷兰	中国香港	意大利
2007	日本	美国	韩国	马来西亚	俄罗斯	印度尼西亚	德国	荷兰	意大利	西班牙
2008	日本	韩国	美国	俄罗斯	马来西亚	德国	意大利	印度尼西亚	西班牙	中国香港
2009	日本	美国	韩国	马来西亚	俄罗斯	印度尼西亚	德国	越南	意大利	泰国
2010	日本	韩国	美国	印度尼西亚	马来西亚	俄罗斯	泰国	越南	德国	荷兰
2011	日本	韩国	美国	马来西亚	印度尼西亚	俄罗斯	越南	泰国	德国	意大利
2012	日本	韩国	美国	马来西亚	俄罗斯	印度尼西亚	越南	泰国	中国香港	巴西
2013	日本	韩国	马来西亚	美国	俄罗斯	越南	中国香港	泰国	印度尼西亚	巴西
2014	日本	韩国	越南	美国	马来西亚	俄罗斯	中国香港	印度尼西亚	泰国	德国
2015	日本	韩国	越南	美国	中国香港	马来西亚	俄罗斯	印度尼西亚	泰国	荷兰
2016	日本	韩国	越南	美国	中国香港	印度尼西亚	马来西亚	俄罗斯	泰国	巴西
2017	日本	韩国	中国香港	越南	美国	马来西亚	印度尼西亚	俄罗斯	泰国	德国
2018	日本	中国香港	韩国	越南	美国	马来西亚	俄罗斯	泰国	印度尼西亚	德国
2019	日本	中国香港	越南	韩国	美国	马来西亚	俄罗斯	印度尼西亚	泰国	荷兰

（二）我国 2019 年主要蔬菜产品贸易逆差来源地

1. 我国 2019 年干豌豆净进口来源地

我国 2019 年干豌豆贸易逆差排在第一位的是加拿大，达到了 56 668.1 万美元，占比达到 97.44%；其他来源地和贸易逆差金额依次是美国 541.2 万美元、法国 428.2 万美元、澳大利亚 225.7 万美元、英国 182.8 万美元、新西兰 83.1 万美元、中国台湾 16.9 万美元、丹麦 4.3 万美元、意大利 3.7 万美元（表 5-8）。

表 5-8　我国 2019 年干豌豆净进口来源地

国家或地区	进口额/万美元	出口额/万美元	贸易逆差/万美元	贸易逆差占比/%
加拿大	56 668.1	0	56 668.1	97.44
美国	556.6	15.4	541.2	0.93
法国	428.2	0	428.2	0.74
澳大利亚	225.7	0	225.7	0.39
英国	182.8	0	182.8	0.31
新西兰	83.1	0	83.1	0.14
中国台湾	20.6	3.7	16.9	0.03
丹麦	4.3	0	4.3	0.01
意大利	4.7	1	3.7	0.01
未指定区域	0.1	0	0.1	0.0002

2. 我国 2019 年冷冻马铃薯净进口来源地

我国 2019 年冷冻马铃薯贸易逆差排在第一位的是美国，达到 9 378.5 万美元，占全年比例达到 61.71%；排在第二位的是土耳其，达到 2 426.5 万美元，占比达到 15.97%；排在第三位的是比利时，达到 1 596.5 万美元，占比 10.50%；其他来源地及贸易逆差金额依次为荷兰 624.3 万美元、德国 473.6 万美元、加拿大 452.0 万美元、法国 130.7 万美元、新西兰 94.5 万美元、印度 12.6 万美元、澳大利亚 8.7 万美元、意大利 0.2 万美元、阿根廷 0.2 万美元及西班牙 0.1 万美元（表 5-9）。

表 5-9　我国 2019 年冷冻马铃薯净进口来源地

国家或地区	进口额/万美元	出口额/万美元	贸易逆差/万美元	贸易逆差占比/%
美国	9 385.5	7.0	9 378.5	61.71
土耳其	2 426.5	0	2 426.5	15.97
比利时	1 596.5	0	1 596.5	10.50
荷兰	624.3	0	624.3	4.11
德国	473.6	0	473.6	3.12
加拿大	452.5	0.5	452.0	2.97
法国	130.7	0	130.7	0.86
新西兰	95.1	0.6	94.5	0.62
印度	12.6	0	12.6	0.08
澳大利亚	15.7	7.0	8.7	0.06
意大利	0.2	0	0.2	0.001
阿根廷	0.2	0	0.2	0.001
西班牙	0.1	0	0.1	0.001

3. 我国 2019 年均质蔬菜净进口来源地

我国 2019 年均质蔬菜贸易逆差排在第一位的是法国，达到 121.6 万美元，占比达到 55.15%；排在第二位的是美国，达到 33.4 万美元，占比为 15.15%；排在第三位的是英国，达到 28.6 万美元，占比为 12.97%；其他来源及贸易逆差金额依次为澳大利亚 18.3 万美元、意大利 5.7 万美元、德国 4.8 万美元、西班牙 2.8 万美元、波兰 2.5 万美元、匈牙利 1.4 万美元、俄罗斯 1.3 万美元及印度 0.1 万美元（表 5-10）。

表 5-10　我国 2019 年均质蔬菜净进口来源地

国家或地区	进口额/万美元	出口额/万美元	贸易逆差/万美元	贸易逆差占比/%
法国	121.6	0	121.6	55.15
美国	33.6	0.2	33.4	15.15
英国	28.6	0	28.6	12.97
澳大利亚	18.4	0.1	18.3	8.30
意大利	5.7	0	5.7	2.59

续表 5-10

国家或地区	进口额/万美元	出口额/万美元	贸易逆差/万美元	贸易逆差占比/%
德国	4.8	0	4.8	2.18
西班牙	2.8	0	2.8	1.27
波兰	2.5	0	2.5	1.13
匈牙利	1.4	0	1.4	0.63
俄罗斯	1.3	0	1.3	0.59
印度	0.1	0	0.1	0.05

4. 我国 2019 年腌制油橄榄净进口来源地

我国 2019 年腌制油橄榄贸易逆差排在第一位的是西班牙，达到 250.8 万美元，占比达到 81.32%；排在第二位的是意大利，达到 21.4 万美元，占比为 6.94%；排在第三位的是英国，达到 18.6 万美元，占比为 6.03%；其他来源地及贸易逆差金额依次是希腊 9.3 万美元、法国 3.4 万美元、美国 2.4 万美元、土耳其 1.3 万美元、澳大利亚 0.4 万美元、德国 0.3 万美元、约旦 0.3 万美元、佐治亚州 0.1 万美元及葡萄牙 0.1 万美元（表 5-11）。

表 5-11　中国 2019 年腌制油橄榄净进口来源地

国家或地区	进口额/万美元	出口额/万美元	贸易逆差/万美元	贸易逆差占比/%
西班牙	250.8	0	250.8	81.32
意大利	21.4	0	21.4	6.94
英国	19.4	0.8	18.6	6.03
希腊	9.3	0	9.3	3.02
法国	3.4	0	3.4	1.10
美国	2.4	0	2.4	0.78
土耳其	1.3	0	1.3	0.42
澳大利亚	0.4	0	0.4	0.13
德国	0.3	0	0.3	0.10
约旦	0.3	0	0.3	0.10
佐治亚州	0.1	0	0.1	0.03
葡萄牙	0.1	0	0.1	0.03

五、我国蔬菜国际竞争力分析

（一）我国蔬菜贸易竞争力

贸易竞争力（trade competitiveness，TC）指数是对国际竞争力分析时比较常用的测度指标之一，它表示一国进出口贸易的差额占进出口贸易总额的比重，即 TC 指数＝（出口额－进口额）/（出口额＋进口额）。该指标是一个与贸易总额相对的值，剔除了经济膨胀、通货膨胀等宏观因素方面波动的影响，即无论进出口的绝对量是多少，该指标均在－1～1 之间。其值越接近于 0，表示竞争力越接近于平均水平；该指数为－1 时，表示该产业只进口不出口，越接近于－1 表示竞争力越薄弱；该指数为 1 时，表示该产业只出口不进口，越接近于 1 则表示竞争力越强。

从表 5-12 可以看出，2001—2019 年我国蔬菜贸易一直为顺差。2001—2011 年我国蔬菜贸易竞争力指数连续超过 0.9，表示在国际市场上竞争力很强，有很大优势；2012—2019 年虽然略有下降，但仍超过 0.8，说明竞争力依然很强，这是因为我国蔬菜出口额长期远大于进口额。因此，我国蔬菜出口产业总体上维持了很强的竞争优势。

表 5-12　2001—2019 年我国蔬菜贸易竞争力指数

年份	进出口贸易顺逆差 /（亿美元）	对外贸易总值 /（亿美元）	蔬菜贸易竞争力（TC）指数
2001	23.83	26.11	0.91
2002	28.22	30.09	0.94
2003	32.68	34.39	0.95
2004	38.56	40.82	0.94
2005	45.59	48.39	0.94
2006	54.79	58.14	0.94
2007	64.14	67.80	0.95
2008	68.79	73.25	0.94
2009	71.43	75.57	0.95
2010	95.39	103.83	0.92
2011	106.70	117.48	0.91
2012	95.54	107.12	0.89

续表 5-12

年份	进出口贸易顺逆差/（亿美元）	对外贸易总值/（亿美元）	蔬菜贸易竞争力（TC）指数
2013	101.65	115.83	0.88
2014	107.93	119.73	0.90
2015	111.40	124.70	0.89
2016	125.51	139.09	0.90
2017	125.47	140.52	0.89
2018	112.56	137.21	0.82
2019	124.05	151.58	0.82

从表 5-13 可以看出，2001—2019 年我国农产品贸易竞争力指数仅 2001 年和 2002 年为正，之后一路下降至 2013 年的－0.45，之后虽有回升但仍为负值，表明我国农产品在国际市场上竞争力较弱，农产品贸易以进口为主，出口基本不占优势。

表 5-13　2001—2019 年我国农产品贸易竞争力指数

年份	进出口贸易顺逆差/亿美元	对外贸易总值/亿美元	农产品贸易竞争力（TC）指数
2001	12.69	219.97	0.06
2002	26.25	240.46	0.11
2003	－16.70	330.95	－0.05
2004	－104.60	419.01	－0.25
2005	－74.13	449.61	－0.16
2006	－96.75	513.13	－0.19
2007	－128.55	654.05	－0.20
2008	－280.90	853.97	－0.33
2009	－218.36	772.76	－0.28
2010	－371.35	1 043.25	－0.36
2011	－543.16	1 350.66	－0.40
2012	－685.27	1 526.74	－0.45
2013	－712.84	1 600.43	－0.45
2014	－702.38	1 640.45	－0.43
2015	－634.47	1 569.23	－0.40

续表 5-13

年份	进出口贸易顺逆差/亿美元	对外贸易总值/亿美元	农产品贸易竞争力（TC）指数
2016	−555.44	1 535.30	−0.36
2017	−679.26	1 690.49	−0.40
2018	−711.06	1 774.48	−0.40
2019	−790.23	1 894.22	−0.42

（二）我国蔬菜出口的优势

从图 5-22 和图 5-23 可以看出，我国蔬菜出口占据农产品出口的大头。从出口量来看，蔬菜出口量占农产品出口量的比例，除 2003 年、2005 年、2007 年下跌较为强烈外，其他年份都维持较高比例，从 2008 年后基本保持在 1/3 的份额（2017 年除外）；从出口额来看，蔬菜出口额占农产品出口量的比例基本维持在 30%左右。

由此可见，蔬菜在我国农产品贸易中占有重要位置，是我国进出口贸易顺差最大的农产品，在促进我国蔬菜产业持续发展、菜农持续增收和平衡农产品国际贸易等方面发挥了重要作用。

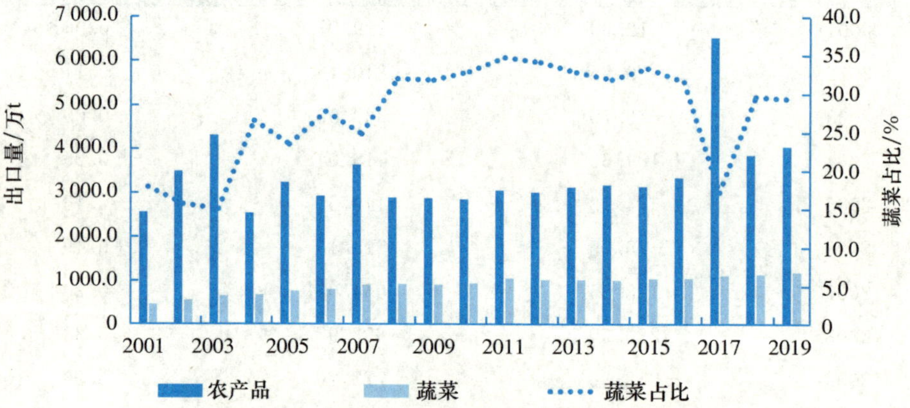

图 5-22 **2001—2019 年我国蔬菜与农产品出口量情况**

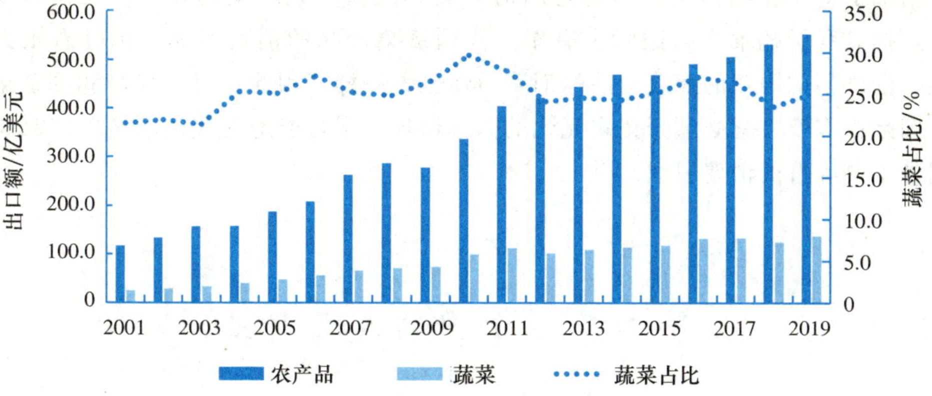

图 5-23　2001—2019 年我国蔬菜与农产品出口额情况

（三）我国蔬菜出口的劣势

出口蔬菜品质不高，市场竞争力不强。我国蔬菜品质比较低，与国外还有一些差距，因此市场竞争力相对较弱。我国蔬菜出口既有种植环节产生的农药和重金属污染问题，也有生产加工和贮运环节产生的品质问题等。此外，对国外目标市场蔬菜进口相关法规标准不了解也导致我国蔬菜出口受阻。

出口蔬菜生产成本较高，利润空间窄。我国蔬菜生产主要来源于农村，农村生产主要以家庭为单位，机械化和工厂化生产在农村发展还不够发达，蔬菜生产成本相对较高。

出口蔬菜以初级农产品为主，蔬菜产生的附加值较低。出口量最大的蔬菜种类为大蒜、干豆、腌制蔬菜、番茄酱、冷冻蔬菜等，蔬菜未进行加工或只进行了简单的加工，产生的附加值较少。

（四）提高我国蔬菜竞争力的基本对策

强化科技支撑，构建完善的信息平台。科学技术是第一生产力。目前我国蔬菜生产大多数来自农村，信息的不对称及信息的滞后，使农村生产的蔬菜不能满足国内及国外的需求，造成农产品的滞销和供不应求的极端化现象。因此，加强农业信息化建设尤为重要，这是我国蔬菜产业与国际化接轨的重要一步，可以有效提高我国蔬菜产业的国际竞争力。

完善质量检测监督制度，打造品牌营销策略。从我国目前蔬菜产业发展状况出发，结合国际及发达国家的质量检测监督标准，制定出符合我国蔬菜产业实际发展需求的质量检测监督标准，提高我国蔬菜产品质量，打造出品牌。由原来的低附加值的产品经营模式向高附加值的品牌经营模式转变。开拓多元化国际市场，提高我国蔬菜产品国际占有率。我国蔬菜产品的消费习惯与国外有很大区别，国外不同国家的蔬菜产品的消费习惯也不一样。因此，要想提高我国蔬菜产品国际占有率，就必须开拓多元化的国际市场，尽可能地使我国的蔬菜产品符合国外不同人群的消费习惯。

第二节　中国的蔬菜种业

一、国内蔬菜种业发展历程及政策

（一）发展历程

我国蔬菜种业发展起步比较晚，新中国成立以后，我国蔬菜种业逐渐朝市场化方向发展。由于当时国内外环境特殊，蔬菜种业的生产、经营等活动受到政府严格把控，再加上自身竞争力较弱等因素，我国蔬菜种业一直处于封闭的发展模式。随着改革开放及加入世界贸易组织，我国相继出台相应的种业政策，改变了我国蔬菜种业的发展模式，从此，我国蔬菜种业进入产业化、市场化发展的新阶段。

1. 1949—1957 年：“家家种田，户户留种”

在此期间，我国各级农业部门纷纷设置种子机构，开始逐步实行政、技一体。1950 年 2 月，原农业部召开会议，制定了《粮食作物良种普及计划实施方案》，提出“就地选种，就地推广”原则，国家鼓励在村民自愿的前提下，进行自留种。这项制度在一定程度上促进了当时农业的发展。

2. 1958—1977 年：种子工作“四自一辅”方针

本阶段，农村改变了“家家种田，户户种田”的模式，开始初步成立农村生产合作社。1958 年，中央召开全国种子会议，提出“四自一辅”的种子工作方针，即自繁、自选、自留、自用，辅之以必要的调剂。1962 年《中共中央关于加强种子工作的决定》确定“种子第一，不可侵犯”。由于“四自一辅”的提出，全国各地纷纷建立以县良种场为骨干，以公社良种场为桥梁，以生产队种子田为基础的三级良种繁育推广体系。此阶段种子体系初见规模。

3. 1978—1994 年：种子工作“四化一供”方针

1978 年 4 月，国务院批转了《关于加强种子工作的报告》，批准在全国范围内建立种子公司和种子生产基地，同时要实现品种布局区域化、种子生产专业化，加工机械化及质量标准化，以县为单位组织统一供种，即“四化一供”。1978 年原农业部成立了中国种子公司，之后各省、地、县相继成立种子公司（站），到 2003 年，全国种子公司已达 2 700 家。在此阶段非主要农作物（以蔬菜为主）成为市场先导，开始出现自由交易。1989 年国务院颁布《中华人民共和国种子管理条例》，标志着种子事业快速推进，逐步形成了中国种子产业。

4. 1995—1999 年：实施种子工程

随着社会主义市场经济体制的建立和完善，本阶段主要以实施种子工程、建设现代种子产业为重点。1995 年，国务院召开的全国种子工作会议确立了创建种子工程，其主要内容是建立 5 个系统，即良种引进、生产繁殖、加工包装、推广销售、宏观管理。同时提出抓好资源收集、育种、试验、生产、加工、推广、营销、管理等 8 个环节，最终实现 4 个根本性转变（由传统的粗放型生产向集约化大生产转变；由分散的小规模生产经营向专业化的大中型企业或企业集团转变；由行政区域的自给性生产经营向社会化、国际化、市场化转变；由科研、生产、经营相互脱节向育繁推一体化转变），建立适应社会主义市场经济体制的现代化种子产业体系。

5. 2000 年至今：种业市场化制度

2000 年 12 月 1 日我国开始实施《中华人民共和国种子法》（以下简称《种子法》），取消了国家对主要种子的管制，放开了种子的育、繁、销环节，使种子生产制度由产业制度上升到法律高度。在市场利润的驱动下，国内纷纷成立各类种子公司，从此国内各类种业开始激烈竞争。2015 年 11 月 4 日，《种子法》修订版通过，《种子法》的制定和实施促进了种业市场化发展，在提高作物产量，改善农产品品质，提高复种指数，降低农产品生产成本，增加农民收入，以及引导农业生产发展等方面发挥了重要作用。

（二）发展政策

1.《种子法》发布与种业发展

近代种子法规萌芽于 19 世纪，而我国种业发展相关政策的出现要落后于其他国家。20 世纪 50 年代后，我国先后出台一系列种子工作的规定。直到 2000 年 7 月 8 日正式颁布《中华人民共和国种子法》，这标志着我国种子行业真正步入规范化、市场化、法制化的发展轨道。种子法的出现打破了过去不适合市场经济发展的种业模式，确立了我国种业市场发展目标，划分了政府与企业、种子生产者与经营者的权利和义务，这一系列重大改革对我国种业发展产生了积极影响。除此之外，《种子法》还对种业市场发展的其他方面进行规定和改革，其最大的贡献在于改变了过去种子行业计划管理的格局，使国内种业发展走向了市场化道路，在与国内经济形势接轨的同时也迎合了种业全球化的市场背景。

2. 中央一号文件对种子工作的扶持和推动

为了推动“三农”的发展，国家相继出台了一系列扶持种业发展和推动种业改革的政策措施。表5-14列出了涉及蔬菜种业发展内容的中央一号文件，从该表不难看出种业发展的重要性和国家对种业发展的重视。

表5-14　中央一号文件中涉及种业发展的相关政策

年份	主题	主要内容
2004	实现粮食增产，促进农民增收	推进繁育良种工作
2005	提高农业综合生产能力	增加良种补贴，加大良种良法的推广力度，继续实施种子工程
2006	推动社会主义新农村建设	提高农业科技创新和转化能力
2007	积极发展现代农业	加大良种补贴力度，扩大良种补贴范围和品种。深化农业科研院所改革，引导企业和科研单位进行农业技术合作
2008	加强农业基础建设	启动转基因生物新品种培育科技重大专项，加快实施种子工程
2009	促进农业稳定发展，农民持续增收	推动转基因生物新品种科技重大专项，加大研发力度，尽快培育出一批转基因新品种，并促进产业化
2010	加大统筹城乡发展力度，进一步夯实农业农村发展基础	提高农业科技创新和推广能力，推动国内种业加快企业并购和产业整合，引导种子企业与科研单位联合，抓紧培育具有核心竞争力的大型种子企业
2012	加快推进农业科技创新，持续增强农产品供给保障能力	着力抓好种业科技创新，增加种业基础性、公益性研究投入，加快培育一批突破性品种；重大科研项目重点支持育繁推一体化企业，建立以企业为主体的商业化育种机制；提高企业进入门槛，鼓励企业兼并重组；加强企业与科研单位合作；加大动植物良种工程实施力度；加大市场监督力度

续表 5-14

年份	主题	主要内容
2014	加快发展现代种业和农业机械化	建立以企业为主体的育种创新体系，推进种业人才、资源、技术向企业流动，做大做强育繁推一体化种子企业，培育推广一批高产、优质、抗逆、适应机械化生产的突破性新品种。推行种子企业委托经营制度，强化种子全程可追溯管理
2015	提高农业补贴政策效能	继续实施种粮农民直接补贴、良种补贴、农机具购置补贴、农资综合补贴等政策。实施粮油生产大县、粮食作物制种大县、生猪调出大县、牛羊养殖大县财政奖励补助政策
2016	加快推进现代种业发展	大力推进育繁推一体化，提升种业自主创新能力，保障国家种业安全。深入推进种业领域科研成果权益分配改革，探索成果权益分享、转移转化和科研人员分类管理机制。实施现代种业建设工程和种业自主创新重大工程
2017	强化科技创新驱动，引领现代农业加快发展	加大实施种业自主创新重大工程和主要农作物良种联合攻关力度，加快适宜机械化生产、优质高产多抗广适新品种选育
2018	发挥科技人才支撑作用	健全种业等领域科研人员以知识产权明晰为基础、以知识价值为导向的分配政策，加快发展现代农作物、畜禽、水产、林木种业，提升自主创新能力
2019	加快突破农业关键核心技术	强化创新驱动发展，实施农业关键核心技术攻关行动，培育一批农业战略科技创新力量，推动生物种业、重型农机、智慧农业、绿色投入品等领域自主创新
2020	强化科技支撑作用	加强农业关键核心技术攻关，部署一批重大科技项目，抢占科技制高点。加强农业生物技术研发，大力实施种业自主创新工程，实施国家农业种质资源保护利用工程，推进南繁科研育种基地建设
2021	打好种业翻身仗	加强农业种质资源保护开发利用，对育种基础性研究以及重点育种项目给予长期稳定支持；加快实施农业生物育种重大科技项目；有序推进生物育种产业化应用；加强育种领域知识产权保护；支持种业龙头企业建立健全商业化育种体系，加快建设南繁硅谷，加强制种基地和良种繁育体系建设，研究重大品种研发与推广后补助政策，促进育繁推一体化发展

注：资料来源于各年份中央一号文件。

3. 新品种保护权

(1)《中华人民共和国植物新品种保护条例》

1984 年，第六届全国人民代表大会常务委员会第四次会议通过了《中华人民共和国专利法》，但未将新品种列入保护范围之内。1993年农业部、国家专利局、林业部和国家科学技术委员会联合成立立法小组和工作小组，并于1995年开始起草该条例。但真正使植物新品种保护进入法制轨道是1997年3月，国务院正式颁布《中华人民共和国植物新品种保护条例》。

(2) 加入国际植物新品种保护联盟

1999年3月23日，我国政府向国际植物新品种保护联盟（UPOV）递交了加入国际植物新品种保护公约（1978文本）的申请书，1999年4月正式加入，成为其第39个成员。同一时间，农业部、国家林业局正式启动实施，开始受理国内外的品种申请。2015年对该版本进行修订，并于2016年1月1日颁布实施，使我国植物新品种保护制度进一步完善。

4. 其他方面

继发布《种子法》和中央一号文件等之后，国家又相继颁发了一系列政策。比如，《育繁推一体化农作物种子经营许可证核发条件》《农作物种子进出口经营许可证核发条件》《农作物种子生产经营许可证管理办法》等。

二、我国蔬菜种业现状

（一）蔬菜产业链发展概况

我国是蔬菜生产大国，为蔬菜种业带来巨大的市场发展空间，分析和研究蔬菜种子产业链，对加快蔬菜种子产业的发展具有重要意义。欧美发达国家的蔬菜种子产业起步较早，现代化程度较高，因此其蔬菜种子的产业链条较完整。而我国蔬菜种子产业在发展过程中由于受历史的影响，条块分割，重复建设，蔬菜科研育种单位呈现“上下一般粗”的问题，蔬菜种子企业科研育种水平偏低，蔬菜种子产业链短，蔬菜种子产业在国际上的竞争力较弱。

目前，我国种子资源的收集整理及基础性研究仍落后于欧美发达国家，育种的应用基础理论研究还相对薄弱，进而影响了育种水平的提高，限制了育种材料的创新和育种进程的加速。蔬菜种子链条中的任何一个环节都是缺一不可的，离开了种子链条，蔬菜科研院所只能形成纸上的科研成果，没有实际的生产力和社会效益；蔬菜种子公司只能经营别人的种子，成为买卖公司，不能产生较大的利润和效益，最后会被市场淘汰。

（二）蔬菜种业概况

我国是世界上蔬菜种子生产和消费大国，通过几代专家的努力，迄今为止，在蔬菜种业科技领域取得优势育种的蔬菜作物种类已达32个。根据《全国蔬菜产业发展规划（2011—2020年）》统计，全国选育各类蔬菜优良品种3 000多个，主要蔬菜良种更新5～6次，良种覆盖率达90%以上。总体而言，改革开放40多年以来，我国蔬菜种业取得了巨大成就。我国蔬菜育种形成了比较完整的技术体系，每年新认定的品种超过300个。

（三）蔬菜种子企业概况

我国蔬菜种子企业主要分为国内科研院所和民营企业，主要依靠国家经费支持。国内科研院所主要有国家级、省级科研单位以及一些农业院校。科研院所绝大部分是由国家经费支持，受国家政策和经费支持力度大，在我国蔬菜种业发展的十几年里做出了较大贡献，培育出了数千个蔬菜新品种，既为农民提供了大量价格便宜的商品种子，又保护了我国的蔬菜种业市场，还培养了大批从事科研、开发以及管理方面的人才。这些人才有的进入民营企业从事育种研究，有的自主创业，组建了公司。同时他们在搜集、整理、利用、保护以及创新蔬菜品种资源方面做了大量工作，这些基础性的工作促进了我国蔬菜种业的发展。

民营企业包括育种型企业和代理型企业，发展较为迅速，正逐步发展壮大。到2014年，我国已有8 000多家种子企业，但总体表现为规模小、资源分散、实力弱。我国大部分种子公司在蔬菜新品种开发方面实力不足，个别公司发展到一定规模，但技术创新能力不强，市场占有量小。多数的育种型公司只专注几种甚至是一两种作物，研究的种类非常集中。如西安金鹏种苗有限公司只研究番茄一种作物，金鹏、保冠系列番茄品种就是该公司培育的。代理型企业一般会选择与具有独立的育种能力和良好的组织模式及口碑的国内外种子公司或科研单位合作，一般代理国外的优势产品或国内强优势科研单位的产品。由于产品的供应商比较强大，再加上企业本身的营销能力很强，这类企业往往能获得非常高的销售额。虽然我国大部分民营企业很少得到国家资金和政策上的支持，但由于民营企业较贴近市场、决策速度快，很多民营种子企业的规模得到较大发展。随着国家对种子行业的持续发力，众多蔬菜种业企业以科研单位为依托，育成品种数量越来越多，初步形成中蔬、京研、津研、湘研等品牌，目前营业额最多的已达1亿元左右；民营育种型企业规模较大，年销售额5 000万元左右的有5～8家。

虽然科研院所和民营企业具备许多优势，但也存在许多问题。例如：在育种方面，育种体制与机制比较传统，不灵活，进而导致人才的流失；很多资源的配置与种业无关；没有形成育种的核心体系等。这一系列问题使得一些研究人员知识产权保护意识不强，产学研结合得不够紧密，不能形成大规模商业化育种。目前，不少国际种子公司已入驻我国，主要有美国的孟山都公司、瑞士的先正达公司、法国的利马格兰公司、荷兰的瑞克斯旺公司等。国际种子公司拥有强大的资本优势，科研投入量相对较大，具有丰富的可利用资源和先进的育种体系，具备高效率的产业化能力和强大的综合实力。国际种子公司的种子因质量优且产品集中度高而占国际市场份额较大、产品竞争力较强。国际蔬菜种子公司凭借雄厚的资金和强大技术实力正与国内的蔬菜育种单位形成日趋激烈的竞争态势，其通过各种手段搜集我国优良种质资源，高薪聘请我国优秀育种人才，且在我国一些蔬菜主产区建立育种或示范基地，使我国蔬菜种业的发展面临严峻的挑战。

国际种子公司具有先进的现代企业管理制度和较强大的育种实力，相对来说，国内蔬菜种子企业大多还在采用传统的生产合作方式，处于比较落后的经营机制之中，对市场经济的适应能力较差。国际种子公司进入中国市场的十几年，带来竞争的同时也带来很多机遇，不仅给我国农民带来了好品种、新类型，还为我国的育种机构引进了新的材料、新的资源，培养了很多人才，带来新的管理理念。国际种子公司入驻中国市场已形成一种趋势，在这种现状下，我们要辩证地看待这种现状，学习国外种子公司先进的育种技术和系统的管理模式，提高我国蔬菜种子企业各方面的实力，缩小与国际蔬菜种子企业之间的差距。

（四）蔬菜品种研发概况

我国蔬菜种业科技研发的核心力量主要集中在国有农业科研单位及一些农业院校，做科研的蔬菜种子企业相对较少。自 1984 年以来，我国育成并通过审定的蔬菜品种约有 3 000 个，主要蔬菜品种已更新 5～6 次。近年来，我国先后培育出一批抗病、高产且优质的黄瓜、白菜、甘蓝等优良新品种，这些品种通过审定后被推广至全国，创造了较高的经济效益和社会效益。在取得一定成绩的同时，我们也要关注国外发达国家蔬菜种业的发展。发达国家的蔬菜种子产业高度发达，除科研机构和相关农业院校外，有实力的种子公司也在做育种研发工作，且发挥相当大的作用，如美国、荷兰、日本的蔬菜育种都有种子公司参与。国外发达国家种子企业具备独立的科研机构，每年将营业收入的 10%以上用于科技研发。此类种子企业拥有丰富的人才资源和充足的科研经费，因此产品的科技含量高，在全球占据了技术领先地位。

近年来，我国蔬菜育种技术与时俱进，抗逆育种（耐高温、耐低温、耐弱光、耐储运等）、品质育种（品质优、风味佳、颜色多）取得显著成效，先后绘制了黄瓜、西瓜、番茄、白菜、甘蓝、甜椒等主要蔬菜作物的高密度分子遗传图谱，分子标记辅助育种取得重要进展，辅助选择的准确率达 85%以上；各种蔬菜作物的转化体系不断完善，转基因蔬菜育种技术不断提高；单倍体技术在多种蔬菜作物中的应用获得成功，细胞工程技术已经成为提高育种效率的重要途径之一。但也应该看到，与国外发达国家相比，我国蔬菜品种的研发工作仍以传统手段为主，虽然现在已经实现以产量、抗性、熟性和品质等作为育种目标，先进的生物技术、信息技术、空间技术等高新技术也开始被引入我国蔬菜新品种选育的领域，但应用大多仍不成熟，多数还处于学习研究阶段。

随着我国科技体制改革与世界经济一体化进程的加快，我国农业科研单位也应承担起建立农业科技创新体系的责任。近年来，随着改革开放的不断深入，我国与国际交流合作日益增多。我们应加强与国内外的合作交流，学习国外先进的育种技术、企业管理与经营体系等，结合我国基本国情，积极探索我国蔬菜品种选育新技术的开发与应用，挖掘一批具有创新精神的高素质人才，培育出适合我国蔬菜产业可持续发展的优良新品种。

（五）蔬菜种质资源概况

种质资源是指携带种质的载体，凡携带有不同种质（基因）的各种栽培植物及其近缘种和野生种统称为植物种质资源。蔬菜种质资源的数量和质量决定了蔬菜育种工作的发展水平，对蔬菜种质资源的研究和开发的深度和广度决定了一个国家或一个育种研究单位对蔬菜育种的实践效果。除了抢救性收集和安全保存丰富的蔬菜种质资源外，蔬菜种质资源研究更要探明我国蔬菜种质资源的分布规律和遗传多样性水平，建立和完善蔬菜种质鉴定评价技术体系及相关规程和标准，挖掘和创新优异种质资源，提高资源的利用率。自进入 21 世纪以来，我国蔬菜种质资源研究工作从经验性、描述性研究转向了标准化、科学化和规范化研究，特别是在技术规范、创新方法方面得到了显著发展。

国外发达国家的蔬菜种业发展相对较早，且比较重视对蔬菜种质资源的收集、鉴定、评价、保护等工作，如 1990 年俄罗斯就已经收集保存蔬菜遗传资源 4 万份，到 2005 年左右达到 5 万多份。我国蔬菜育种的开发工作主要依靠蔬菜种质资源来支撑，要想依靠科技来振兴蔬菜种业，就需要快速推广和选择新品种。从 1986 年起，蔬菜种质资源研究被纳入“七五”和“八五”国家科技攻关项目，中国农业科学院蔬菜花卉研究所组织各省（自治区、直辖市）30 所科研院校协作攻关，收集、整理全国的蔬菜地方品种，并繁种更新，编目后入国家种质资源库长期保存。到 1995 年底，全国入库保存的蔬菜种质资源材料已达到 28 765 份，分属于 21 科 67 属 103 种（含部分变种）。到 2012 年，我国蔬菜种质资源收集达 214 种，共 35 580 份。其中，有性繁殖品种 133 种，种子变种 33 280 份；水生蔬菜品种 12 种，共 1 533 份。目前我国已建成完善的国家蔬菜种质资源保护体系。据各库圃的实时统计，至 2019 年 10 月底，通过各种渠道从国内外收集、引进、鉴定、繁殖入国家库圃的蔬菜品种资源达 4.17 万余份（包括 34 543 份各种有性繁殖蔬菜资源、4 005 份西甜瓜资源、1 962 份水生蔬菜资源、1 180 份无性繁殖蔬菜资源），种类涉及 240 余种。国家蔬菜资源库圃在开展种质资源基本农艺性状鉴定的同时，以原始收集样品为对象，对 18 种蔬菜 4.5 万份次种质进行了抗病虫、抗逆鉴定和品质分析，获得了约 3 000 份优异种质。同时，为了实现蔬菜种质资源标准化整理整合与共享，制定了萝卜、胡萝卜、大白菜、不结球白菜、菜薹和薹菜、叶用和薹（籽）用芥菜、根用和茎用芥菜、结球甘蓝等 45 种蔬菜作物种质资源描述规范和数据标准。如针对我国发现的无花柄盾形苞叶的苦瓜种质，增加了花柄盾形苞叶有无之描述，此为原始创新指标。又如，茎用芥菜和茎用莴苣是我国特有的蔬菜种质，在种质资源描述规范和数据标准中新增了肉茎形状、纵径、横径等指标，这些都是国内外其他标准中没有的。

（六）蔬菜种子进出口概况

我国既是蔬菜生产大国又是消费大国，蔬菜市场的规模不断扩大。我国种子市场的进一步开放，带动了我国蔬菜种子市场的进一步发展，促进了我国蔬菜种子进出口贸易迅猛发展。图 5-24 和图 5-25 分别是中国种子贸易协会根据海关信息网整理的 2014—2019 年我国蔬菜种子进出口情况。2014—2019 年，蔬菜种子全年进口量依次为 1.00 万 t、0.93 万 t、0.97 万 t、0.96 万 t、0.87 万 t 和 0.82 万 t，数量略有波动，持续下滑幅度不明显；进口额依次为 1.52 亿美元、1.72 亿美元、1.77 亿美元、2.01 亿美元、2.28 亿美元和 2.24 亿美元，呈逐年递增趋势；进口均价整体呈上涨趋势，2014 年进口均价为 1.52 万美元/t，2019 年进口均价为 2.72 万美元/t，年平均涨幅达到 12.34％。

2014—2019 年，蔬菜种子全年出口量先增后减，在 2016 年达到高峰，具体依次为 0.43 万 t、0.54 万 t、0.92 万 t、0.45 万 t、0.41 万 t、0.36 万 t；2014—2019 年出口额呈波动下滑趋势，出口额依次为 1.76 亿美元、1.61 亿美元、1.13 亿美元、1.20 亿美元、1.21 亿美元、1.16 亿美元；出口均价呈现“V”形变化趋势，2014 年出口均价为 4.14 万美元/t，与 2014 年相比，2019 年出口均价下滑了 22.22％。

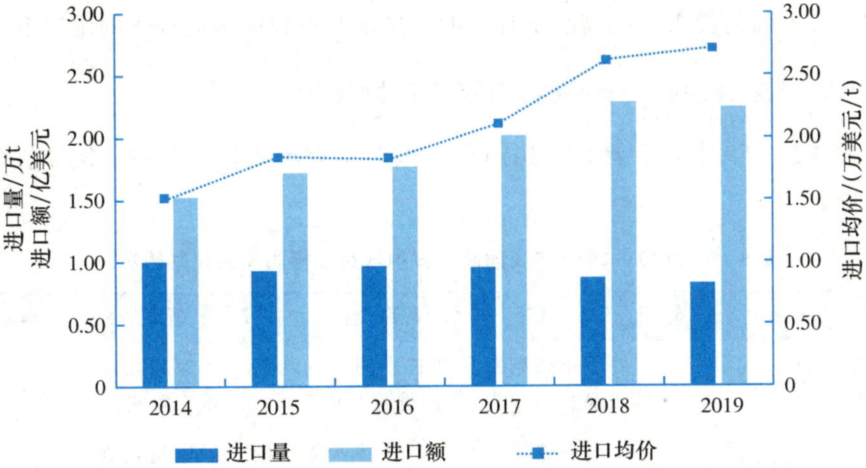

图 5-24 **2014—2019 年我国蔬菜种子进口情况**

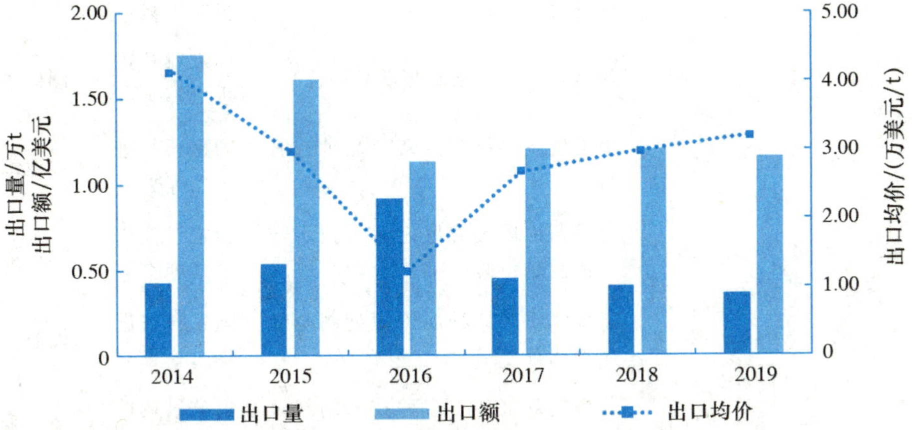

图 5-25 **2014—2019 年我国蔬菜种子出口情况**

通过分析发现，我国蔬菜种子进口数量变化幅度并不明显，基本保持平稳趋势，但进口额却呈逐年递增趋势。随着我国经济的快速发展和人民生活水平的逐渐提高，人们对优质蔬菜的需求会越来越高，国外蔬菜种子企业会进一步进入我国市场，占据我国市场份额，因此我国蔬菜种子的进口数量和进口金额也将会同步增长。

从近些年出口情况看，我国蔬菜种子出口量和出口额变化较大。虽然我国蔬菜种子的出口价格已经接近国际市场的价格，出口均价远高于进口蔬菜均价，足以证明我国蔬菜种子在国际市场已经得到了一定认可，不再是过去低价值的蔬菜种子，但与发达国家相比仍处于弱势地位，应进一步加大我国蔬菜种子的生产、研发和加工方面的投入，提高蔬菜种子的质量，开拓我国蔬菜种子的出口市场。

（七）我国蔬菜育种领域获国家级奖励概况

从表5-15可以看出，2012—2019年我国蔬菜育种项目所获得的国家级奖励共计8项。

表5-15 2012—2019年我国蔬菜育种项目获得国家级奖励情况

序号	编号	时间	项目名称	奖励	推荐单位
1	J-201-2-08	2012	双孢蘑菇育种新技术的建立与新品种As2796等的选育及推广	国家科技进步二等奖	福建省
2	J-201-2-02	2014	甘蓝雄性不育系育种技术体系的建立与新品种选育	国家科技进步二等奖	农业部
3	J-201-2-04	2015	甘蓝型黄籽油菜遗传机理与新品种选育	国家科技进步二等奖	重庆市
4	J-201-2-02	2016	辣椒骨干亲本创制与新品种选育	国家科技进步二等奖	湖南省
5	J-201-2-02	2017	早熟优质多抗马铃薯新品种选育与应用	国家科技进步二等奖	农业部
6	J-201-2-05	2017	食用菌种质资源鉴定评价技术与广适性品种选育	国家科技进步二等奖	农业部
7	J-201-2-04	2018	黄瓜优质多抗种质资源创制与新品种选育	国家科技进步二等奖	农业部
8	J-201-2-03	2019	茄果类蔬菜分子育种技术创新及新品种选育	国家科技进步二等奖	湖北省

数据来源：中华人民共和国科学技术部。

三、我国蔬菜种业存在的问题

种子在农业生产中处于最重要和不可替代的地位，应用良种是提高产量、改善品质最经济有效的措施之一，因此做好种子研发对于发展我国农业生产具有重要意义。蔬菜在人类生活中占据重要的地位，其地位仅次于粮食作物。蔬菜种业作为蔬菜产业的核心生产力，与人们的日常生活密切相关，蔬菜种子是保障蔬菜生产高产高效的基础，蔬菜生产要通过蔬菜的种子才能得以体现。为此，我们更要格外重视蔬菜种子育种研发工作。尽管我国的蔬菜种子产业已经初具规模，但与发达国家相比，目前还存在以下问题。

（一）蔬菜种子企业研发能力弱，对科技投入和基础研究重视不足

在农业生产活动中，种子一直处于最重要的地位，因为种子质量制约着农产品的收获。想要获得较高的产量和更高的收益，就需要使用优良的种子，因此，种子的研发工作对于发展我国农业生产具有重要意义。

我国蔬菜良种的研发工作起步比较晚，长期以来我国对蔬菜育种重视不够，在蔬菜育种技术和种质资源创新方面整体上还落后于欧美发达国家。我国对蔬菜育种的科技资源投入不足，科技人员的积极性和创造性没有得到充分发挥，导致农业科研条件、科研人员数量和科研成果推广落后于我国其他产业，蔬菜种子产品在国际市场上竞争力弱。

长期以来，我国的种子研发、生产、推广和销售工作往往是相互分离的。我国蔬菜种业的研究工作主要由国内各级农业科研单位和高等院校来承担和完成，由于分工不够明确，一些科研育种人员对蔬菜育种的新方法、新技术等重视程度相对不高。相比之下，国外发达国家更重视新品种研发工作，国外种子企业每年为种子研发工作投入大量资金，使得企业的研发实力不断提升，进而形成稳定的商业化育种模式。而且，国外发达国家在选育一个成熟品种后，能较快进行推广并投放到市场。

这些方面我国与国外发达国家相比仍有一定的差距，造成我国商业化育种起步比发达国家晚，育种技术也相对落后。近年来，国家对现代农作物种业发展尤为重视，出台了一系列支持种业关键核心技术攻关和产业化应用的政策，体现了国家推进种业振兴的坚定决心。随着我国农业技术的不断改革与创新，我国的农业科技水平也在持续上升，正逐步形成国家科研育种单位与民营企业品种研发并存发展、百花齐放的局面。

（二）常规育种与育种新技术结合不够

目前，我国蔬菜育种研究手段仍然以传统育种手段为主。我国蔬菜育种工作从 20 世纪 50 年代开始，一直采用的是常规育种手段，目前在蔬菜育种方面已经取得一定的进步，掌握了组织培养技术、细胞工程技术、基因工程技术等。这些是实现我国蔬菜育种品种资源创新和加快蔬菜育种进程的有效手段，但我国生物技术的研究工作与常规育种的结合仍显不足，有些育种单位没有改变育种方式，有些育种单位盲目运用生物技术，不能正确地操作先进设备、仪器等，人才储备

力量薄弱。

近年来，我国虽然已经培育出一些具有竞争力的蔬菜新品种，但在生物新技术应用方面，我国与发达国家还存在差距。众所周知，生物新技术是实现蔬菜品种资源创新以及加快蔬菜育种进程的最有效手段，因此我们要将生物技术和常规育种技术紧密结合起来，有效发挥其作用。我们仍然要借鉴与利用国外先进的技术成果来提升我国育种水平，从而选育出高水平、有特色的优良品种，提高我国蔬菜产品的国际竞争力。与生物育种技术进展相比，我国种子产业的发展明显滞后，生物技术育种方面的科技优势远未转化为产业优势。

（三）种业市场秩序混乱，蔬菜育种法制监管体系不健全

经过多年的改革，我国蔬菜育种工作取得长足进展。但是，由于育种经费不足、育种手段落后等因素的制约，新品种的推广速度仍落后于发达国家和地区。此外，目前我国相当一部分蔬菜种子企业经营不规范，多渠道、多环节经营，导致地区间、品种间的价格不平衡，有时价格相差悬殊。另外，许多中小种子企业还没有改变传统经营模式，竞争观念不强，品牌意识薄弱，缺乏市场竞争力。蔬菜种子流通体系不健全和缺乏现代化营销策略，是蔬菜种子市场多、滥、杂的重要原因。

随着种子市场的开放，除了农业推广部门外，种子企业纷纷参与引种，不少农民还自引自种。引种主体多元化后，有的育种单位急于出成果，推广一些尚未被认定、不成熟的品种；有的种子企业引种前没有经过当地的生产试验；有的农民求富心切，以为用新品种就能增产。甚至，假劣种子坑农害农现象时有发生，造成农民减产减收。蔬菜种子市场缺乏有力监管的手段和依据，使蔬菜种子质量难以提高。

（四）市场集中度低，尚未形成领军企业

目前，我国种子企业大部分属于小规模企业，大型种子企业相对少，种业市场存在行业分散、市场集中度低的问题。我国蔬菜品种多达几千种，从事蔬菜种子生产经营的各种类型的蔬菜种子企业超过 20 多万家，其中 90％以上为个体户经营，具有育繁推一体化能力的企业很少，几乎没有年销售额超过 1 亿元的国内蔬菜种子企业，也没有一家以蔬菜种子为主营业务的上市公司。

“杂、多、乱、小、散”是国内蔬菜种业的明显特征，其成因是基础薄弱，产业发展仅有几十年的积累，市场规模小，辐射能力弱。参与蔬菜种业市场的渠道、部门、企业、人数之多，与整个产业的市场价值不相称，真正上规模、上档

次的大公司和实体企业不多。总体而言，国内蔬菜种子企业数量众多，但大多经营规模狭小，缺乏竞争力，行业集中度低，缺乏领军种子企业。

自 2004 年以来，中央一号文件持续推动“三农”工作，从各方面对种业的发展提出了诸多纲领性的政策指引，包括：实施种子工程；加强种质资源和知识产权保护；加大良种补贴力度；推动国内种业加快企业并购和产业整合，引导种子企业与科研单位联合，培育有核心竞争力的大型种子企业；建立种业发展基金，培育一批育繁推一体化大型骨干企业；加快推进现代种业发展，建设种业强国等。中央一号文件把种子行业发展提高到国家战略高度，从而推动种子行业进入快速整合、发展和竞争力提升阶段。

（五）蔬菜跨国种子企业已经进入我国蔬菜种子市场

国外跨国种子企业已经进入我国蔬菜种子市场，我国的蔬菜种业科研面临着严峻的挑战。自 20 世纪 90 年代以来，荷兰、以色列、瑞士、日本、韩国等国家和地区的设施蔬菜良种大量涌入中国市场。特别是在山东省的寿光市，进口番茄、茄子、甜（辣）椒、迷你黄瓜、厚皮甜瓜、小西瓜等高价种子的市场占有率均超过 80%。国外设施蔬菜品种曾一度垄断了山东寿光蔬菜种业市场，导致当地种子价格高昂，种子单粒价格是国内同类种子的几倍以上。昂贵的种子价格加重了蔬菜生产成本和农民负担，制约了蔬菜产业的健康、稳定和可持续发展。

四、我国蔬菜种业发展策略

（一）加大政府扶持力度，加强宏观调控

1. 加大扶持力度，积极开拓国际市场的服务功能

为满足国内外市场对蔬菜新品种日益增长的需求，提升我国育种单位的国际竞争力。政府必须重视蔬菜新品种的选育，加大对重点单位的扶持力度，用更短的时间、更少的成本培育出适合市场需求的优良品种。同时，政府及相关部门应积极开拓国际市场，比如开发网络服务平台，为企业提供国内外最新动态及信息，让企业通过展示和宣传，提高企业在国际市场知名度。

2. 建立完善的新品种保护机制，加大植物新品种权保护力度

近年来，随着新品种权的推广不断加大，越来越多的蔬菜企业认识到新品种保护的重要性，纷纷开始申请自有新品种权保护。但由于受新品种的选育、鉴定和检测的周期较长，及新品种在被保护期间不得出售等诸多影响，在品种权保护证书下发后，企业或个人的利益得不到有效保证。因此，国家相关管理与监督单

位应进一步建立完善的保护机制，加大对新品种权的保护力度，从而规范市场运行。

3. 创新蔬菜育种体制，推广新型审定制度

当前，蔬菜的大规模的商业化育种已成主流，而在这方面我国与发达国家还存在一定的差距。因此，国家应该创立新型蔬菜育种体制，提高资源开发和利用率，改变机制不活等现状。同时，鼓励和加强科研院校与育种企业之间的合作，共同促进我国蔬菜种业的发展。在品种审定方面，不断探索出新的品种审定制度，以利于新品种推广；缩短审定周期，使品种审定能跟上市场的变化。

4. 重视人才培养，提高专业技术人员的整体素质

近年来，随着国际先进育种理念的不断输入，传统方式远远不能满足现代生产和市场的需求。因此，政府必须加大对种业科技人才的培养，重视高级人才的引进，调整高校重理论轻实践的教学理念，设置专业的、系统性的培养机构。此外，还要重视引进蔬菜种业国际贸易等方面专业人才，利用好现阶段我国蔬菜种业进出口贸易逐年增长的好机遇，进一步打开国际种业的大门，积极开发新市场。

（二）提高蔬菜种业核心竞争力，加强育种及相关技术的创新能力

1. 根据市场需求，及时调整蔬菜育种目标

我国地域广阔，富有多变的生态区域，再加上随着经济的发展，人们的生活指数不断提高，传统的育种目标及方向已远远不能满足现代人们的生活。因此，在育种选择方面，应根据蔬菜产业发展的要求，选育适合不同生态区和国内外市场需求的新品种，比如设施专用型、规模化反季节型、加工和出口专用型、抗逆型等。加强国际市场的针对性育种，选育适合不同国家和市场的蔬菜栽培品种。还要扩大育种作物种类，加强对目前育种能力弱、未来发展潜力较大品种的开发。此外，要从蔬菜种子的产业链着手，调整种子的科、育、生、加等环节，提高我国蔬菜种业整体质量，从而提升蔬菜产品的国际市场竞争力。

2. 加强蔬菜种子制种、检测和加工等技术的创新与研发

由于受不规范的蔬菜制种体制，水平不均的种子公司，经验、技术等方面欠缺的技术人员等因素的影响，我国大多数蔬菜企业在制种、检测和加工等方面落后于先进国家，目前多处于初加工阶段，很难有效保证种子的整齐度、健康度和种子活力等。因此，必须加大资金投入力度，大力创新蔬菜种子企业的精加工技术和改善装备水平。

3. 加强蔬菜种质资源的搜集与研究，丰富我国种质资源库

目前，我国种质资源开发与利用大部分依靠国家和省（自治区、直辖市）农业科学院或相关高等农业院校，但它们对市场需求往往不够了解，导致一些种质资源在开发过程中偏离了市场，造成了资源的浪费。因此，企业应通过合作等途径，加强对国内外蔬菜种质资源的搜集与开发，有针对性地进行深入研究，提高优异基因资源的挖掘效率。

4. 立足蔬菜种业大市场发展，强化自身售后服务意识

近年来，国家对农业发展越来越重视，不断颁发相关扶持政策，越来越多的蔬菜企业纷纷加入种业市场，但有的企业只重视经济利益，忽视了产品质量相关售后服务。企业想要长期生存，就必须立足蔬菜种业发展的大市场，不断强化自身服务意识。蔬菜种子企业可以通过开通销售与技术咨询专线电话、外派专业技术员、开办专业技能培训班、利用互联网等现代科学技术共享自有技术等方式提高自身服务意识。

5. 增强蔬菜种业品牌意识，抢占国际市场，扩大自身利益

如果蔬菜种子企业只追求短时间的利益，就容易忽略品牌意识，从而导致企业昙花一现。种子企业要想长期发展，必须重视自身品质，树立特有品牌，提高自身市场占有率；必须严格执行《种子法》的各项规定，在生产程序、生产经营等方面，层层把控，确保蔬菜种子纯度和商品质量。同时，可以根据自有产品的特点进行包装，将产品打造成国内外市场知名品牌。

（三）进一步完善蔬菜种子相关法律法规

1. 不断完善《种子法》，加强种子行业管理，规范行业市场

近年来，国家和政府相关部门越来越重视对种子行业的管理，不断修订和完善《种子法》的相关规定，但由于受市场需求的不断变化、国外先进经验的冲击等影响，《种子法》的相关规定在某些方面仍存在一定的欠缺。未来，应在农业市场化和国际化的双重要求下进一步修订和完善《种子法》，在种质资源保护，新品种选育、审定和登记，种子生产和经营，监督管理，进出口和对外合作等方面做出相应规定，从而规范我国蔬菜种业市场。

2. 明确知识产权保护法律，强化执法体系建设

虽然国家和政府相关部门对蔬菜种业重视程度不断提升，多次颁布各项法律法规和规章制度，但在执法体系建设等方面仍有不足。政府应明确职责人员，制定和完善鉴定标准，提高基层执法能力；积极组织和开展专项活动，加强部门、区域协作，加强行政执法、司法保护联动，及时发布假冒侵权典型案件。

第三节 中国蔬菜的加工与出口

蔬菜加工是指以蔬菜为原料，经清洗、去皮、切分（或未经去皮、切分）和热烫等预处理后，采用物理、化学和生物的方法制成食品以利保存的加工过程。

一、我国蔬菜加工产业现状

我国是蔬菜生产大国。依据蔬菜种植特点，近年来我国形成了以沿海冷冻、脱水、罐头、腌制蔬菜与西北浓缩浆、脱水蔬菜及西南腌制蔬菜加工为主的产业发展格局。

（一）地域特色浓郁

由于地域辽阔，蔬菜种类繁多，加上饮食习惯的区域化及加工工艺的多样化，我国人民创造了许多独具特色的蔬菜加工品。例如，我国发酵蔬菜历史久远，原料来源广阔，紫甘蓝、大白菜、卷心菜、胡萝卜、甜菜、黄瓜、芹菜、辣椒、青豆、菜豆等新鲜蔬菜都可用于发酵蔬菜的生产，而且口味众多，主要有酸味、酸甜味、酸辣味、麻辣味等风味产品。其中，蔬菜腌渍产品主要分为南北两派。南派最具代表性的有涪陵榨菜、“坛坛香”剁辣椒、“统一老坛酸菜”等品牌。北派则以泡菜和酱渍菜为主，其中酱菜以北京六必居为代表。又如，速冻蔬菜产品中，东南沿海地区主要生产绿叶菜类和豆类速冻蔬菜，而北方则主要生产薯类和蒜类速冻蔬菜。此外，干辣椒生产加工主要集中在贵州、四川、云南、重庆、湖南、湖北、安徽、江西、河北、河南、山东、陕西等省（直辖市），其中贵州是我国著名的辣椒产区。蔬菜罐头产品中的蘑菇罐头和芦笋等生产集中在福建、山东、云南、陕西等省；番茄酱加工主要集中在新疆、甘肃等省（自治区）；竹笋罐头以浙江、福建、江西为主产区。

（二）加工水平逐步提高

近年来，我国蔬菜加工产业发展迅速，加工技术和设备配置水平与发达国家的差距正逐步缩小，并且已形成一批具有较强市场竞争力的产业集团，如新疆屯河、山东九发、山东龙大、浙江海通、新疆啤酒花、北京牵手等蔬菜深加工企业。例如，生产脱水蔬菜的山东省临沂大林食品股份有限公司是目前世界上最大的真空冷冻干燥蔬菜生产企业，年生产能力达 6 000 t，其产品全部出口美国、日本、韩国等 10 多个国家和地区。同时，除了自主研发加工设备及技术外，我国还从国外引进先进的蔬菜加工设备，如从意大利等国家引进先进的番茄酱加工设备，从瑞士、德国等国家引进先进的 PET 瓶无菌灌装等生产线。此外，科技兴农重点攻关项目“鲜切加工洁净蔬菜综合保鲜技术研究”，从高效安全清洗消毒剂、保鲜剂的研制，蔬菜加工过程中消毒液浓度的控制、微生物控制和检测，产品包装和气调贮藏等方面开发保鲜综合技术，有效地延长了鲜切蔬菜的保鲜期，其中鲜切生菜和鲜切甘蓝的保鲜期分别达到 12 d 和 20 d。

（三）科技创新取得显著成就

虽然我国蔬菜加工业起步较晚，但近年来在科技创新方面取得了显著成就。“十五”期间，国家科技部联合农业部、教育部、国家粮食局、国家林业局、中华全国供销总社和国家质量监督检验检疫总局等有关部门启动了农产品深加工技术与设备研究开发重大科技专项，其中与蔬菜有关的重大项目有 3 项，包括蔬菜汁产业化关键工艺技术研究与产品开发、净菜加工流通技术与设备研究开发、名特优蔬菜速冻加工关键技术与设备研究开发。而且，2011 年及 2012 年新增国家自然科学基金 26 项，涉及蔬菜脱水、蔬菜速冻、鲜切蔬菜、泡菜、蔬菜提取物应用、番茄酱副产物利用等蔬菜加工方面的基础研究，有助于我国蔬菜加工业水平的提高。2013 年，蔬菜加工专业委员会（是以蔬菜加工企业为主体、以科研单位为技术依托、产学研相结合的专业研发体系）发布近 60 项技术，在蔬菜加工领域推广果蔬汁超高压、果蔬节能干燥等技术 10 余项。2016 年国务院办公厅印发《关于进一步促进农产品加工业发展的意见》（国办发〔2016〕93 号），提出支持农户和合作社改善储藏、保鲜、烘干、清选分级、包装等设施装备条件，促进商品化处理，减少产后损失。这为蔬菜加工业发展提供了重要契机。为深入贯彻落实国办发〔2016〕93 号文件精神，2017 年农业部发布《关于加强农产品加工技术集成科研基地建设的指导意见》，提出在蔬菜加工方面重点开展果蔬保鲜技术集成，果蔬高效节能干制技术集成，果蔬制汁和非热杀菌技术集成，蔬菜低盐腌制、果酒发酵、食用菌功能成分高效提取等技术集成，其中支持建设的 36 个技术集成科研基地中有 7 个蔬菜加工技术集成基地。近年来，我国以满足需求为导向，加大了蔬菜等营养功能成分提取开发力度，不断增加营养均衡、养生保健、食药同源的加工食品和质优价廉、物美实用的非食用加工产品的市场供应，蔬菜精深加工发展迅速，有效推动了蔬菜产品加工转化增值。

（四）财政扶持力度进一步加大

政府逐步完善蔬菜加工产业和政策扶持体系，涉及财政、科技、税收、金融、保险、用电等多个方面，有力地推动了蔬菜加工业的发展。例如，在财政政策方面，2008—2012年间，中央财政设立现代农业生产发展资金，累计安排拨付现代农业发展资金达381亿元；中央财政还把农副产品初加工列入综合开发的支持内容和农产品产地初加工补助项目范畴。自2012年起，中央财政每年安排5亿元（2014年增至6亿元）农产品产地初加工专项资金，采取以奖代补的形式扶持农户和合作社建设储藏窖、冷藏库和烘干房等初加工设施。在产业扶贫项目方面，自2004年起，国务院扶贫办在全国范围内认定国家级扶贫龙头企业（据统计其中80％以上是农产品加工企业），扶贫资金规模不定，一般为200万～500万元。为深入贯彻落实党的十九大精神，实施乡村振兴战略，2018年中央一号文件提出了“实施农产品加工业提升行动”，鼓励地方加强对相关资金统筹整合力度，围绕农产品产后商品化处理、初加工、精深加工、综合利用加工等关键环节，加快提升精深加工产能，将蔬菜等农产品及其加工副产物收集再利用等设施设备纳入支持范围。在税收方面，财政部和国家税务总局发布了关于农产品加工业增值税优惠政策、所得税优惠政策、部分进口农产品加工设备免征关税和增值税以及出口退税相关政策，进一步减轻了蔬菜加工企业的税收负担。在金融方面，为引导更多金融资源支持“三农”发展，中央财政相继实施了农业保险保费补贴，县域金融机构涉农贷款增量奖励以及农村金融机构定向费用补贴等政策，综合运用支农再贷款、差别化存款准备金率、涉农企业票据优先贴现等政策手段，引导金融机构加大对农产品加工企业的信贷投入，以满足农产品加工企业、农业产业化龙头企业等新型生产经营主体多元化资金需求。当前，我国农产品加工业正处在改革创新、转型升级的关键时期，这些扶持政策为蔬菜加工业的发展营造了良好的外部环境。

（五）存在问题

1. 原材料参差不齐

有些加工企业为了减少资金投入，采购比市场销售蔬菜品质次的蔬菜原料，而且这些原料的品种、类型及成熟度参差不齐，影响后期加工产品的品质。有些蔬菜种植者过分追求产量，超量使用肥料及农药，造成采收的蔬菜农药残留量超标。某些地区工业废弃物处理不当，造成环境污染，蔬菜重金属含量较高。此外，我国蔬菜冷链运输设施不完备，有关数据表明该环节果蔬损失率高达25％～30％。

2. 行业标准不完善

有关数据显示，目前，我国已制定国家级蔬菜加工标准 110 余项，现行蔬菜加工行业标准 80 余项，涉及技术规范、检测方法、产品标准及卫生标准等。但是，有的标准已执行多年，内容陈旧，且系统性及实际操作性不强，不能满足当前蔬菜加工产业发展的需求。例如，有些小企业过分追求外观及口感，超量使用食品添加剂，甚至加入工业用料。因此，制定与时俱进的行业标准迫在眉睫。

3. 附加产值相对较低

在蔬菜加工方面，我国起步较晚，加工方法和种类相对较少，传统加工方法所占比例较大且耗能高，对于原料的综合利用程度较低，如皮渣基本作为饲料或废弃物丢掉，皮渣中的功效成分如果胶、天然香精等尚未得到很好的开发利用。目前，在蔬菜加工企业的产品中，保鲜、速冻、腌制以及脱水类占很大的比重，蔬菜原料以生姜、大蒜、洋葱、胡萝卜、菠菜等几种为主，几乎没有功能型蔬菜加工制品。例如，我国辣椒加工品以剁辣椒、辣椒酱、干辣椒等传统形式为主，科技含量偏低，附加产值较低，市场竞争力有限。又如，当前我国食用菌加工仍以简单的细切、除杂等初加工为主，其中仅一小部分经糖浸、膨化等处理后被制成蘑菇罐头、休闲食品等。

二、蔬菜加工产品出口概况

蔬菜是我国最具有国际竞争力的优势农产品。凭借较强的价格竞争优势，我国各类蔬菜在国际上占较大市场份额。目前，山东、广东、江苏、福建等为主要蔬菜及加工产品出口省份。

(一) 蔬菜出口相关数据分析

1. 出口量

自 2001 年底加入世界贸易组织以来，我国蔬菜（含加工制品）出口量呈现总体上升趋势，由 2001 年的 456.23 万 t 增加至 2019 年的 1 185.60 万 t，年平均增长率为 5.45%。其中，2001—2007 年、2010—2011 年上升幅度较大；受 2008 年全球经济危机影响，2008—2010 年蔬菜出口量基本没变；2012—2019 年蔬菜出口量呈现波动变化趋势，出口量基本保持在 1 100 万～1 200 万 t（图 5-26）。

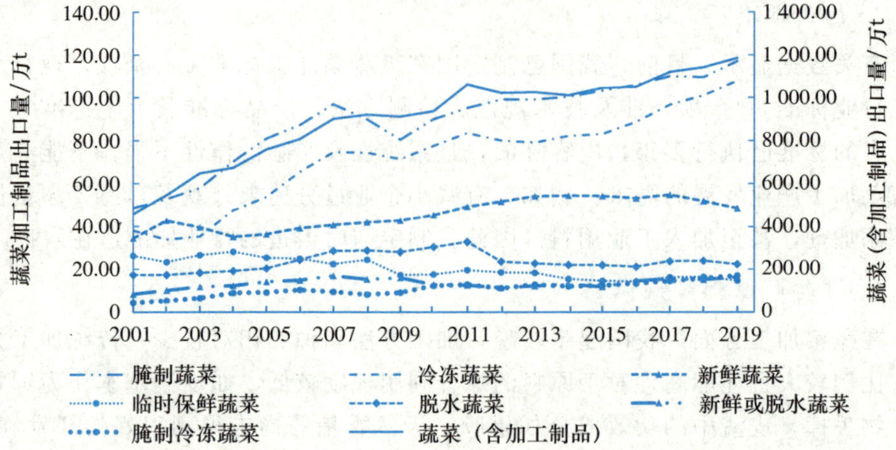

图 5-26　2001—2019 年我国蔬菜及部分加工蔬菜种类出口量变化趋势

如图 5-26 所示，腌制蔬菜出口量由 2001 年的 48.37 万 t 增加至 2019 年的 117.05 万 t，年平均增长率为 5.03%，出口量是加工蔬菜种类中最大的品种。冷冻蔬菜出口量呈缓慢上升趋势，由 2001 年的 37.98 万 t 增加至 2019 年的 107.93 万 t，年平均增长率为 5.97%。新鲜或脱水蔬菜出口量由 2001 年的 8.37 万 t 增加至 2019 年的 16.32 万 t，年平均增长率为 3.78%。新鲜蔬菜出口量由 2001 年的 34.39 万 t 增加至 2019 年的 48.57 万 t，年平均增长率为 1.94%。脱水蔬菜出口量由 2001 年的 17.37 万 t 增加至 2019 年的 22.36 万 t，年平均增长率为 1.41%，其中，2011 年脱水蔬菜出口量达到最高值，为 32.73 万 t。腌制冷冻蔬菜出口量由 2001 年的 4.39 万 t 增加至 2019 年的 17.04 万 t，年平均增长率为 7.83%，出口增长速度较快。临时保鲜蔬菜出口量一直呈下滑趋势，由 2001 年的 26.30 万 t 下滑至 2019 年的 14.72 万 t，年平均降低 3.28%。

如图 5-27 所示，我国蔬菜出口量中冷冻蔬菜出口占比总体呈缓慢上升趋势，由 2001 年的 8.33%增加至 2019 年的 9.10%，增加了 0.77%。但是，腌制蔬菜、新鲜蔬菜、临时保鲜蔬菜、新鲜或脱水蔬菜及脱水蔬菜出口量占比总体呈下降趋势。具体地，腌制蔬菜占比最高，呈现波动下滑趋势，出口量占比由 2001 年的 10.60%下滑至 2019 年的 9.87%，2005 年腌制蔬菜出口量占比达到最大值，为 14.84%；新鲜蔬菜出口量占比由 2001 年的 7.54%下降至 2019 年的 4.10%，下降了 3.44%；临时保鲜蔬菜出口量占比由 2001 年的 5.76%下降至 2019 年的 1.24%，下降了 4.52%，下降幅度较大；新鲜或脱水蔬菜出口量占比由 2001 年的 1.83%下降至 2019 年的 1.38%，下降了 0.45%；脱水蔬菜出口量占比由 2001 年的 3.81%下降至 2019 年的 1.89%，下降了 1.92%。

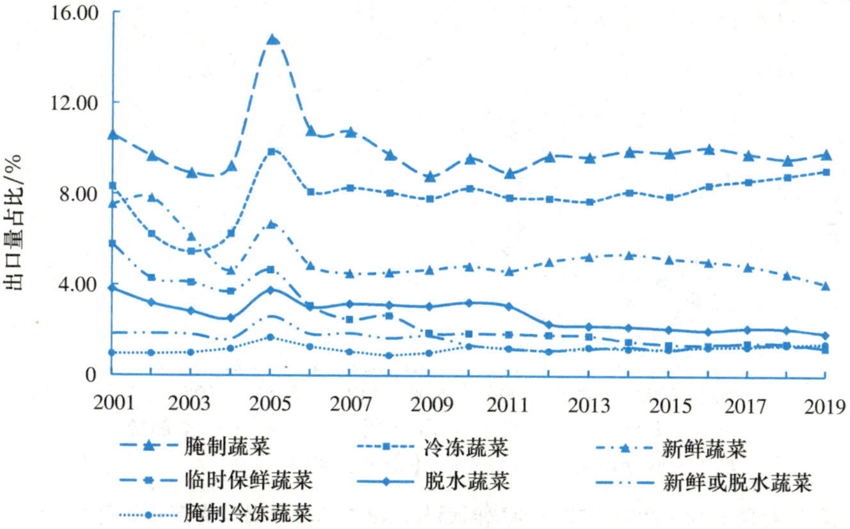

图 5-27　2001—2019 年我国蔬菜及部分加工蔬菜种类出口量占比变化趋势

如图 5-28 所示，2001—2019 年我国干洋葱、番茄酱、干辣椒和胡椒出口量均呈波动上升趋势。干洋葱出口量由 2001 年的 29.10 万 t 增长至 2019 年的 98.37 万 t，年平均增长率为 7.00%，增长速度最快。番茄酱出口量由 2001 年的 29.81 万 t 增长至 2019 年的 92.98 万 t，年平均增长率为 6.52%，增长速度次之。具体地，2001—2007 年番茄酱出口量一路上升，受 2008 年全球经济危机影响，2008—2009 年出口量稍有下降，之后回升，2011 年出口量达最高点，为 112.64 万 t；2012—2014 年出口量一路下跌，2015 年出口量回升，2016 年稍有下降，2017—2019 年出口量回升。干辣椒和胡椒出口量由 2001 年的 8.49 万 t 增长至 2019 年的 20.82 万 t，年平均增长率为 5.11%。其中，2010 年干辣椒和胡椒出口量达最低点，为 7.42 万 t，之后一路回升。蘑菇罐头出口量由 2001 年的 21.17 万 t 增长至 2019 年的 26.16 万 t，年平均增长率为 1.18%。其中，2008 年蘑菇罐头出口量达最高点，为 42.62 万 t，2009 年下降至 29.02 万 t，减少了 13.60 万 t。

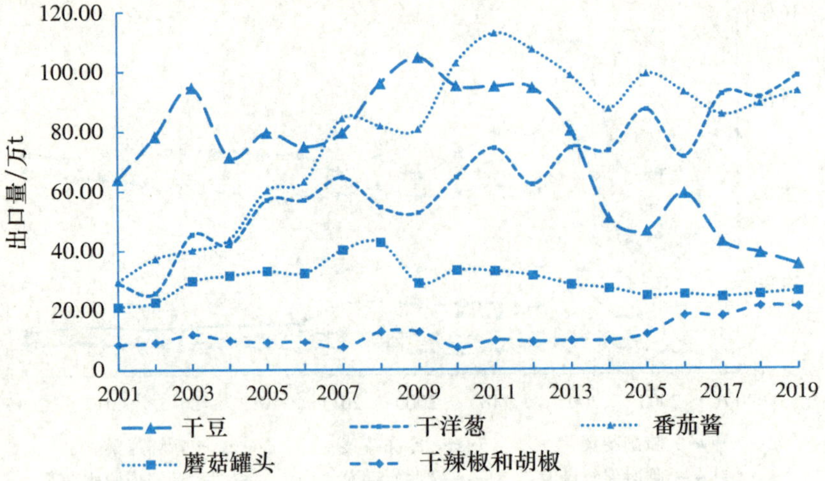

图 5-28　**2001—2019 年我国部分蔬菜加工制品出口量变化趋势**

2. 出口额

自 2001 年底加入世界贸易组织以来，我国蔬菜（含加工制品）出口金额呈波动上升趋势，由 2001 年的 24.97 亿美元增加至 2019 年的 137.81 亿美元，年平均增长率为 9.95%。其中，2001—2011 年出口额一路上升，2011 年出口额达到 112.09 亿美元，之后 2012 年和 2018 年出口额比上一年下滑，其他年份均呈现上升趋势（图 5-29）。

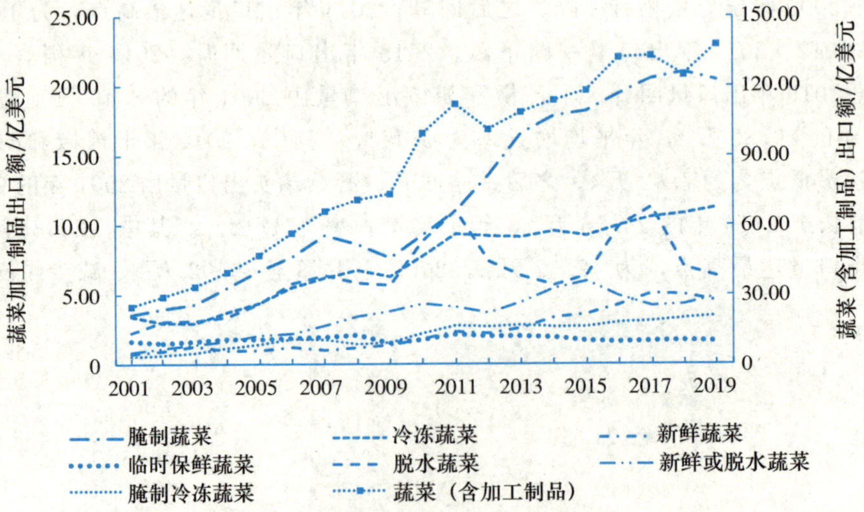

图 5-29　**2001—2019 年我国蔬菜及部分加工蔬菜种类出口额变化趋势**

具体地，腌制蔬菜出口额由2001年的3.56亿美元增长至2019年的20.45亿美元，年平均增长率为10.20%；腌制冷冻蔬菜出口额变化较大，由2001年的0.53亿美元增加至2019年的3.49亿美元，年平均增长率为11.04%，增长幅度大；脱水蔬菜出口额由2001年的2.25亿美元增长至2019年的6.32亿美元，年平均增长率为5.91%；冷冻蔬菜出口额由2001年的3.44亿美元增长至2019年的11.27亿美元，年平均增长率为6.81%；新鲜或脱水蔬菜出口额呈现总体上升趋势，由2001年的0.85亿美元增加至2019年的4.88亿美元，年平均增长率为10.20%，上升幅度较大；新鲜蔬菜出口额呈现总体上升趋势，由2001年的0.75亿美元增加至2019年的4.55亿美元，年平均增长率为10.53%，上升幅度较大；临时保鲜蔬菜出口额变化不大，由2001年的1.64亿美元增加至2019年的1.67亿美元，年平均增长率为0.10%，增长幅度很小。从上述出口额变化趋势看，我国出口蔬菜种类多以初级产品为主，腌制蔬菜、新鲜蔬菜或冷冻蔬菜出口在国际市场竞争力较强。

如图5-30所示，2001—2019年我国腌制蔬菜出口额占比呈波动上升趋势，由2001年的14.26%增长至2019年的14.84%，仅增加了0.58%，但其整体占比高于其他加工蔬菜种类，出口占比增幅最大；新鲜蔬菜出口额占比由2001年的2.99%增长至2019年的3.30%，增加了0.31%；脱水蔬菜出口额占比由2001年的9.02%降到2019年的4.59%，减少了4.43%；冷冻蔬菜出口额占比

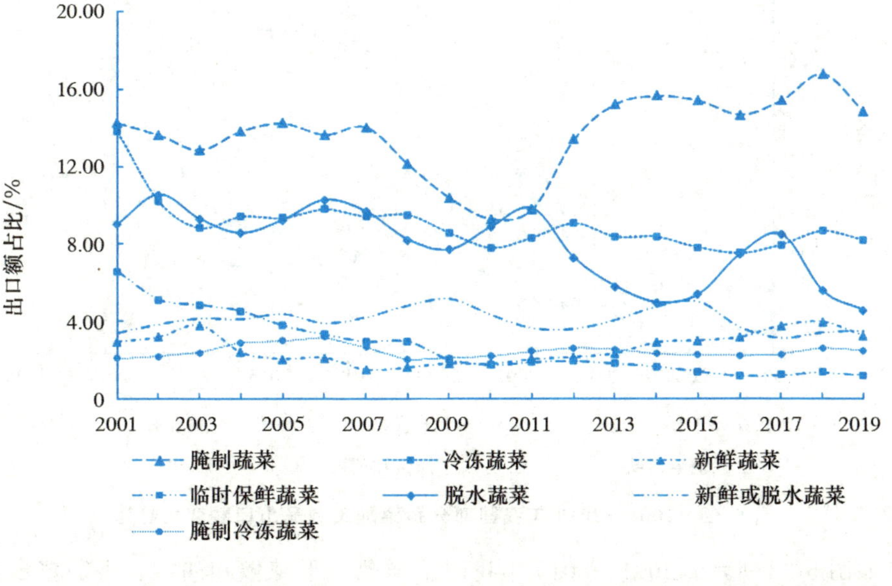

图5-30 2001—2019年我国蔬菜及部分加工蔬菜种类出口额占比变化趋势

由 2001 年的 13.78%降到 2019 年的 8.18%，减少了 5.60%，出口占比下降幅度最大；临时保鲜蔬菜出口额占比由 2001 年的 6.58%降到 2019 年的 1.21%，减少了 5.37%，出口占比下降幅度较大；新鲜或脱水蔬菜出口额占比由 2001 年的 3.41%增加到 2019 年的 3.54%，增加了 0.13%；腌制冷冻蔬菜出口额占比由 2001 年的 2.11%增加到 2019 年的 2.53%，增加了 0.42%。

如图 5-31 所示，2001—2019 年我国干辣椒和胡椒、蘑菇罐头、干洋葱、干豆及番茄酱出口额均呈波动上升趋势。番茄酱出口额由 2001 年的 1.18 亿美元增加至 2019 年的 7.08 亿美元，平均年增长率为 10.47%，其中，2001—2011 年出口额一路上升，2012 年稍下降，于 2013 年达最高点，为 9.83 亿美元，之后下降。蘑菇罐头出口额由 2001 年的 1.83 亿美元增加至 2019 年的 9.60 亿美元，平均年增长率为 9.65%，并于 2008 年达到一个小高点，为 6.64 亿美元，但 2009 年下降至 3.81 亿美元，减少了 42.62%。干洋葱出口额由 2001 年的 0.58 亿美元增加至 2019 年的 6.04 亿美元，平均年增长率为 13.90%，增长速度较快。干辣椒和胡椒出口额由 2001 年的 0.66 亿美元增加至 2019 年的 5.30 亿美元，平均年增长率为 12.27%。干豆出口额由 2001 年的 2.58 亿美元增至 2019 年的 4.63 亿美元，平均年增长率为 3.30%。从出口额变化情况看，干洋葱、干辣椒和胡椒、番茄酱等加工产品出口额增长明显，蘑菇罐头次之。

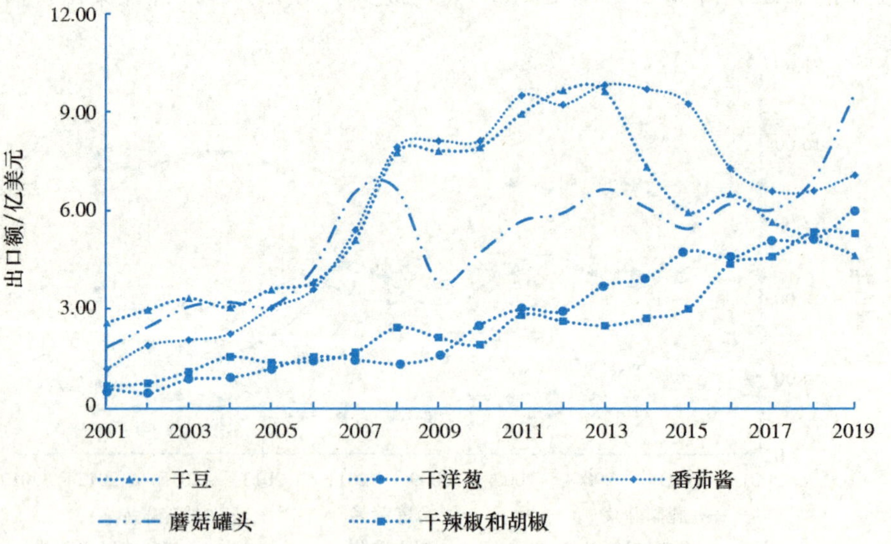

图 5-31　2001—2019 年我国部分蔬菜加工制品出口额变化趋势

如图 5-32 所示，2001—2019 年我国干洋葱、干辣椒和胡椒、番茄酱出口额占比呈波动上升趋势。其中，干洋葱出口额占比由 2001 年的 2.31%增长到 2019

年的 4.39%，增长了 2.08%。干辣椒和胡椒出口额占比由 2001 年的 2.63%增长到 2019 年的 3.84%，增长了 1.21%。番茄酱出口额占比由 2001 年的 4.71%增长到 2019 年的 5.14%，增长了 0.43%，2008 年出口额占比达到最高值，为 11.08%。2001—2019 年我国干豆和蘑菇罐头出口额占比呈下滑趋势。其中，干豆出口额占比由 2001 年的 10.32%降到 2019 年的 3.36%，下滑了 6.96%，下滑幅度最大；蘑菇罐头出口额占比由 2001 年的 7.34%降到 2019 年的 6.96%，下滑了 0.38%。

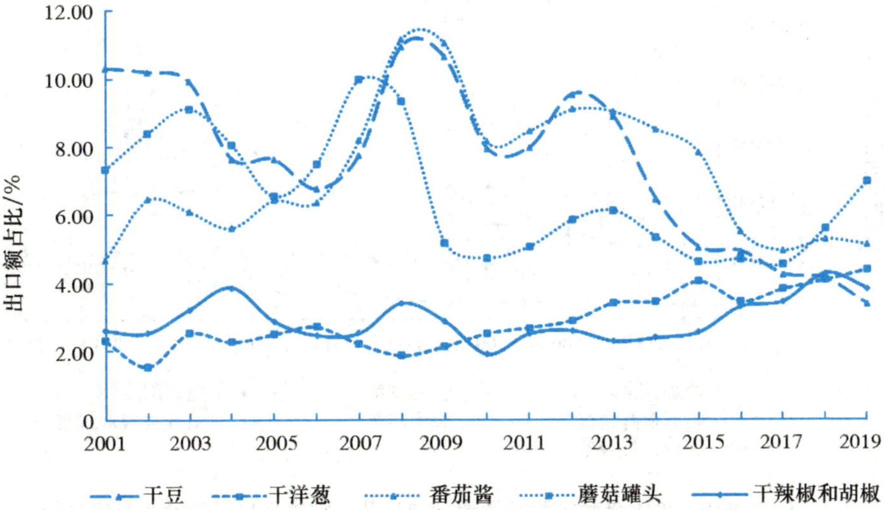

图 5-32　2001—2019 年我国部分蔬菜加工制品出口额占比变化趋势

3. 出口平均价格

自加入世界贸易组织以来，我国新鲜蔬菜、腌制蔬菜、脱水蔬菜、冷冻蔬菜的出口平均价格均呈现波动上升趋势。

如图 5-33 所示，脱水蔬菜出口平均价格由 2001 年的 1 297.05 美元/t 增加至 2019 年的 2 828.68 美元/t，年平均增长率为 4.43%，平均价格较高。其中，受全球经济危机影响，2008 年脱水蔬菜出口平均价格急剧下降，降至 2 032.79 美元/t；2017 年达到最高值，为 4 764.31 美元/t。新鲜或脱水蔬菜出口平均价格由 2001 年的 1 017.50 美元/t 增加至 2019 年的 2 993.51 美元/t，年平均增长率为 6.18%，平均价格整体高于其他几种蔬菜及加工制品。新鲜蔬菜出口平均价格由 2001 年的 216.75 美元/t 增加至 2019 年的 935.81 美元/t，年平均增长率为 8.47%，平均价格增速高于其他几种蔬菜及加工制品。腌制蔬菜出口平均价格由 2001 年的 736.24 美元/t 增加至 2019 年的 1 747.32 美元/t，年平均增长率为

4.92%，且其出口平均价格于 2018 年达最大值，为 1 914.96 美元/t。冷冻蔬菜出口平均价格由 2001 年的 906.18 美元/t 增加至 2019 年的 1 044.07 美元/t，年平均增长率为 0.79%，变化较平缓。临时保鲜蔬菜出口平均价格由 2001 年的 624.88 美元/t 增加至 2019 年的 1 136.79 美元/t，年平均增长率为 3.38%，年度变化平缓。腌制冷冻蔬菜出口平均价格由 2001 年的 1 200.55 美元/t 增加至 2019 年的 2047.58 美元/t，年平均增长率为 3.01%，呈波动上涨趋势。

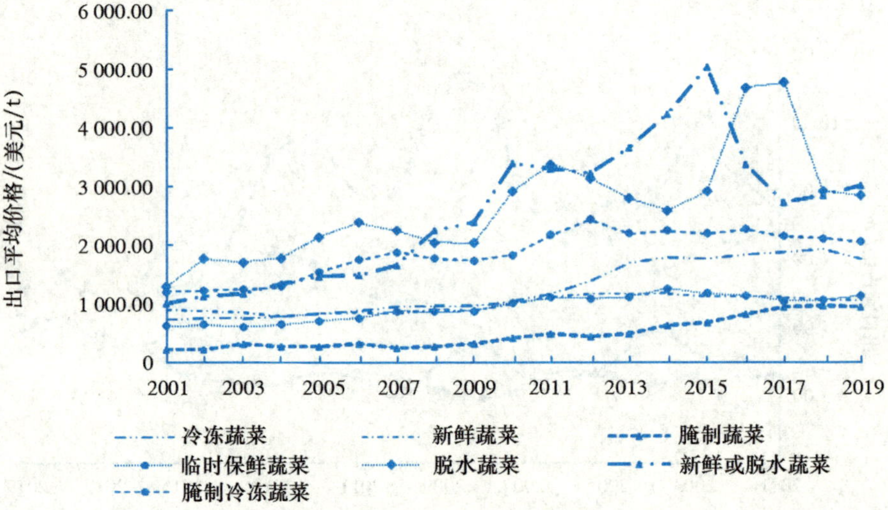

图 5-33　2001—2019 年我国蔬菜及部分加工蔬菜种类出口平均价格变化趋势

如图 5-34 所示，2001—2019 年我国干辣椒和胡椒、干豆、干洋葱、番茄酱、蘑菇罐头的出口平均价格均呈波动上升趋势。干辣椒和胡椒出口平均价格由 2001 年的 772.93 美元/t 增长至 2019 年的 2 545.06 美元/t，年平均增长率为 6.84%，其中 2011 年出口平均价格达最高点，为 2 869.89 美元/t；蘑菇罐头的出口平均价格由 2001 年的 866.17 美元/t 增加至 2019 年的 3 668.41 美元/t，年平均增长率为 8.35%；干洋葱出口平均价格由 2001 年的 198.38 美元/t 上升至 2019 年的 614.39 美元/t，年均增长 6.48%；番茄酱出口平均价格由 2001 年的 394.22 美元/t 增长至 2019 年的 761.74 美元/t，年平均增长率为 3.73%，其中 2014 年出口平均价格达最高点，为 1 112.71 美元/t；干豆出口平均价格由 2001 年的 402.77 美元/t 增长至 2019 年的 1 320.61 美元/t，年平均增长率为 6.82%，其中 2003 年出口平均价格达最低点，为 351.58 美元/t。

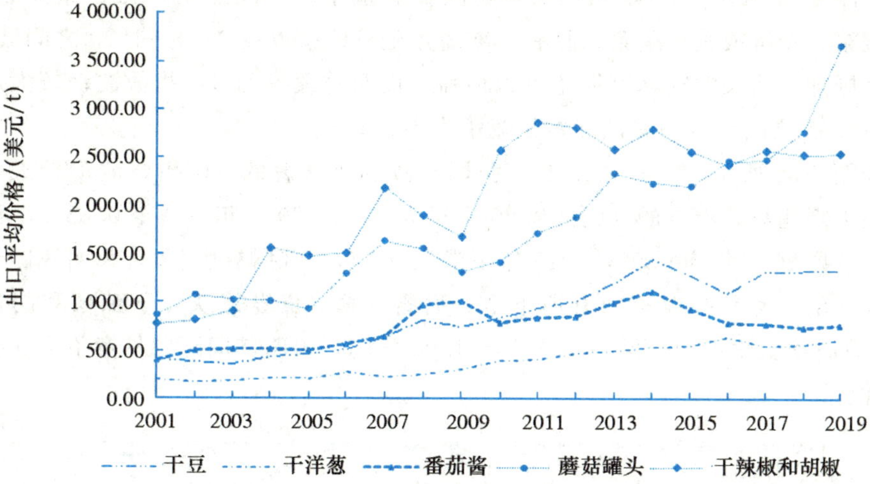

图 5-34 2001—2019 年我国部分蔬菜加工制品的出口平均价格变化趋势

4. 贸易竞争力指数

贸易竞争力（TC）指数是进行国际竞争力分析时常用的测度指标，表示一国进出口贸易的差额占进出口贸易总额的比重。其中，TC 指数不低于 0.6 为高竞争优势，TC 指数在 0.3～0.6 之间为中等竞争优势。

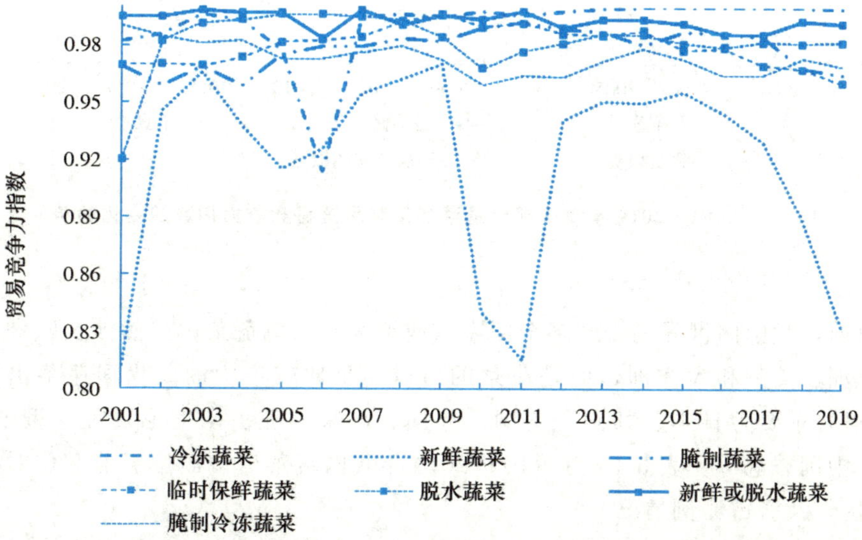

图 5-35 2001—2019 年我国蔬菜及部分加工蔬菜种类贸易竞争力指数变化趋势

如图 5-35 所示，2001—2019 年我国腌制蔬菜、冷冻蔬菜、临时保鲜蔬菜、脱水蔬菜、新鲜或脱水蔬菜、腌制冷冻蔬菜的 TC 指数在 0.91～1.00 之间波动，表明我国加工蔬菜的国际贸易竞争力很强。而新鲜蔬菜的 TC 指数波动较大，在 0.81～0.97 之间，表明其国际贸易竞争力不强。

如图 5-36 所示，2001—2019 年我国干豆和干洋葱的 TC 指数波动较大，且呈明显下降趋势，干豆的 TC 指数 2001 年为 0.99，2019 年下滑至 0.63；干洋葱的 TC 指数 2001 年为 0.97，2019 年下滑至 0.26，下降幅度明显，表明我国干豆和干洋葱的国际贸易竞争力有所下滑。而番茄酱、蘑菇罐头、干辣椒和胡椒的 TC 指数波动变化不大，保持在 0.96～1.00 之间，表明其国际贸易竞争力保持高竞争优势。

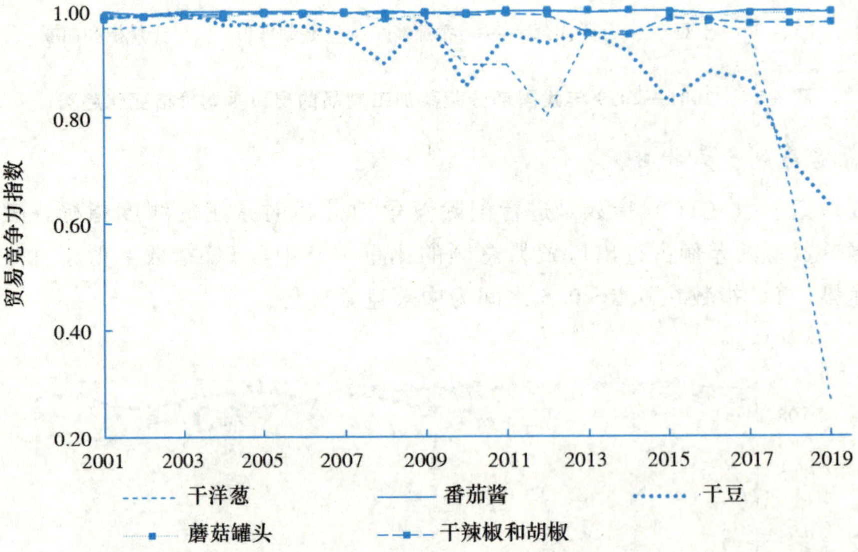

图 5-36　2001—2019 年我国部分蔬菜加工制品贸易竞争力指数的变化趋势

5. 出口对象国（或地区）

目前，我国向世界上 190 多个国家（或地区）出口蔬菜，虽然涉及欧洲、亚洲、非洲、美洲和大洋洲，但是蔬菜的出口还是比较集中的。我国蔬菜出口国（或地区）主要为日本、韩国、美国、德国、马来西亚、印度尼西亚、俄罗斯、越南、中国香港等。表 5-16 为 2001—2019 年我国蔬菜出口额位于前 5 位对象国（或地区）及所占比例情况。

由表 5-16 可知，我国蔬菜出口到各国家（或地区）的出口额及占出口总额的比重较为集中，位于前 5 位的对象国（或地区）所占比例总和超过 40%。其中，我国蔬菜出口到日本的金额占蔬菜总出口额的比例呈下降趋势，由 2001 年的 45.82%降低到 2019 年的 15.29%，减少了 30.53%。这与日本对我国蔬菜设置严苛的绿色贸易壁垒有关。

表 5-16　2001—2019 年我国蔬菜出口额位于前 5 位对象国（或地区）及所占比例　%

年份	对象国（或地区）及占蔬菜出口总额的比例					合计
2001	日本	韩国	美国	德国	中国香港	
	45.82	5.13	4.77	4.34	4.02	64.08
2002	日本	韩国	美国	中国香港	德国	
	37.17	5.11	5.08	4.85	4.43	56.64
2003	日本	美国	韩国	中国香港	意大利	
	34.85	6.55	6.31	4.49	4.05	56.25
2004	日本	美国	韩国	马来西亚	德国	
	37.25	7.44	7.18	4.24	3.44	59.55
2005	日本	美国	韩国	马来西亚	俄罗斯	
	33.39	7.27	6.78	4.62	3.51	55.57
2006	日本	美国	韩国	马来西亚	俄罗斯	
	29.14	8.08	7.01	5.08	3.95	53.26
2007	日本	美国	韩国	马来西亚	俄罗斯	
	22.98	8.16	6.89	4.93	4.50	47.46
2008	日本	美国	韩国	俄罗斯	马来西亚	
	19.78	7.54	6.56	4.88	4.74	43.50
2009	日本	美国	韩国	马来西亚	俄罗斯	
	19.64	7.10	5.68	5.51	4.48	42.41
2010	日本	韩国	美国	印度尼西亚	马来西亚	
	18.64	7.23	7.15	6.19	5.32	44.53
2011	日本	韩国	美国	马来西亚	印度尼西亚	
	19.74	7.29	7.01	5.54	5.35	44.93
2012	日本	韩国	美国	俄罗斯	印度尼西亚	
	22.69	7.93	7.17	4.15	4.08	46.02
2013	日本	韩国	美国	马来西亚	俄罗斯	
	20.94	7.61	6.33	4.90	4.29	44.07
2014	日本	韩国	美国	越南	马来西亚	
	19.08	7.57	6.71	6.69	5.27	45.32
2015	日本	韩国	越南	美国	中国香港	
	17.40	8.36	7.13	7.09	5.79	45.77

续表 5-16

年份	对象国（或地区）及占蔬菜出口总额的比例					合计
2016	日本	韩国	美国	越南	中国香港	
	15.51	8.89	7.84	7.33	6.81	46.38
2017	日本	韩国	中国香港	越南	美国	
	15.93	9.30	8.70	8.65	8.21	50.79
2018	日本	中国香港	韩国	越南	美国	
	17.54	10.85	9.99	9.91	7.73	56.02
2019	日本	中国香港	越南	韩国	美国	
	15.29	11.94	11.15	8.16	6.00	52.54

数据来源：国家统计局、联合国粮食及农业组织。

（二）影响蔬菜出口贸易的因素

1. 国际因素

(1) 技术性贸易壁垒

关税是影响国际贸易的重要因素。但是，在当代国际贸易中，技术性贸易壁垒（简称 TBT）已经替代关税、配额等传统贸易壁垒，成为贸易壁垒的主要形式。技术性贸易壁垒是国际贸易中商品进出口国在实施贸易进口管制时通过颁布法律、法令、条例、规定，建立技术标准、认证制度、检验制度等方式，对外国进出口产品制定过分严格的技术标准、卫生检疫标准、商品包装和标签标准，从而提高对进口产品的技术要求，增加进口难度，最终达到限制进口的目的的一种非关税壁垒措施。技术性贸易壁垒以其灵活多变、名目繁多、隐蔽性强等特点，成为我国蔬菜出口至世界市场的主要障碍。例如，日本从 2006 年开始实施《食品中残留农业化学品肯定列表制度》，对所有进口的蔬菜类产品在生产加工中可能用到的各种化学药品都给予严格的规定，从而导致我国输日蔬菜总量大幅度下降。在韩国颁布的《2002 年 HS 进出口通关便览》中，共有 177 种进口农产品原产地强制标识制度及农药和有害物质成分标准规定等，几乎把所有农产品都置于各种质量安全和检疫法规的保护之下。此外，该国《食品标准与规范的修正案草案》中规定胡萝卜、大蒜和韭菜的铅含量均下调至 0.1 mg/kg 以下，镉含量分别下调至 0.1 mg/kg 以下、0.1 mg/kg 以下和 0.5 mg/kg 以下，而我国又是韩国农产品进口的重要来源国，以上举措使得我国急需提高蔬菜出口质量。2006 年欧盟制定并实施了新的《食品及饲料安全管理法规》。我国向德国出口番茄酱时被要求检验杀灭聚酯、百菌清等项目和出具符合欧盟农药残留标准的证明。从

2004 年开始，美国食品与药物管理局便要求所有进口食品必须取得危害分析和关键控制点制度认证，否则，将对进口食品实施“自动扣留”。相关数据显示，2010 年我国出口到美国的食品被实施“自动扣留”达到 779 次，其中蔬菜及其加工类产品占了 91 批次，占 11.68%。与发达国家相比，目前我国这方面的技术水平有待提高，应尽快形成系统的蔬菜质量认证体系，以减少出口产品在不同国家的重复检查次数，从而降低出口成本。

(2) 饮食与地理因素

目前，日本、韩国及部分东南亚国家是我国蔬菜出口的主要市场。一方面由于受中国历史文化的影响，这些国家的饮食习惯与我国的饮食习惯相似，而且相似的气候条件下蔬菜种植种类基本相同，一定程度上有利于我国蔬菜的出口；另一方面我国地理位置优越，东部沿海港口众多，加之交通运输业的大力发展，缩短了运输时间，有利于蔬菜产品的出口。例如，山东安丘的保鲜洋葱通过货轮运输到日本横滨仅需 7 d。此外，日本、韩国平原面积狭小，人口稠密，人均耕地面积较少，蔬菜生产无法满足本国需求，这为我国蔬菜的出口创造了良好条件。

(3) 区域贸易安排

区域贸易安排是指区域内国家和地区之间通过签订区域贸易协定等方式，使得在区域内进行的贸易比在区域外进行的自由化程度高，简言之，就是特定国家或地区之间的优惠贸易安排，并产生贸易转移效应和贸易创造效应。贸易转移效应是指由于关税同盟对内取消关税，对外实行统一的保护关税，关税同盟国把原来从同盟外非成员国低成本生产的产品进口，转换为从同盟内成员国高成本生产的产品进口，从而发生了贸易转移。比如，北美自由贸易区成立后，美国、加拿大进口蔬菜首先考虑成员国墨西哥，对我国蔬菜的需求就会相应减少。贸易创造效应是指关税同盟内部取消关税，实行自由贸易后，关税同盟国国内成本高的产品被同盟内其他成员国成本低的产品替代，从成员国进口产品，从而创造出过去所不可能发生的新的贸易。例如，我国与东盟建立自由贸易区后，双方相互降低关税，降低了我国蔬菜的出口成本，一定程度上促进了我国蔬菜的出口。

2. 国内因素

(1) 蔬菜资源丰富

我国南北跨度较大，气候多样，适宜栽培多种蔬菜。有关调查数据显示，我国保存有 3 万余份蔬菜种质资源，其中原产的近 2 万份，这为蔬菜新品种选育提供了良好的前提条件。我国是世界上蔬菜栽培种类最多的国家，主要的栽培品种就有 100 余种，普遍栽培的有 50～60 种。按其食用部位和生物学特性，可分为瓜菜类、叶菜类、茄果类、根菜类、葱蒜类、豆菜类等几大类型。例如，我国大白菜可分为散叶、半结球、花心和结球4个变种。其中，散叶大白菜有莱芜劈白菜、武威大根白菜等品种；半结球大白菜有兴城大锉菜、山西大毛边等品种；花心大白菜有北京翻心黄、济南小白心等品种；结球大白菜又可分为卵圆型、平头型及直筒型3个基本生态型。卵圆型代表性品种有福山包头、胶州白菜等；平头型代表性品种有洛阳包头、太原二包头等；直筒型代表性品种有天津青麻叶、河头白菜等。而且，近年来我国设施蔬菜栽培技术日趋成熟，实现了蔬菜周年生产，为我国蔬菜的加工与出口提供了充足的物质保障。

(2) 蔬菜质量问题

随着世界经济水平的提高，人们越来越重视食品安全，对蔬菜及其加工制品的质量要求也相应提高。但是，我国部分出口蔬菜及其加工制品存在质量问题，一定程度上降低了我国的蔬菜出口贸易金额。比如，腌制是我国传统的蔬菜加工方法，分发酵性、非发酵性两大类。传统发酵蔬菜的生产是一种敞开式发酵，发生微生物感染的概率相对较高，如肉毒杆菌、副溶血弧菌等病原微生物一旦感染产品，食用后严重危害人体健康。同时，腌制发酵产品普遍存在亚硝酸盐（亚硝酸盐会对人体产生多种危害，主要包括引发高铁红蛋白症和形成致癌物质亚硝胺）含量较高的问题，且硝酸盐含量高会影响产品风味。据调查，脱水蔬菜中如脱水青椒粒及红椒粒中存在大肠杆菌等细菌超标的现象，可能与加工原料携带较多微生物或加工过程中清洗、杀菌等不充分有关。此外，脱水、盐渍、制汁、糖制等蔬菜加工过程中使用的亚硫酸钠、亚硫酸氢钠、连二亚硫酸钠会造成二氧化硫残留，食入过量的亚硫酸盐会引起剧烈腹泻等症状。另外，食品包装材料也可能造成蔬菜加工产品的污染。例如，辣椒酱、蘑菇罐头等常用玻璃容器作为包装载体，但玻璃中的一些重金属元素（如铅）会污染产品。为保持蔬菜腌制品的风味，常用陶瓷容器进行包装，但陶瓷表面釉层中溶出的铅、镉等重金属元素，极易造成产品重金属含量超标。

(3) 蔬菜加工技术

我国每年出口的蔬菜多以腌制蔬菜、冷冻蔬菜及蔬菜罐头为主。相对来讲，我国制作腌制蔬菜的历史悠久，品种极为丰富，其工艺独特，在世界加工行业中较为少见。伴随着现代人工接种发酵蔬菜技术的大量应用，传统高盐酱腌菜可以用低盐发酵工艺制作，为发酵蔬菜新品种的开发提供了广阔的空间。

但是，与欧美等发达国家相比，我国的冷冻蔬菜加工体系及技术还不够完善。例如，国际上的高档脱水蔬菜大都经真空冷冻干燥，但目前我国仅少数企业掌握真空冷冻干燥技术，90%的企业选用投资较低的热风干燥设备，在加工脱水蔬菜方面普遍存在脱水时间长、耗能大、生产效率低、卫生条件差、贮藏期品质下降、风味较差、复水速度慢等问题。而且，国际市场上真空冷冻干燥蔬菜价格是热风干脱水蔬菜的5倍以上。

目前我国蔬菜及其加工制品在国际市场上的占有率为10.5%左右，与30%的临界点尚有较大差距。除了国内人工、技术、服务成本增加等内部因素以外，产品质量安全水平及相对应的技术性贸易壁垒（TBT）是我国蔬菜及其加工制品出口面临的重大挑战。总的来说，WTO规则、技术的先进性（包括检测和监控手段的技术进步）及国家利益等，是形成技术性贸易壁垒的原因，而在应对国外技术性贸易壁垒时我国采取措施不足是出口受阻的根本原因。如果能够以技术贸易壁垒为契机，通过采取全方位的措施，特别是围绕产品的质量安全问题提高科技与管理水平来改善不足，长期来看，技术性贸易壁垒反而有助于全面提升我国蔬菜及其加工制品的质量与安全水平，最终促进我国蔬菜及其加工制品出口贸易的发展。

三、促进蔬菜出口的对策及建议

（一）政府层面

1. 加强区域贸易合作

随着经济全球化的发展，各种区域贸易合作逐渐增多。我国应继续积极参与各种形式的区域一体化组织，通过与其他国家建立自由贸易区，创建比世界贸易组织更优惠的贸易条件，减少关税对我国蔬菜加工品出口的影响，为蔬菜加工品出口创造良好的外部环境。在此情况下，政府有关部门要深入履行职责，积极与世界各国合作，熟悉并合理利用国际市场规则，进一步增强我国比较有优势的蔬菜产品的出口。

2. 加大政策扶持力度

政府从信贷、项目、税收等方面进一步加大对蔬菜及其加工产业的支持力度，建立和完善投资主体多元化的投资机制，并大力发展蔬菜加工等相关配套设施，鼓励企业进行自主创新和引进先进技术。同时，国家应加强蔬菜生产技术推广体系建设，组建采后技术推广体系，为企业提供专业化服务，使科研成果及时转化成生产力。

3. 完善质量安全标准与规范

进一步完善与蔬菜及其加工产业有关的质量安全标准与规范的建设，特别是要加强相关质量安全标准、生产规范（如绿色、有机认证）及国际标准（如ISO

9000质量管理体系认证、ISO 14000环境管理体系标准、ISO 22000食品安全管理体系、ISO 31000风险管理标准）等的执行与监督力度，从源头上和过程中控制好我国蔬菜及其加工制品的质量与安全（农药残留、重金属、微生物等）。比如，鼓励和支持企业申办各种国际认证，从根本上保证蔬菜产品质量和规格的统一，实现生产、加工、储藏等环节标准化。

4. 强化国际市场监测预警

信息时代，只有及时了解国际市场的最新动态，企业才能迅速做出反应，尽可能降低损失。因此，政府有关部门需要进一步加强全球农业数据调查系统建设，强化国际市场监测预警，分析国际市场需求变化，为企业提供及时有效的市场信息。

5. 通过多种途径普及蔬菜安全生产技术相关知识

我国蔬菜生产多以个体农户为主。鉴于大多数农户尚未掌握科学用药的基本知识与病虫害综合防治的相关技术，不了解国家颁布的《农药管理条例》《农药合理使用准则》等相关规定，有关部门应通过多种途径扩大蔬菜安全生产技术普及范围及加大质量安全知识的宣传力度，从而提高农户的科学栽培技术水平，增强农户的蔬菜安全意识，从源头上保证蔬菜质量。

（二）企业层面

1. 建立蔬菜行业组织和协会，加强企业间交流

通过建立蔬菜行业组织和协会，加强蔬菜企业间交流与合作，减少同类企业之间的恶性竞争，优化行业发展。

2. 关注行业发展动态，加强国际合作

蔬菜出口企业应关注国际技术性贸易壁垒的动态变化及进口国相关技术法规、标准、政策等动态信息，并建立应急预案，变被动为主动。面对日益变化的国际市场，我国企业应该积极参与国际竞争与合作，提高我国蔬菜出口企业的国际竞争力。

3. 加强企业与农户的合作，实现原料生产与加工间的衔接

形成以“龙头企业＋农户”“龙头企业＋专业经济组织＋农户”等的组织形式。农户按企业加工需求，仔细筛选蔬菜种植品种并合理安排茬口，合理施用农药、化肥，实现蔬菜原料生产与加工之间的有效衔接。

4. 积极打造具有国际影响力的知名品牌，提升我国蔬菜产品的国际竞争力

品牌对于产品形象的树立和产品质量的提升具有重要的作用。优质企业应整

合自身品牌，扩大生产规模，提升其科学生产技术与深加工技术，形成蔬菜品质上的国际竞争力，树立良好的品牌形象，打造国际知名的品牌。之后，利用国际品牌创造的产品的正面形象，增强各大蔬菜出口企业的品牌意识，提升我国蔬菜的国际知名度，推动我国蔬菜出口的快速发展。

四、蔬菜加工产业发展趋势

1. 加工技术设备高新化

与发达国家相比，我国蔬菜采后加工业的科技研发投入相对较低，加工技术水平总体落后，特别是一些具有地方特色的传统蔬菜产品，没有用现代食品加工技术进行升级与创新。在装备方面，我国蔬菜加工业的关键装备大多依赖进口，国产装备的自动化、规模化、高效化、标准化程度等都有待提升。因此，应加大技术创新投入，实现蔬菜加工智能化、高效化，改善产品质量，使科技转化为生产力。

2. 加工原料专用化

不同的蔬菜加工方式对原料的硬度、酸甜度、成熟度等方面的要求不同，例如用于制作番茄汁、番茄酱的番茄品种，其可溶性固形物含量、番茄红素含量等有专门的指标要求。原料的质量直接影响加工产品的品质，只有用优质专用原料才能生产出高质量的加工制品，国外蔬菜加工企业大都建有自己的种植园或有专门的种植园来生产蔬菜加工专用品种。因此，我国必须大力培育蔬菜加工专用品种，同时建立符合国家及国际蔬菜质量安全标准的加工专用品种生产基地。

3. 资源利用高效化

为实现可持续性发展，提高蔬菜加工资源的综合利用迫在眉睫。一方面可以通过优化传统加工工艺，降低企业能耗；另一方面应对蔬菜加工过程中产生的废弃物进行开发利用，尽可能减少生产垃圾。这样既解决了环境污染问题，又增加了产品附加值。

4. 蔬菜加工精深化

近年来，人们愈发关注养生问题，提取蔬菜中的功能性成分，开发具有保健、美容等作用的产品，能更好地满足市场的需求。例如，利用食用菌进行深加工生产的“香菇多糖片”“猴头菌片”“蜜环片”“健肝片”及菌类饮料，得到很多消费者的青睐，市场消费潜力极大。

5. 产业品牌化

积极发展和培植具有自主知识产权的品牌，对我国蔬菜加工业的发展至关重要，可以说品牌是我国蔬菜加工业实现可持续发展的基石之一。产业品牌化，一要塑造品牌特色，重点结合我国的文化特色及主要进口国的文化偏好，通过赋予品牌文化内涵体现其特色；二要加大广告宣传力度，借助政府、金融机构及行业协会等组织的力量，借鉴发达国家广告宣传的种类、方式和途径，制订并实施科学、有效的广告计划；三要加强渠道建设，一方面可以借助国外代理商或经销商建立间接营销渠道，另一方面可以通过在进口国设立直销点直接营销渠道。在建立传统营销渠道的同时还要重视网络渠道的建设，利用互联网促进自有品牌出口，推动品牌国际化进程。

6. 质量安全控制标准化

随着生活水平的日益提高，食品安全问题越来越引起人们的高度关注，质量安全控制标准化势在必行。一要实现质量安全全程监控，贯穿蔬菜原料的生产、加工及销售整个过程；二要建立完善、科学的蔬菜产品质量安全标准体系、技术规范及检测方法，实现与国际接轨，以破除技术性贸易壁垒的制约；三要加强蔬菜产品认证工作。

第四节　进一步发展蔬菜产业，努力开拓蔬菜丝绸之路

自改革开放以来，我国农业基础地位不断得到强化，蔬菜产业取得了长足发展，蔬菜播种面积和产量连续多年居世界首位。据统计，2008—2017 年我国蔬菜播种面积从 1 786.67 万 hm^2 上升到 2 313.33 万 hm^2，年均增速达到 2.91%；蔬菜总产量从 5.92 亿 t 上升到 8.17 亿 t，年均增速达到 3.64%。2017 年，我国主要设施农业总面积达 206 万 hm^2，其中连栋温室 6 万 hm^2，日光温室 64 万 hm^2，塑料大棚 136 万 hm^2。装备水平不断提高，设施农业机械化率达到 33.12%，比 2016 年提高 1.34 百分点。我国蔬菜生产在新品种选育、设施栽培、无公害生产技术、应用现代生物技术改良蔬菜品种等方面都得到迅猛发展，并取得了长足进步。此外，蔬菜病虫害综合防治、无土栽培、节水灌溉等技术也取得明显进步，生产的区域优势逐渐显现，体系不断完善，生产成本相对较低，蔬菜从业队伍不断壮大。

丝绸之路经济带的市场规模和潜力独一无二。丝绸之路经济带的建设，把世界经济最活跃的两个地区更紧密地联结在一起，带来了欧亚大陆的一体化和全面复兴。不同地域环境中各民族不同文化背景下的生活习惯形成的蔬菜消费差异，

也为众多的蔬菜产品走出国门提供了机遇。

经过多年的发展，我国蔬菜产业总体上呈现良好的发展局面，但与发达国家相比较，仍有许多方面需要深化。品种创新、新技术推广应用、产业化组织、生产基础及抵御灾害能力方面有待提升，质量安全、比较效益、资源利用、蔬菜采后处理技术等方面都有待改进。这些方面的不足，影响了蔬菜产业的可持续发展。然而，这些不足也为我们有针对性地开展研发工作提供了方向。我们需要借助丝绸之路经济带的优势，抓住共建共享与共赢共荣的新机遇，在蔬菜产业不断融入全球经济大发展的大浪潮中壮大蔬菜产业，以种业研发、绿色栽培、采收加工及综合开发为抓手，促进蔬菜产业的标准化、机械化、产业化、信息化、品牌化的长足发展。

一、加强蔬菜质量安全体系建设，大力推广绿色种植技术

（一）建立并完善蔬菜质量安全体系

1. 质量全程控制

对蔬菜而言，从产地到餐桌的每一个环节都有可能存在安全隐患，各国都在致力于农产品质量安全的监测，努力从产前、产中、产后三个环节来确保蔬菜的质量安全。欧美发达国家的质量追溯体系相对完善，主要包括健全的法律法规体系、实用性强的标准体系、健全完善和监管得力的检测体系。在美国和日本，关于蔬菜质量安全的法律法规非常多，涉及蔬菜生产、销售各个环节，仅美国《联邦法规法典》中涉及的蔬菜的各种等级标准就有160个。2002年美国国会通过的《生物反恐法案》确立了处理品可追溯制度，在产销的任何一个环节出了问题，可追溯到上一个环节。以农业生产环节可追溯制度为例，记录从种子处理、土壤消毒、栽培方式、灌溉、施肥和打药到收获采摘的所有过程。在出现事故后，由专业的会计师对企业的资产进行评估，根据企业资产总额确定相关赔偿额度，罚金高到可以让企业濒临破产，以此提高他们质量安全意识和积极性。

近年来，我国不断强化对蔬菜质量安全的管控。党的十八届五中全会审议通过的“十三五”规划明确提出推进农业标准化，构建从农田到餐桌的农产品质量安全过程监管体系的任务要求，为农产品质量安全工作指明了方向。在现行的地方农业标准中，产中阶段标准占近80%；而针对从采收到市民餐桌的运输、销售等方面的产业链标准极少。一些走在前沿的公司，如泰华芦村种植专业合作社、广东省梅州市乐得鲜农业发展有限公司等单位在蔬菜的产后质量跟踪方面迈出了可喜的步伐，对蔬菜的贮藏运输、检测与抽样、包装、销售、采销记录、追

溯等方面建立了标准。完善了从农田到餐桌的全程追溯体系，实现蔬菜生产全程的“生产有记录、信息可查询、流向可跟踪、责任可追究”的精细化管理和蔬菜生产加工过程的可视化管理。

2. 质量控制信息化

全程监管中的难点在于蔬菜生产的过程长，涉及的环节多，应用现代科技可达到对蔬菜质量的有效控制。利用各类传感设备，通过物联网技术与 GPS、GIS 及云技术的结合，将蔬菜生产、经营、管理和相关服务信息等环节数据实时传输到智能化操作终端，实现蔬菜产前、产中、产后的全过程有效监控。随着基于物联网技术的设施蔬菜质量安全控制体系研究的深入开展，在政府部门的大力支持下，一些企业与科研院所联合开发的农业物联网平台投入应用，如江苏省农业物联网平台、吉林农业大学与现代农业生产企业吉林省金塔（实业）股份有限公司联合开发的设施蔬菜安全生产技术体系。山西省农业科学院蔬菜研究所与山西浩辉科技有限公司合作开发出蔬菜安全生产管理平台，实现了生产全过程管理。但是，与目前不断增加的蔬菜栽培面积相比较，通过物联网技术达到蔬菜质量安全控制目的的实用性平台数目和有效推广应用程度还远远不够，需要研发机构与相关企业长期努力合作，并借助不断出现的新技术进行深度研发和推广。

（二）推行绿色种植技术

1. 合理应用肥料与农药

随着农业科研水平的不断提升，更多的植保药剂、肥料被研发出来，越来越多的药剂被用于蔬菜病虫害防治，越来越多的肥料被施入土壤以增加肥力，因此，合理应用尤为重要。尽管药剂防治可以避免蔬菜减产而挽回经济损失，但是农药制品的不合理使用严重影响了蔬菜产品质量安全。化肥的不合理施用会造成土壤的重金属污染、板结或盐渍化，从而影响蔬菜产量和品质，对人类健康、生态环境造成严重危害。为此，2015 年国家设立了重点研发专项“化肥农药减施增效综合技术”，同年，农业部印发《到 2020 年化肥使用量零增长行动方案》和《到 2020 年农药使用量零增长行动方案》。以统防统治为基础，通过专业化和机械化的植保防治、施肥措施，提高农药及肥料利用率，进而提升蔬菜品质，这是未来栽培管理的必需途径。

2. 推行绿色栽培管理技术

加大宣传力度，通过多种途径让更多的蔬菜种植者了解化学药剂与肥料的过度应用对生态环境及人体的危害，引导他们科学合理地施用化学药剂，推行正确、便捷的药剂轮换和混用方法及使用模式。

推广高效、环境友好型农药，替换低效、高残留的农药品种，协调施用生物农药与化学药剂，生物与物理方法相结合。研究药剂精准、高效、减量施用技术及重要病原菌抗药性综合治理技术，通过对土壤、植物及空气中的病原菌的深入研究，开展微生物源和植物源农药种类、剂型、使用方法等方面的研究与筛选，并试验、示范应用天敌类生物防治方法。通过“以虫治虫、以菌治虫”，让有害、有益微生物处于生态平衡状态，达到生态、生产的双丰收。

根据新的科技成果及环境特点，探索、开发新的物理方法或材料，趋避或减少有害生物基数，达到有效防治的目的。在充分发挥传统温汤浸种、高温闷棚消毒基础上，采用薄膜避雨棚、遮阳网棚室、防虫网棚室等防护措施，为蔬菜的健康生长创造良好环境；利用黄蓝板、频谱杀虫灯、黑光灯、高压汞灯、双波灯、糖醋诱杀，覆盖银灰膜、银灰网等设备对有害生物如蚜虫、蓟马、蝼蛄及飞行类靶向性害虫进行诱杀、驱避。应用太阳能或石灰氮、高温蒸汽等土壤消毒技术，减少土壤的有害微生物数量；大力推行昆虫信息素、高频消毒、微波杀菌、电子除湿、空间电场、矿物油与膨润土及蔬菜带电栽培等新兴技术，为蔬菜的健康生长创建良好的环境。

综合应用传统与现代农业新技术，改进栽培管理水平。通过远缘轮作或水旱轮作、土壤休耕、施用连作土壤调理剂等措施，减少连作造成的影响；通过应用有益菌发酵无害化处理畜禽粪便、作物秸秆、蔬菜废弃物等，改良土壤结构及增加肥力。改进土壤耕作管理制度，推行节水灌溉方法，提升灌溉效果；合理调控播种期，避开病虫为害高峰，最大限度地减少蔬菜病虫害的发生与蔓延。此外，建立规模化育苗工厂，统一管理，提升种苗质量，为蔬菜的生长打好基础。

集成配套与环境、区域生产相适应的高效栽培、肥水管理，结合物理防控、生物防治等绿色防控技术，形成不同生态区的蔬菜农药、肥料减施技术及水、肥、药一体化施用模式，并建立相应的技术规程。在建立统一的专业化植保防治队伍基础上，推进以技术人员参与为主的专业化防治，通过实施区域的规模化统一防控措施，合理、规范用药，在提高防治效果的同时尽量降低防治成本。

将中医原理和方法应用在蔬菜栽培管理中。根据中医科学体系的唯物论和辩证法思想，以整体观念为指导思想，用联系的、发展的、全面的观点去认识自然、认识生命。将中医原理和方法应用于农业领域，进行农产品产地水、土、气立体污染综合防控，以改善产地环境，促进植物健康生长，保障农产品的有效供给和质量安全。在边试验边推广的基础上，探讨不同种类中药或中药提取物对病虫害的有效浓度、制剂类型、使用方法，及其对土壤中有害微生物的抑制效果及对土壤肥料的影响，有针对性地推广以中药为核心的综合管理技术。

二、大力培育蔬菜专用品种

（一）搜集、整理及开发利用蔬菜种质资源

种子是蔬菜行业健康稳定发展的根基。我国是世界栽培植物主要起源中心之一，涵盖多种多样的蔬菜亚种、变种、类型和品种，这些是品种繁育的重要种质资源。

种质资源在农业和自然方面都有其无法替代的作用。科技的飞速发展，让人们对效益、高新技术更加重视。然而在新技术特别是杂交种的优势被充分宣传的同时，人们忽视了对自然资源、生态环境以及对现有资源的保护和收藏，使得一些地方品种和一些通过人工选择或自然选择形成的重要资源丢失。在这种情况下，在某些方面有突出优点的新资源可能无法适应该地区突然出现的异常气候条件，进而可能会对该地区的农业经济造成巨大损失。通过对种质资源的保护、开发利用，可以从根本上解决可能遇到的问题。

丰富的种质资源是蔬菜品种创新、可持续发展强有力的基础。自改革开放以来，经过长足发展，我国蔬菜种业形成了相对完整的科技创新体系。建立于1982年的北京市农林科学院蔬菜研究中心蔬菜种质资源库，目前保存蔬菜品种资源3.6万余份。在这方面，我国仅次于美国、俄罗斯，居于世界第3位。据不完全统计，我国新育成品种50%以上含有国家库圃种源的遗传背景。2019年3月开工建设的世界上最大规模的作物种质资源国家库，总建筑面积为21 000 m^2，设计容量达150万份，集低温库、试管苗库、超低温库和DNA库为一体，可实现对种质资源全覆盖集中长期保存。

（二）现代生物技术助力蔬菜育种

种质资源的收集、品质性状的评价和抗性基因的发掘让我们方便地发现或找到优良的性状，不断出现的新技术为蔬菜品种创新提供了基础。统计资料表明，我国开展杂种优势育种的蔬菜作物已达27种，主要蔬菜品种90%以上为杂种一代。在国际上率先建立了利用雄性不育在甘蓝上进行大规模杂交制种技术。以不结球白菜为例，南京农业大学侯喜林教授课题组通过运用非对称细胞融合技术，获得了既能够保持雄性不育，又能够抗低温黄化、有蜜腺的不结球白菜新种质；通过采用0.2%～0.4%秋水仙素诱导二倍体不结球白菜茎尖生长点，获得了四倍体不结球白菜新材料。这些研究结果不但提高了不结球白菜的育种水平，丰富了蔬菜遗传育种理论，还为其他品种的研发提供了新技术、新途径。

对于10%左右的极具特色的地方品种，我们既需要通过传统育种方法保持种质之间的遗传距离，又需要通过生物技术研究将新的品质特性加以更新利用。在加大对以抗病为主的野生蔬菜种质资源的收集、整理与保存的同时，加强研究与鉴定病原生理小种的分化，深入研究其抗病机制、生理生化特征及遗传变异规律。此外，加强蔬菜功能基因组学、分子育种技术研究，提高优异基因资源挖掘效率，通过常规育种与分子育种相结合的聚合育种途径，创制出更多聚合多种优异性状的优异种质。

（三）培育多样化品种

在蔬菜产业发展中，品种和种子（种苗）的贡献率占到30%～40%。下大力气研究和培育优质、高产、抗病、抗逆等新品种是蔬菜育种持续不变的目标。随着产业发展和人们需求的不断变化，确立育种目标不仅仅要考虑蔬菜产品内在的营养成分含量和风味品质，还要注重其形状、颜色、大小等外观性状。

1. 设施生产专用品种

设施栽培是蔬菜未来的发展趋势和方向。由于受到设施设备的影响，设施栽培中不同时期的温度（冬季、夏季）、湿度（高湿、低湿）、光照及内部二氧化碳等逆境因子都是影响品种产量及质量的主要因素。这就要求蔬菜作物品种在低温、寡照的情况下仍具有较强的光合能力，或者具有有利于通风透光的植株形态。在大棚和温室的高湿条件下，设施栽培的品种必须具有较强的抗病能力，特别是要能够抵抗一些低温病害，如番茄的灰霉病、根结线虫等。为尽可能发挥设施的优势以降低生产成本，需要高产型品种，如对茄果类、瓜类蔬菜来说，要求连续结果性强、抗性好、不易早衰。随着我国设施蔬菜栽培面积的不断增加，在现有基础上研发设施生产专用品种成为今后我国蔬菜品种创新的重要任务之一。丝绸之路经济带沿线国家和地区具有丰富的蔬菜资源，这既为我们深入研发蔬菜品种提供了种质资源基础，也给我们提出了更高的要求。

2. 特殊专用品种

（1）鲜食及加工品种

有针对性地选育特殊用途品种，如番茄、黄瓜、白菜、萝卜、胡萝卜、马铃薯等种类的鲜食、加工、榨汁用品种及特殊成分品种等。以番茄为例，加工品种需要具有耐贮藏、适宜运输的特点，而鲜食品种通常需要具有特性明显、颜色鲜艳、糖酸比高等特点。加工番茄品种的果皮、果肉、胎座及种子外围胶状物必须是红色的，且颜色须均匀一致，果实表面不应出现绿肩和黄斑；果实中的番茄红素含量越高越好，可溶性固形物含量达5%以上，且越高越好，有机酸含量较高，pH 必须在 4.4 以下；果实抗裂、耐压、耐贮运，单果重达 50 g 左右，果形美观，果肉厚，种子腔小，粗纤维少，果脐和梗洼越小越好，果皮易剥离，等等。对于鲜食番茄品种，一般单果重达 120 g 左右，含糖量偏高，酸度偏低，果肉偏软，果实内水分含量偏多，果皮薄，可溶性固形物多在 5% 以下。用来制作酱菜的白菜、萝卜、茎瘤芥、苤蓝、黄瓜等加工品种应具有耐贮藏，不怕压、挤，肉质坚实的特点；而鲜食品种通常口感甜脆，汁液较多，含糖量高于加工品种。

(2) 榨汁蔬菜

适合鲜榨作为蔬菜饮料的品种，需要含水分较多，含石细胞少，既要有很好的口感，又能很好地保持蔬菜原有的营养和风味，如番茄汁、黄瓜汁等，或混合加工成菜汁啤酒、菜味可乐、菜汁冰水等各种饮料。

(3) 功能型蔬菜品种

开发、选育功能型蔬菜品种。据不完全统计，我国可用于开发的蔬菜物种有 213 科 1 822 种，其中草本占 57.3%、木本占 36.5%、藤本占 6.2%。通过驯化改良或选育、培育特性明显的栽培品种，增加蔬菜种类；借用科技手段改良性状或提升某种成分含量，形成富含氨基酸或其他种类物质的蔬菜品种。人们可以通过食用功能型蔬菜达到补充特定营养成分、提高身体免疫力的目的。

(4) 彩色品种

彩色蔬菜含有丰富的色素，如叶绿素、类胡萝卜素、类黄酮和花色素苷等，这些成分具有抗氧化活性，这类彩色蔬菜是赏食兼用、食药同源的选择。培育或发掘各种彩色蔬菜，可以满足不同人群的求新喜好及需求，如彩色番茄、菊苣、马铃薯、花椰菜、菜椒、胡萝卜等。

(5) 特型蔬菜品种

为满足消费者求新猎奇的需求，可尝试培育超常规品种。如特大的番茄、南瓜、茄子、辣椒、葱头、苤蓝、白菜等，或特小的番茄、水果黄瓜、迷你南瓜、微型蚕豆等。它们比传统蔬菜更受欢迎，也是未来蔬菜育种的方向之一。

3. 地方及特色品种

局部环境差异造就了地方品种，它们风味各异，营养成分丰富而有特色。调查结果表明，广东省内可供食用的野生蔬菜有 300 多种，而引种栽培的只有清香菜、百子菜、益母草、树仔菜、鸡肉花和马齿苋等 40 多种，大部分尚待开发利用。北京市种子管理站和北京市农业技术推广站共同整理和恢复了花叶心里美萝卜、核桃纹白菜、北京刺瓜、苹果青番茄、北京秋瓜、北京黑茄子、柿饼冬瓜等北京地方特色品种，既丰富了消费者的餐桌，也丰富了种质资源。野菜的风味、口感独特，能助人增进食欲，很受大众欢迎，如荠菜、芋、竹笋等在菜市上成为固定“角色”。区域特点决定了它们与众不同，如白/紫背天葵、紫/绿苏、苋菜、芥菜、蒲公英等。对这些蔬菜进行驯化种植、选育，不但可以扩大蔬菜育种范围，丰富蔬菜市场，还可以发现许多特异的种质资源。在培育优质传统芳香蔬菜如芹菜、芫荽、茴香等的基础上，可选用开发荷兰芹、姜芹、牛至、留兰香等香料型蔬菜。

4. 机械化栽培专用品种

在标准化、机械化的推进中，只有蔬菜的成熟期、植株大小整齐一致，才符合机械化管理和轻简化栽培的要求，便于机械采收。为此，需要进一步选育适宜的蔬菜品种及提高种子纯度。在品种方面，既包括传统的大葱、马铃薯、甘薯、胡萝卜等根茎类，也包括对采收要求比较高的甘蓝、西蓝花、小白菜、菠菜等绿叶菜类。

三、改进设施园艺装备条件，推广蔬菜生产机械化

（一）改进设施园艺装备条件

1. 设施改进

根据不同区域的气候、土壤特点，以及栽培蔬菜种类、栽培方式方法的不同，研发与之相适宜的温室环境调控、蔬菜育苗、移栽、生产管理、收获等关键环节的机械化配套技术。在欧美等发达国家，温室的有效调控措施已经被广泛应用并获得良好的收益。近年来，我国多地引入荷兰、以色列等国家的整套温室设备设施，目的在于发挥展示引领作用。但在有些温室中，使用效果不尽如人意，即使有相关设备制造者或在当地有成功应用经验的人现场指导，蔬菜产量仍然不能达到其在设施设备原产地的生产水平。其根本原因在于气候环境的差异限制了设备最佳性能的有效发挥。以我国为例，从南到北跨纬度 49°多，从东到西横跨经度 60 多度 5 个时区，从南到北包括热带、亚热带、暖温带、中温带、寒温带、青藏高原区等 5 带一区。以建在北京密云的农业产业园为例，设计者根据当地的气候资料，对温室的风载、雪载和雨载都做了相应调整。再比如河南焦作的河南新源鑫农业科技有限公司的温室项目，以中原地区的气象特征为基础，沿用了传统的单根雨水落水管方案。此外，在高温雨季应用以色列的温室湿帘降温技术，降温效果虽然很好，但会因湿度的增加而增加病害感染的风险。而照搬荷兰连栋温室的设计时，要考虑其内部设备不足以应对我国北方的冬季低温，也不能有效解决北方春秋两季的干燥与夏季的高温高湿。因此，需要在我国气候基础上研究

现有温室及设施，将日光温室自动卷帘通风设备、水幕墙蓄放热系统、气源热泵蓄放热系统、一体灌溉技术与欧美国家的设施设备有效结合，为我所用。

2. 环境提升

根据自然环境改造硬件设施设备是蔬菜栽培成功的第一步，温室环境的有效控制是蔬菜健康生长的关键所在。通过调控设施栽培环境，可以保障蔬菜生长所需环境，从而有效减少环境突变对植物生长发育造成的不利影响及病虫害的滋生和蔓延。连续的阴雨天气形成的低温寡照，会使幼苗极易发生徒长，抗性降低，影响蔬菜的生长、花芽分化及果实发育，最终影响其产量和品质。可通过增加光照，促进蔬菜幼苗的生长，增强其抵抗病虫害的能力；可有效提升叶片中保护酶的活性，延缓叶片衰老。研究发现，通过调节光照组成，能有效促进相关蔬菜中蛋白质、维生素C、番茄红素或花青素含量的增加。LED灯具有光电转换效率高、体积小、寿命长、耗能低、波长稳定等特点。采用LED灯补光不但可以解决光照不足造成的苗弱、抗性降低的问题，且其热辐射低，不会对植物产生不利影响。针对突然的降温，可采用增温块、电加热设施提高蔬菜生长环境的温度。发掘和利用太阳能，用水或相关基质存储热能，在低温条件下通过释放热量提高环境温度。

3. 自动管理系统

不同蔬菜品种所需要的光照、温度、湿度和养分需求等不同，同种蔬菜在不同时期不同环境下的生长需求也有差异。借助新技术将影响蔬菜生长发育的因子有效耦合，是实现蔬菜设施现代化的关键因素，也是未来蔬菜产业的研发方向。为此，须借助不断涌现的监测技术和信息分析技术，采集光照、温度、湿度、气体流动等环境数据，通过对环境大数据的比较分析，找到制约因素。通过应用无人机遥感、信息成像、建模分析技术，对蔬菜生长特征指标进行分析，找到制约蔬菜生长的限制因子；再通过对温室设施设备进行改造，让温室环境与植物生长所需的条件相匹配。在对获得的海量数据进行分析的基础上，提升系统的数据处理能力，达到对现实情况进行分析并给出可行性建议的目的。

（二）推广蔬菜生产机械化

我国蔬菜产业虽然取得了长足发展，但劳动成本逐渐增加的问题成了蔬菜产业发展的瓶颈。研究表明，1998—2012年间，劳动成本占年蔬菜生产总成本平均的45%。劳动成本上升的原因在于，城市化进程的不断加快使农村青壮剩余劳动力持续不断地向非农产业转移，导致从事农业生产的人数急剧下降。另外，人口老龄化的日益严重也使得劳动力短缺的问题更加凸显。推行设施蔬菜机械化是解决劳动力缺乏的最有效途径之一，也是蔬菜行业未来的趋势。目前我国设施蔬菜生产的机械化程度远低于国际标准，还处于初始的生产机械化阶段，有很大的提升空间。

蔬菜生产机械化的基础和前提是标准化与规模化。实现设施园艺标准化，才能确保机械能够顺利进入栽培场地；有了种植规范，才能顺利推进蔬菜的机械化管理与收获；有了规模，机械收获的优势及效益才能充分显现。也就是说，要做到农机、农业设施、农艺与自然环境的有效融合，要依托产、学、研、推、用等单位和机构的共同努力，引进、消化、吸收和再开发国外的先进装备，促进本土机械向智能化、精准化、自动化方向发展，提升机械利用率和机动性；针对地势、地形特点，开发小巧灵活的茄果类蔬菜栽植、田间管理和收获等环节相关机具，减少雇用劳动力和提高效率。

不仅如此，还要根据各地区的自然条件、社会状况、经济状况和季节要求，在充分调研和论证的基础上，进行蔬菜生产的专业化布局，分区域、分品种、分步骤，以规模和产量为基础，以典型蔬菜为代表，提出农机与农艺相融合的机械化生产技术模式，以点代面，试验并行。就像北京市建立的国内先进的甘蓝生产全程机械化技术体系及上海市总结形成的成熟的绿叶蔬菜产业技术体系一样，在推广中不断完善，在完善中不断提升，最终达到以专业化的队伍开展社会化服务的程度。

四、努力提高我国蔬菜生产的科技含量

科技的巨大进步满足了人们对蔬菜数量的要求，但生活水平的改善也提升了人们对蔬菜种类、品质的需求。现在人们不但要吃得饱，还要吃得好，吃得鲜，吃得与众不同与营养健康。

为此，在完整、高效的蔬菜科技成果推广系统下，大力完善、推行蔬菜的高效栽培技术以确保蔬菜质量尤为重要。但不同的蔬菜品种或单品种蔬菜在不同的适应区域对高效栽培技术的需求有差异，需要政府的大力支持及企业与研究单位紧密结合，将新品种、新技术成果以示范园的形式展示、推广。不仅如此，为确保新品种、新技术成果被快速、顺利、有效推行到实际应用中，还需要对成果的使用人员进行有效培训，进而提高蔬菜科技成果的转化率。

“一带一路”让我国与世界的联系更加多元。我们应该以蔬菜为媒介，以丝绸之路为基础，不但要让沿线国家和地区熟悉、享用我们的蔬菜产品，更要让他们了解我们的新技术、新模式、新品种、新设备。不仅如此，还要在技术、设施设备的应用中发现问题并研究有效的方法，解决“水土不服”的问题，不但要让技术“落地”，还要使其“扎根、开花、结果”。

结 束 语

我国是生物多样性较为丰富的国家之一。在“一带一路”区域通过国际合作开展资源普查，进一步拓宽蔬菜资源的分布区域，对蔬菜资源可持续开发与利用，对适宜种植的蔬菜实施规范化栽培，积极引导特色蔬菜产业在当地发展、立法，意义十分重大。

我国对国外农作物的大量引种始于西汉汉武帝时期，最先传入的作物是葡萄和苜蓿，这之后，有50余种国外果蔬和粮食作物借助使臣交换、民族迁移、中外通商、游客旅行和战争动乱等形式，陆续传入我国。引种的域外作物经过长安、洛阳等地中转，在本土试种及适应环境后，大部分得到广泛传播与快速推广，并迅速融入古代中国。这些域外作物品种的引入与传播，不仅丰富了古代中国栽培作物的种类，使传统农业的集约经营水平不断提高，同时成为推动古代中国农业文明变迁与快速发展的重要因素。传入我国的域外作物，大部分原产于亚洲西部、地中海、非洲和印度等地，以果蔬品种为主。另外，美洲作物如玉米、番薯、马铃薯、南瓜等的引进与传播，不仅缓解了当时我国食品供应紧张的问题，还极大地丰富了古代中国蔬菜作物种类以及改变了农业与饮食结构，对我国农业以及世界农业的发展都产生了重要影响。美国东方学者劳费尔曾高度称赞我国乐于接受外来新事物，能够采纳许多有用的外国植物以为己用，并把它们并入自己的农业系统。外国蔬菜品种的引进、吸收与本土化，对我国农业的结构更新及技术发展起着举足轻重的作用。岁月变迁使得21世纪初贸易和投资在世界范围内重新活跃起来。在当代交通和资讯迅猛发展以及全球化发展背景下，推动丝绸之路沿线国家和地区的蔬菜产业发展，既是对农业历史文化的传承，也是对该区域蕴藏的巨大农业资源潜力的开发。新时期“丝绸之路经济带”以及“21世纪海上丝绸之路”所涉及的国家和地区地域辽阔，有丰富的自然资源、土地资源，孕育着发展蔬菜品种资源的巨大潜力。共同建设“丝绸之路经济带”，可以使沿途各国与地区经济联系更加紧密、文化交流更加深入、合作空间更加广阔，同时也必将推动沿途国家和地区蔬菜生产和农业经济发展。

参考文献

安志信，孟庆良，刘文明，2006. 黄瓜的起源和传播初析[J]. 长江蔬菜(01)：39-40.

蔡恩博，郑小曼，屠书梅，等，2015. 牛蒡子起源、分布及开发利用现状[J]. 人参研究(2)：63-64.

曹家树，秦岭，2005. 园艺植物种质资源学[M]. 北京：中国农业出版社.

曹玲，2004. 明清美洲粮食作物传入中国研究综述[J]. 古今农业(02)：95-103.

曾燕舞，2004. 国际竞争中的中国蔬菜种业(二)第三只眼看我国蔬菜种企[J]. 蔬菜(04)：1-4.

陈平平，2007. 郑和下西洋与明代中外农业交流的发展[J]. 南京晓庄学院学报(04)：65-69+74.

陈印政，王大明，孙丽伟，2014. 我国蔬菜育种研究的现实困境与对策探析[J]. 科技管理研究(24)：86-89，106.

陈志兴，李伯钧，2004. 中国蔬菜种子产业发展的国际化战略[J]. 中国种业(11)：10-11.

程杰，2018. 我国黄瓜、丝瓜起源考[J]. 南京师大学报(社会科学版)(02)：47-53.

崔树君，2003. 浅谈我国蔬菜产业如何应对 WTO[J]. 农业科技通讯(10)：4.

崔思远，肖体琼，陈永生，等，2016. 日本蔬菜生产机械化发展模式与启示[J]. 中国蔬菜(02)：1-5.

丁海凤，于拴仓，王德欣，等，2015. 中国蔬菜种业创新趋势分析[J]. 中国蔬菜(08)：1-7.

丁晓蕾，王思明，2013. 美洲原产蔬菜作物在中国的传播及其本土化发展[J]. 中国农史(05)：26-36.

范延臣，朱宏斌，2013. 苜蓿引种及其在我国的功能性开发[J]. 家畜生态学报，34(04)：86-90.

方智远，2018. 中国蔬菜育种科学技术的发展与展望[J]. 农学学报，8(01)：12-18.

丰锋，2002. 加入 WTO 对我国蔬菜产业发展的机遇与挑战[J]. 北方园艺(02)：4-5.

高红治，2012. 我国蔬菜种业面临的困境及参与国际竞争力分析[J]. 园艺与种苗(04)：23-25，59.

郭利朋，高欣娜，杨英茹，等，2014. 发达国家蔬菜质量安全体系建设经验启示[J]. 安徽农业科学,42(13):4135-4136.
洪涛,2000.我国蔬菜产销体制研究[J].中国农村经济(04):15-26.
胡驰,2012.中国蔬菜栽培简史[J].农业与技术(04):93.
胡一楠,2016.两汉丝绸之路的开辟及其对经济、文化的影响[J].西安财经学院学报,29(05):20-28.
纪高洁,何庆学,李树君,2018.中国蔬菜制种基地发展现状及政策建议[J].中国瓜菜,31(09):46-49.
李立文,2006.郑和下西洋的深远意义[J].江苏教育学院学报(自然科学版),23(02):1-4.
李萌,2012.辣椒文明的传承[J].辣椒杂志(02):48-50.
李斯更,王娟娟,2018.我国蔬菜产业发展现状及对策措施[J].中国蔬菜(06):1-4.
李昕升,王思明,2014.南瓜在中国的引种推广及其影响[J].中国历史地理论丛,29(04):81-92.
李雅旻,张继业,张轶婷,等,2018.LED补光灯在设施园艺中的应用[J].农业工程技术,38(07):10-16,25.
李艳军,李万君,2012.荷兰蔬菜种业模式及启示[J].湖北农业科学,51(17):3882-3886.
连青龙,张跃峰,丁小明,等,2016.我国北方设施蔬菜质量安全现状与问题分析[J].中国蔬菜(07):15-21.
刘宝峰,2012.浅谈郑和下西洋之目的与影响[J].山西师大学报(社会科学版),39(S4):68-71.
刘金英,2018.植物保护与农业可持续发展关系的研究[J].南方农机,49(06):206.
刘民健,2003.中国古代蔬菜诗词选注[M].杨凌:西北农林科技大学出版社.
刘明翰,陈月清,2017.郑和七下西洋对海上丝绸之路的贡献:郑和下西洋的伟绩同西欧早期殖民扩张的对比[J].大连大学学报,38(05):1-10.
刘启振,王思明,2016.陆上丝绸之路传入中国的域外农作物[J].中国野生植物资源,35(06):5-11,20.
刘少峰,刘志云,2005.郑和七下西洋的当代意义及其启示[J].湖南社会科学(04):179-186.
刘雪,傅泽田,常山,2002.我国蔬菜产地整体格局的变化分析[J].农业现代化研究(01):9-12.
刘英,王超,2006.简述甘蓝类植物的起源及分类[J].北方园艺(04):57.
刘政国,2015.园艺植物育种学蔬菜育种教改探索[J].广西农学报,30(03):61-63.
罗伯祥,孙玉东,朱明越,等,2002.西葫芦育种现状与发展趋势[J].种子(04):44-45.

马德华，2014. 蔬菜种子企业现状及发展建议[J]. 中国蔬菜(02)：1-4.

戚春章，胡是麟，漆小泉，1997. 中国蔬菜种质资源的种类及分布[J]. 作物品种资源(01)：1-5.

时如愿，2012. 我国蔬菜种业竞争力问题研究[D]. 泰安：山东农业大学.

宋环英，2002. 论新中国历史上的三次重大经济调整[J]. 韶关学院学报(社会科学版)，23(05)：49-54.

宋卫堂，2017. 设施蔬菜产业发展对机械化的需求[J]. 中国农机化学报，38(11)：112-115.

孙东文，钟芳，许家玲，2019. 强化蔬菜科技创新 助推产业转型升级[J]. 蔬菜(01)：36-38.

孙华，2016. 我国蔬菜种子行业竞争现状、存在问题与对策[J]. 中国瓜菜，29(06)：38-41.

孙瑀琪，崔嵩岑，刘琦，等，2010. 我国蔬菜种子产业发展制约因素及对策[J]. 黑龙江农业科学(09)：185-186.

汪炳良，叶红霞，施星仁，2015. 蔬菜种质资源搜集与保护的技术对策[J]. 浙江农业科学，56(05)：734-737.

王淳航，李天石，2011. 论六朝时期的蔬菜种植与流转[J]. 南京师大学报(社会科学版)(05)：66-72.

王淳航，2012. 宋代蔬菜生产与经营[D]. 南京：南京师范大学.

王建林，何燕，栾运芳，等，2006. 中国芸薹属植物的起源、演化与散布[J]. 中国农学通报，22(8)：489-494.

王立浩，方智远，杜永臣，等，2016. 我国蔬菜种业发展战略研究[J]. 中国工程科学，18(01)：123-136.

王思明，2018. 外来作物如何影响中国人的生活[J]. 中国农史，37(02)：3-14.

王笑娟，刘彩凤，谢虹，等，2017. 我国农业物联网发展现状、存在问题和对策[J]. 安徽农业科学，45(01)：215-217.

魏晶晶，2015. 论郑和下西洋无以为继的必然性[J]. 开封教育学院学报，35(08)：7-8.

肖体琼，何春霞，曹光乔，等，2015. 机械化生产视角下我国蔬菜产业发展现状及国外模式研究[J]. 农业现代化研究，36(05)：857-861.

肖瑜，安志信，黄亚杰，等，2017. 番茄发展传播史初探[J]. 中国蔬菜(12)：77-80.

徐丹，2017. 荷兰大型玻璃连栋温室技术在中国的应用[J]. 农业工程技术，37(34)：28-30.

徐文玲，何启伟，王翠花，等，2009. 大白菜起源与演化研究的进展[J]. 中国果菜(9)：20-22.

许勇，2015. 中国蔬菜种业创新发展趋势[J]. 蔬菜(10)：1-3.
杨恩庶，张德纯，2015. 蔬之物语[M]. 北京：电子工业出版社.
杨芳，2017. 我国蔬菜种业产值估算[D]. 北京：中国农业科学院.
杨光，肖宏儒，宋志禹，等，2018. 叶类蔬菜收获环节机械化还需跨过几道坎[J]. 蔬菜(06)：1-8.
杨顺江，朱信凯，陈劲松，等，2016. 中国蔬菜产业竞争力研究[M]. 北京：中国农业出版社.
张德纯，2007. 茄子[J]. 中国蔬菜(10)：55.
张德纯，2008. 冬瓜[J]. 中国蔬菜(04)：57.
张德纯，2008. 苦瓜[J]. 中国蔬菜(12)：63.
张德纯，2009. 蔬菜史话・菠菜[J]. 中国蔬菜(23)：15.
张德纯，2009. 蔬菜史话・瓠瓜[J]. 中国蔬菜(01)：47.
张德纯，2011. 蔬菜史话・芫荽[J]. 中国蔬菜(01)：30.
张德纯，2012. 蔬菜史话・胡萝卜[J]. 中国蔬菜(15)：55.
张德纯，2017. 茭白[J]. 中国蔬菜(10)：77.
张德咏，2012. 我国蔬菜产业可持续发展面临的问题与对策[J]. 湖南农业科学(6)：6-8.
张管印，张秀龙，2016. 我国蔬菜种业展望与市场营销的变革[J]. 长江蔬菜(21)：60-61.
张箭，2007. 豆薯：地瓜栽培传播史研究报告[J]. 古今农业(3)：40-48.
张箭，2010. 南瓜发展传播史初探[J]. 烟台大学学报(哲学社会科学版)，23(1)：100-108.
张箭，2014. 菜豆：四季豆发展传播史研究[J]. 农业考古(4)：218-229.
张京社，阎世江，2018. 基于物联网技术的设施蔬菜质量安全控制体系研究与应用[J]. 蔬菜(10)：53-57.
张利国，徐翔，2003. WTO 背景下中国蔬菜产业发展[J]. 华中农业大学学报(社会科学版)(02)：21-24.
张连杰，2018. 论张骞出使西域与丝绸之路相关联的几个问题[J]. 渭南师范学院学报，33(13)：88-93.
张楠，2014. 结球甘蓝在中国的传播及其本土化发展[J]. 南方农业，8(33)：20-22.
张宁宁，2015. 开放环境下中国种业发展研究[D]. 北京：中国农业大学.
张绍文，孙中伟，2008. 马铃薯史话[J]. 中国瓜菜(04)：58-59.
张天柱，2011. 名稀特野蔬菜栽培技术[M]. 北京：中国轻工业出版社.
张天柱，2020. 设施园艺产业集群[M]. 北京：中国轻工业出版社.
张秀芳，2008. 改革开放 30 年我国生鲜蔬菜流通体制：历史回顾与趋势[J]. 山东农业大学学报(社会科学版)(03)：15-17，119.

张学杰,2018.我国蔬菜及其加工出口产业发展状况与对策[J].中国蔬菜(08):1-7.

张真和,陈青云,高丽红,等,2010.我国设施蔬菜产业发展对策研究(上)[J].蔬菜(05):1-3,6.

张真和,陈青云,高丽红,等,2010.我国设施蔬菜产业发展对策研究(下)[J].蔬菜(06):1-3,59.

张振贤,2003.蔬菜栽培学[M].北京:中国农业大学出版社.

中国产业信息网.2018年中国蔬菜行业发展现状及行业发展趋势分析[EB/OL].(2018-06-05)[2019-04-12].http://www.chyxx.com/industry/201806/646618.html.

中国农业科学院蔬菜花卉研究所,2010.中国蔬菜栽培学[M].2版.北京:中国农业出版社.